「死」を考える

養老孟司
香川知晶
鵜飼秀徳
内澤旬子
宮崎 学
永田憲史
小林武彦
石 弘之
岩瀬博太郎
今泉忠明

小池寿子
中村圭志
井出 明
山本聡美
坂上和弘
安村敏信
安田 登
山田慎也
長江曜子
小谷みどり

町田 忍
小笠原文雄
古田雄介
木村利惠
坂口幸弘
横尾将臣
田中幸子
武田 至

集英社インターナショナル

「死」を考える

ルイ12世（在位1498〜1515年）と
王妃アンヌ・ド・ブルターニュ（1477〜1514年）の墓。

養老孟司
香川知晶
鵜飼秀徳
内澤旬子
宮崎 学
永田憲史
小林武彦
石 弘之
岩瀬博太郎
今泉忠明
小池寿子
中村圭志
井出 明
山本聡美
坂上和弘
安村敏信
安田 登
山田慎也
長江曜子
小谷みどり
町田 忍
小笠原文雄
古田雄介
木村利恵
坂口幸弘
横尾将臣
田中幸子
武田 至
『エース』編集室

集英社インターナショナル

写真＝新潮社／青木 登

ソルフェリーノの納骨礼拝堂。ソルフェリーノはイタリア北部の丘の町。第二次イタリア独立戦争中の1859年6月24日、この地で、フランス帝国とサルデーニャ王国の連合軍が、オーストリア帝国軍を破った。苛烈な戦闘による犠牲者は両軍合わせて4万人近くにも上ったといわれる。1869年に追悼団体が設立され、翌年には納骨礼拝堂が完成。犠牲者のうち約7000体の遺骨が、国籍も民族も関係なく並べられている(養老孟司「ヨーロッパの墓を巡って思うこと」)。

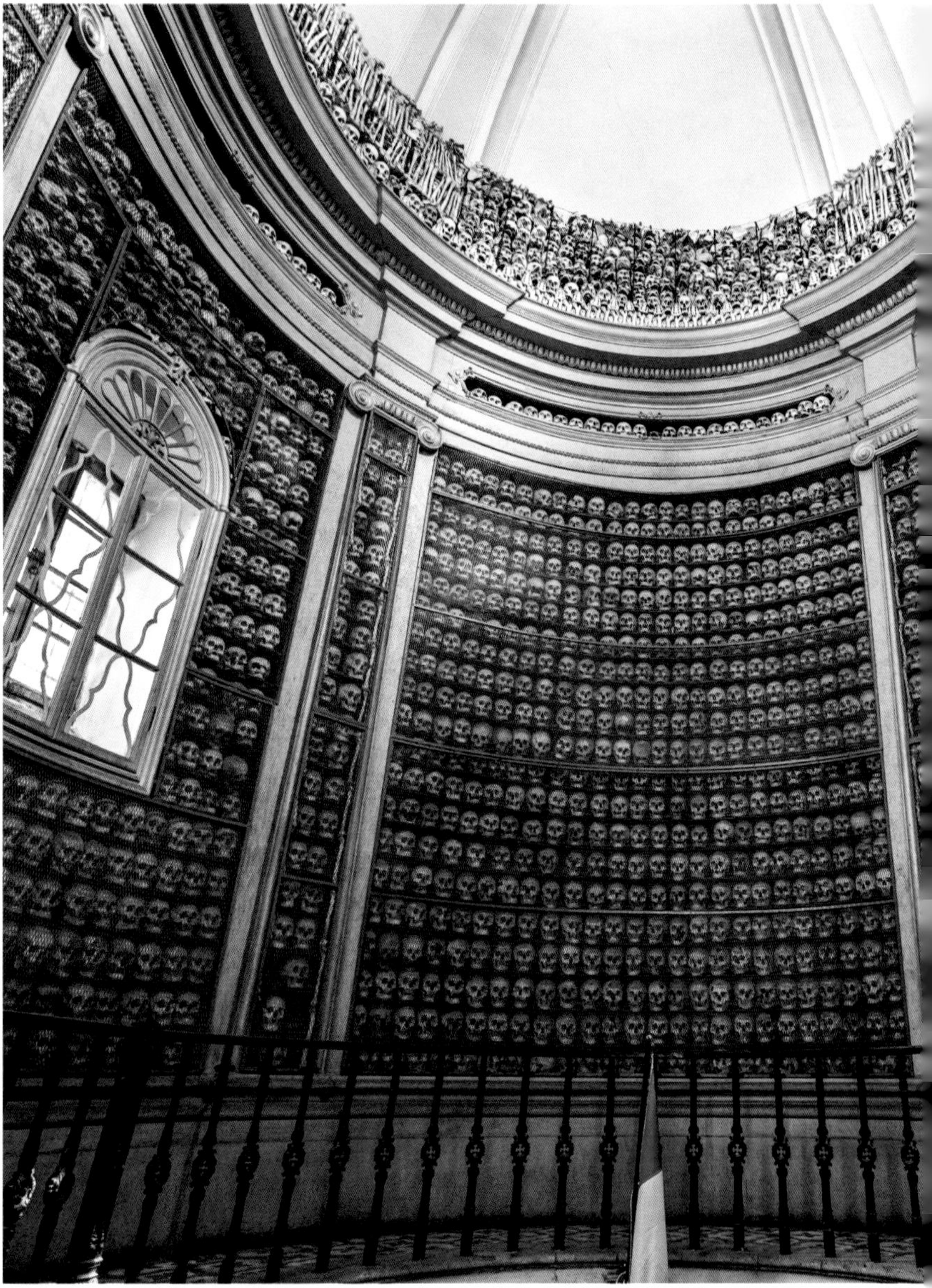

写真＝新潮社／青木 登

2月13日｜ 23時56分
3頭のタヌキがシカを食べ始めたら、あっという間に死体は小さくなっていった。

2月9日｜19時21分
雪に埋もれて、ニホンジカが1頭ひっそり死んでいるのを発見した。

2月25日｜ 1時42分
シカの死体はもうほとんど食べつくされ、残るは頭部のみとなった。キツネが脳髄を欲しがっている。

3月20日｜17時32分
本当は、タヌキかキツネがこの骨を持って行きたかったのだろう。それを不可能にした理由が、雪解けでやっとわかった。骨は立ち木にひっかかっていたのである。

8月12日｜15時02分
シカの体毛の大部分が小鳥たちの巣材になり、残りはバクテリアが分解してしまった。ここに死体があった痕跡は、もうどこにも見あたらない（宮崎 学「死が生を支えている」）。

写真＝宮崎 学（いずれも写真集『死』より）

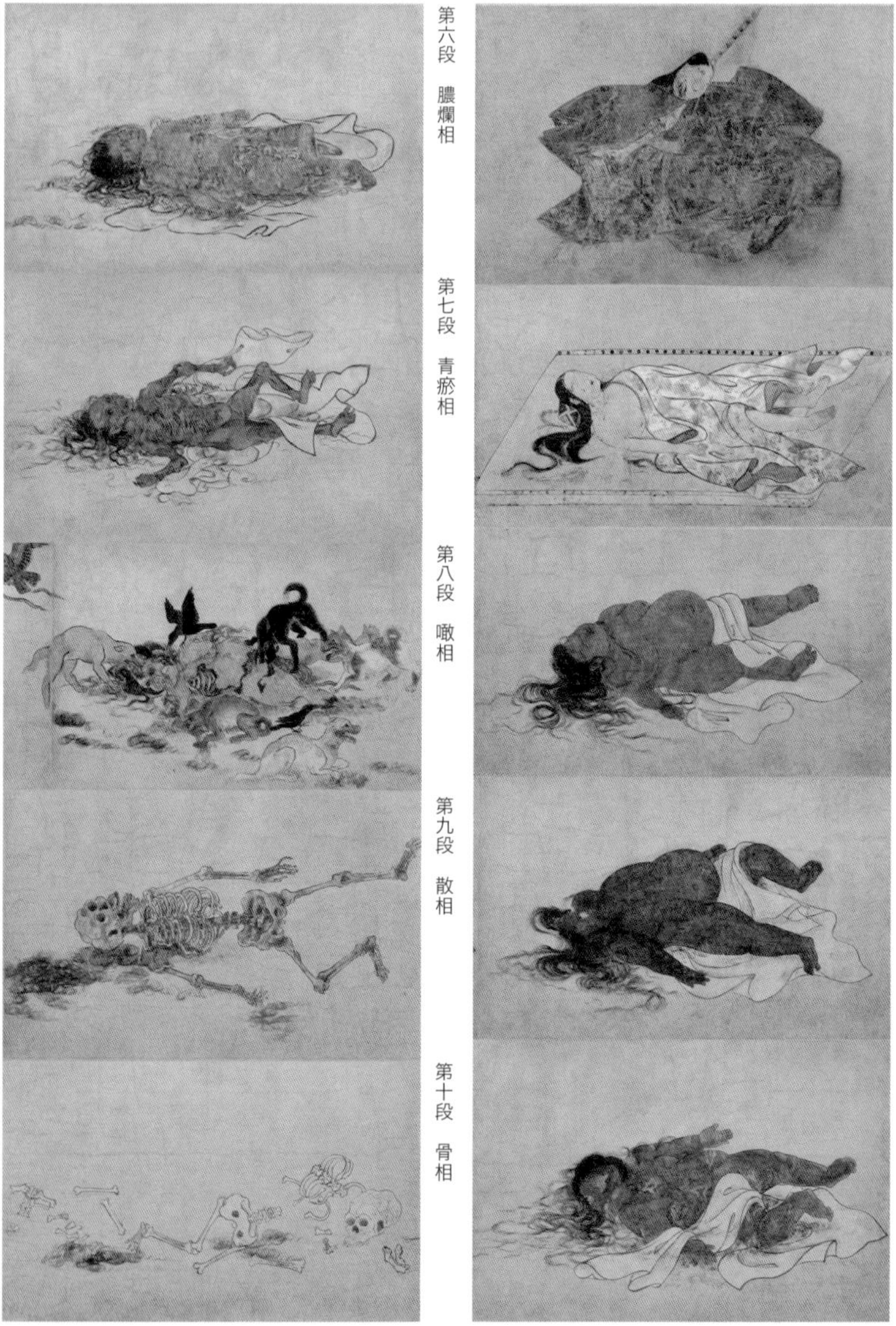

『九相図巻』（鎌倉時代／九州国立博物館蔵／撮影:山﨑信一）
腐敗し、白骨化する死体の変化を9段階で描き出す（山本聡美「九相図を見る」）。

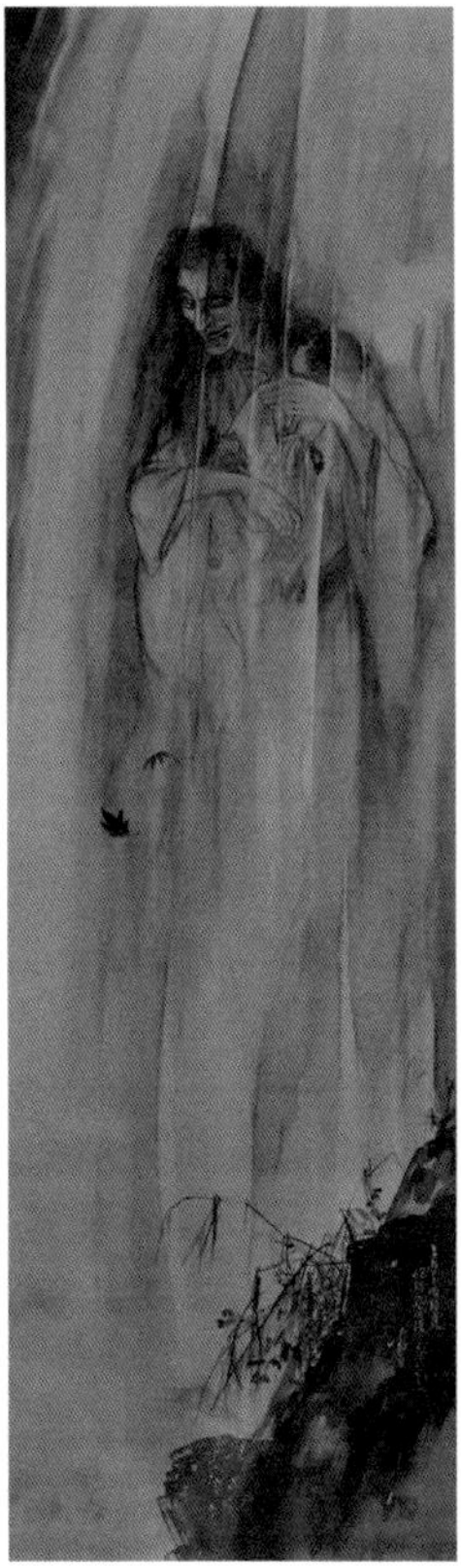

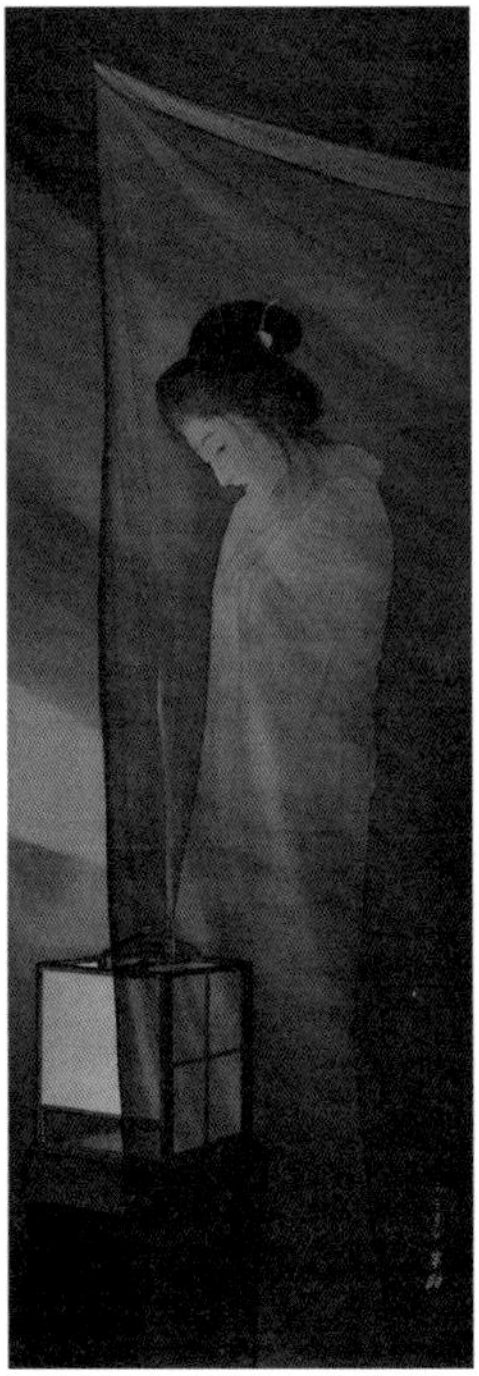

伊藤晴雨「怪談乳房榎図」
（全生庵蔵）
「全生庵のコレクションの中で一番怖い作品。我が子を守ろうと、滝壺から男の幽霊が出てくるという三遊亭圓朝の落語『怪談乳房榎』をテーマにしたものです。伊藤晴雨は女の緊縛姿を描く、“責め絵”で有名な人。一方で江戸風俗をよく描いていることでも知られています」（安村敏信「幽霊画を見る」）。

鰭崎英朋「蚊帳の前の幽霊」

（全生庵蔵）

「私が思う近代最高の幽霊画。鰭崎英朋は月岡芳年の門人、右田年英に師事した画家で、少年少女雑誌や絵本、小説の挿絵家として活躍しました。この作品はパッと見るとまさに美人画そのものなのですが、女に足がないので、やっぱり幽霊だ、と気づきます」（安村敏信「幽霊画を見る」）。


円山応挙「返魂香之図」

（久渡寺蔵）

「『応挙の幽霊画』と呼ばれるものは数あれど、実は現存する作品の中で真筆といわれているのは二つのみなのです。一つはカリフォルニア大学バークレー校美術館に寄託されている『幽霊図』、もう一つが弘前の久渡寺にある『返魂香之図』です」（安村敏信「幽霊画を見る」）。

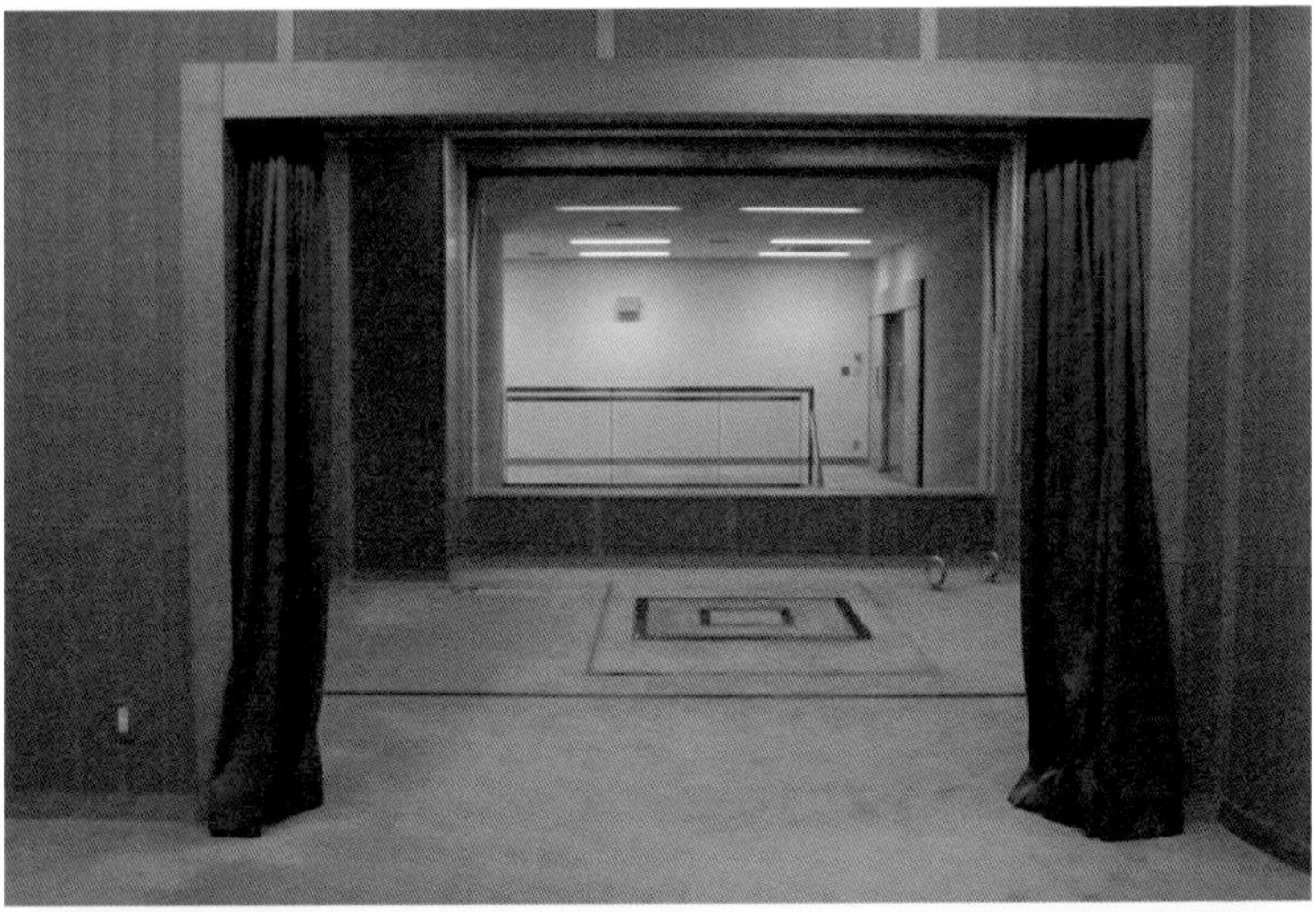

2010年8月27日、法務省によって公開された東京拘置所内の刑場。踏み板が開くと赤い線の枠内に立った死刑確定者が下層部分に落ちる。上は前室から見た執行室、下は立会室から見た執行室（永田憲史「死刑制度を知る」）。

写真＝法務省／ロイター／アフロ

目次

第3章

死の文化的考察

第4章

死と儀礼と

第5章

身近な人を葬る——死の考現学

『エース』編集室＝編
構成・文＝山下紫陽、関 眞次（P49～59）、
江越美保（P133～143）
図版作成＝タナカデザイン

カンポ・マヨールの納骨堂。カンポ・マヨールは、ポルトガルの首都リスボンから東に約220キロ進んだ、スペインとの国境にある小さな町。エスペクタソン聖母教会にあるこの納骨堂は、1776年に建てられた。6畳ほどの小部屋が遺骨で隙間なく飾られている。1732年に町で起こった火薬庫爆発事故の死者1076名のうち、約800名分を掘り出して使用。追悼のためだという。
写真＝新潮社／青木 登

第1章　死を哲学する

ヨーロッパの墓を巡って思うこと

養老孟司　解剖学者・東京大学名誉教授

私はある雑誌の連載で墓地や納骨堂を回るヨーロッパ旅行を続けてきましたが、ヨーロッパの身体観は日本のそれとは全く違います。彼らは日本人みたいに火葬をしない。基本的には土葬です。日本人は死体なんて見たくないけれど、ヨーロッパの人たちはしつこく見る。そこが非常に違うなと思います。

日本では死体のことを「ホトケ」ということからも顕著なように、人は死んだ瞬間に別のものとなる。しかし、ヨーロッパの人にとっては、死体もあくまでその人そのものなんです。日本では敵も味方も死んだらみんなまとめてあっちに行け、もう戻ってくるなよ、ということになりますが、ヨーロッパでは骸骨にすら人格の残余がある。死体が人格を残したまま歴史が積み重なっていくのですから、ある意味ではきつい文化です。

ようろう・たけし
1937年、鎌倉市生まれ。東京大学医学部卒業後、解剖学教室に入る。95年より同大学名誉教授。『解剖学教室へようこそ』（ちくま文庫）、『日本人の身体観の歴史』（法藏館文庫）、『バカの壁』（新潮新書）、『身体巡礼』（新潮文庫）など著書多数。

写真＝新潮社／青木 登

マリア・テレジア廟。ウィーンにあるハプスブルク家代々の墓所、カプチン皇帝廟の中でも際立って豪華絢爛な造りとなっている。マリア・テレジア（1717〜80年）と、彼女が生涯にわたって愛した夫皇帝フランツ1世（1708〜65年）のためのもので、すべてマリア・テレジア自らの指示による。彼女が亡くなる20年以上も前から製作が行われていた。

死体が死体に見えない「二人称」の死体

私は死体には3種類あると以前から言っています。「ない死体」「死体でない死体」「死体である死体」。これはそれぞれ「一人称」「二人称」「三人称」と言ってもいい。つまり、一人称の死体は「私の死体」のことで、自分では確認することができないもの。二人称の死体は家族や知人の死体のこと。そして三人称の死体というのは第三者、つまり赤の他人の死体のことです。

一人称の死体はあってないようなもの。死んでしまっては自分の死体を「あ、私の死体だ」というふうには見ませんからね。また、赤の他人の死体についても、個人的にはあまり関係ない。例えば、偶然交通事故で倒れている人がいて、遠くからだと、それはただの死体にしか見えない。冷たく見ている。三人称の死体は抽象的な存在なのです。

ところが、近づいてみたらそれが身内だったということになれば、抱きしめたり声を掛けたりする。二人称の死体というのは、抽象的な三人称のそれとは別物ですから。つまり、知っている人の死体＝二人称の死体は、死体には見えない「死体でない死体」なのです。

死んでもなお共同体の一員であり続けるユダヤ人

二人称は死者になってもそう簡単には死にません。そもそも初七日、一周忌、三回忌と法事を続けるのも、死者がなかなか死んでくれないから。日本では○○家の墓という意識はだいぶ薄れたけれど、家とは血縁共同体であり、死者となった構成員を共同体にいつまでも組み込んでおく、その儀式が埋葬儀礼や墓なんです。

王家という共同体と二人称が結びついた例が、ハプスブルク家です。ハプスブルク家では、その一員が亡くなると、心臓と、それ以外の内臓、そして残りの遺体を分けて3カ所に埋葬する。亡くなった後も一員として「生きている」、その象徴としてこういう埋葬儀礼を行っているのです。形は違えど、日本の天皇家や出雲大社の千家《せんげ》家などもそうですね。先祖を祀《まつ》る行事の形で、二人称の死者を生かし続けているんです。

そして、そういった共同体の規模が大きいのがユダヤ人。ユダヤ人は全部まとめてハプスブルク家のようなものなんですね。ユダヤ人は絶対に墓を必要とする。さらに、彼らの墓は絶対に壊してはいけないといわれている。強制収容所などで亡くなった場合、墓はないから礼拝堂の壁にびっしりとその名前を書き出しておく。彼らにとって墓や壁の名前は亡くなった本人であり、ユダヤ共同体の一員は死んでもなおその一員であり続けるのです。

風葬が主流だった中世時代の日本

ヨーロッパでは土葬が主流ですが、それについて私が話を聞いたところによれば「火葬は残酷だ」と言うんです。知っている人を燃やすことは残酷だ、と。昔、日本で亡くなった外国人を火葬にしてしまったら猛烈な抗議が来たそうです。日本人とは180度感覚が違うんですよね。それはそれぞれの文化に付随したもので、普遍的な原理などはないということです。

さて、日本における埋葬儀礼はネアンデルタール人の頃からありました。中世と呼ばれる時代、鎌倉時代に主流だったのは風葬です。死体をそのまま捨てていました。火葬は大変なんです。人体のような水っぽいものを燃やそうと思ったら、薪がどれくらい必要になるか。

鎌倉では狭い土地に大勢の人が住んでいましたから、人が死ぬと皆、海岸に死体を置きにやってきて、骨になったところでそれらをまとめて埋めていた。1950年代に東大理学部が鎌倉の海岸で遺跡の発掘調査をしたら約910体が出てきました。関東地方はほとんどが酸性土壌で、100年もたったら普通は消えてしまうのですが、砂だと骨が分解されず、そのまま残っていたのです。

平安〜鎌倉時代の京都でも、風葬である点は同じでしたが、こちらは仕方なく死体を放置していました。鴨長明は自分が若い頃に体験した養和の飢饉のことを『方丈記』の中に見事に書いていて、そこには「取り捨つるわざも知らねば、くさき香、世界に満ち満ちて、変はりゆくかたちありさま、目も当てられぬこと多かり」とあります。死体を片付ける方法も分からないため都中が臭い、という。

日本では鎌倉時代から江戸時代にかけて、屋外に打ち捨てられた死体が朽ちていく様子を9段階に分けて描いた、九相図《くそうず》という仏画が製作されていました。中でも鎌倉時代に描かれた「九相図巻《くそうずかん》」の細密さはすごい。野ざらしの死体を実際に見ていたからこそ描けたものだろうと思われます。同じ頃、13〜14世紀のヨーロッパにあのようにきちんと描かれた骨の絵はありませんから。

この頃までの日本人にとって、死は非常に身近なものでした。そしてその分、死を畏《おそ》れてきた。それが、現代では死が遠いものになり、実在がなくなってきている。ここに私が長年「都市化」と呼んできた現象があります。

意味のないものを排除したがる現代人

「都市化」は「意識化」といってもいいのですが、人の意識が物事の中心を占めるようになり、人々が五感を働かせなくなることを指します。つまり、何かを感じ取るのではなく、情報を得るだけになること。情報というのは、その場で直接意味に変換されます。ネットで自分の必要な情報だけを拾うのも同じです。

都会の公共空間では光は均一で、床は全く平らで、固さも同じ。意味のないものはひとつもなくて、感覚を邪魔しないものだけで構成されています。今の人たちはそういうところで過ごしているから、意味のない世界が許せないんです。2016年に相模原の障害者施設で起きた19人殺害事件なんかは、その最たるもの。障害者は生きていても何の意味もない、というのが犯人の理屈でしょう？　どうしてああいう人間が出てきてしまうかというと、意味のないものを周りから排除した世の中を我々が作ってきて、それを皆が当たり前だと、どこかで思い込んでしまったから。保育園がうるさい、と苦情が出るのも根本は同じです。自分にとって意味のないものが存在していて、それが自分に影響を与えることが許せない。これは全く異常な事態なんですよ。でも、人間というのは適応性が高いから、そういう状況にも慣れてしまう。

「意識化」が非常に早く起こったのが死体に関してです。日本では近年、葬式をしない人や家族葬で済ませる人が増えていますから、死体を見る機会は極端に少なくなっている。交番の外に「交通事故 死者1名」と掲げてあるでしょう？ 私はあれを見ると腹が立つ。事故死現場の写真が出ているなら別ですが、あれだと「人が死んだ」という情報が伝わるだけで、現実感がない。事実が感覚から入ってこない。今の人間は感覚から入ってくることに対しては耐性がないので、死を感覚的に捉えようとはしないんです。

日本が「感覚の文化」から今のような情報中心の文化に大きく舵を切っていったのは、江戸時代に社会が平和になってから。ただ、それまでも日本の文化は、生身の実感が大事にされた「身体の時代」と、心＝脳に重きを置く「心の時代」を交互に繰り返してきました。

縄文時代は身体の時代で、弥生から平安は心の時代。平安時代には「詠み人知らず」の歌からも分かるように、生身の人間が消えて、歌という「情報」だけが残っているんですよ。鎌倉時代は逆で、身体が中心になる。運慶・快慶の仁王様は完全にリアルな身体の表現です。面白いでしょう。

江戸になって心の時代、つまり情報化の時代を迎えると、表現が様式化されてきます。人間の身体の絵もデフォルメされて、写楽の役者絵なんて完全に漫画。江戸の枕絵にはよく極端に大きなペニスが描かれていますが、あれは頭の中のサイズなんですよ。

死というのは言葉にならないもの

ヨーロッパの表現が日本のように治世ごとに変わっているかというと、私にはよく分からない。もちろん、ルネサンスのように大きな変化を迎えた、エポックメイキングな時代もあります。あれは面白い時期ですよね。当時の王侯貴族の棺《ひつぎ》は、蓋《ふた》に当人が死んだ時の姿を彫ったものが多い。フランス王ルイ12世（在位1498〜1515年）の棺（口絵写真）には、死体の防腐処理のために内臓を取り出し、縫合した後の姿が彫刻してあります。糸まで彫られているんです。誰がそういうことをしたのかは分かりませんが、本人が死ぬ前に「やれ」と言っていたようには思えないですよね。

また、時期的にはだいぶ後のものになりますが、ウィーンのカプチン皇帝廟にあるマリア・テレジア（1717〜80年）の棺と、それが置かれている部屋（7ページ写真）もすごかった。死ぬ20年も前から本人が周到に準備していたらしいですが、なかなかしつこい人ですよね。夫も苦労したんじゃないかな。

墓や遺骨にまつわる場所をずっと見て歩いて、結論として感じたのは「ほら、言葉にならないでしょ」ということ。ヨーロッパははじめに言葉ありきの社会だから、こういうものがあの文化の解毒剤なんです。何でも説明できちゃうと思っていると毒にあたる。死というのは言葉にならないもの。それは、物事を全て意味と結び付けて、感覚的な入力を遮断している今の人にとって、非常に大事な忠告じゃないかと思います。ヨーロッパには、人骨を使って飾り立てた礼拝堂や、頭蓋骨を積み上げた納骨堂などがいくつもありますが、死んだ人の骸骨を綺麗に並べたって何の意味もない。ただ、その意味もないものを見せておくということが極めて大事なんです。

訳の分からないものを見ることが一番面白い

いろいろ回ってみて「ここが一番!」というものはないけれど、やはり特に印象的だったものはあります。イタリアのソルフェリーノの納骨礼拝堂(口絵写真)、あそこは綺麗だった。19世紀に建立されたもので、有名なソルフェリーノの戦いで亡くなった兵士の骨が納められています。ちょっと暗いところを通って吹き抜けの空間に入ると、壁一面びっしりと頭蓋骨が並んでいて、上は丸天井になっている。アートとしてはかなり行くところまで行っていますね。イタリア人には、今の経済の原理に照らし合わせてみると、いい加減なイメージがありますが、この納骨堂の律義さには彼らの職人気質な部分が出ているなと思います。それぞれに親もあり、子もあり、友達もいた人たちがみんなこの形になって、整然と納まっている。この背後にそれぞれの人生がある——そう思って見ると、すごく奥行きがあるように感じます。

とにかく、一度見てください。話して説明するものじゃない。こういう訳の分からないものを見ることが、生きていて一番面白いこと。訳の分からないもの、意味のないものは金にはならないけれど、金になることばかりやってる人が増えると、世の中不幸になると思うんです。

命をめぐる倫理的問題

香川知晶
哲学研究者・日本生命倫理学会（第11期）会長

かがわ・ちあき
1951年、北海道生まれ。哲学研究者。筑波大学大学院博士課程修了。山梨医科大学助教授、山梨大学医学部教授、同大学医学工学総合研究部教授などを経て現在、山梨大学名誉教授、日本学術会議連携会員、日本生命倫理学会（第11期）代表理事・会長。主な著書に『死ぬ権利』（勁草書房）、『命は誰のものか　増補改訂版』（ディスカヴァー・トゥエンティワン）、共編著に『メタバイオエシックスの構築へ』（NTT出版）などがある。

「生命倫理」は医療や生命科学をめぐる倫理的な問題の研究で、応用倫理の代表格とされています。もともと医療に関する倫理的考察は古代よりあるものです。医療とは、人のためになるには何が必要かを考えることですから、倫理的な行為でもある。洋の東西を問わず古代から残るさまざまな医療の文献には、必ず倫理のことが出てきます。では、生命倫理という言葉が新たに出てきたのはなぜでしょうか。

社会運動の中から生まれた、自己決定権を尊重する考え方

生命倫理という日本語のもとになったのは、1970年にアメリカの生化学者ヴァン・R・ポッターが作ったとされる英語の「バイオエシックス」という言葉です。生命倫理は

広い意味では医療倫理といえるにもかかわらず、なぜ新しい言葉が必要とされたのか。抗生物質の登場以降、人が亡くなる原因が感染症から「うつらない病気」のがんや心臓病、生活習慣病などに代わったことが大きいでしょう。感染症では患者は「社会から隔絶された病院で治療を受け、完治すればまた社会に戻る」という行動パターンをとりますが、うつらない病気は社会の中で生活しながら治療することが多い。つまり、医療をめぐる問題を、医療の専門家だけの問題ではなく、社会の一般の人々の問題として考えなくてはならなくなった。これが生命倫理の誕生の一つの理由です。

生命倫理の4原則は「自律尊重・無危害・善行・正義」だとされますが、一番目に挙げられる自律とは「自己決定権の尊重」と言い換えられます。この考え方は多くの社会的権利運動が台頭した70年代に登場しました。つまり、生命倫理には社会運動的な側面も多分にあったわけです。日本でそれを強力に推し進めたのが、早稲田大学名誉教授の木村利人《りひと》さんで、彼はフォトジャーナリストの岡村昭彦さんとともにアメリカ仕込みのバイオエシックスを医療者、特に看護師を中心に広めるべく活動しましたが、当初は医師たちから大きな反発を受けたそうです。「素人が何を言う。医師中心でやらなくちゃ」というわけです。

市民から成る〝神様委員会〟が誰を救うかを決める

生命倫理の問題がどこから始まったかには諸説あります。その一説に、1962年にアメリカのシアトル人工腎臓センターで起きた、血液透析器をめぐる問題が挙げられます。60年に血液透析器を開発したワシントン州立大学のベルディング・H・スクリブナーは、62年に附属病院内にセンターを開設し、本格的な治療を開始しました。ところが、透析器は3台しかなかったため、誰に使うか、すなわち誰を救って誰を治療しないで死なせるかを決めなければならなかった。そこで、彼は、匿名で無報酬の市民7名から成る委員会に決めさせることにしたのです。

医療資源は昔から常に少ないですから、『医師のジレンマ』（バーナード・ショー／1906年）という作品があるように、患者を選ぶこと自体は実は昔からあったはずです。ただ、スクリブナーはその決定に素人を入れる、つまり「医療の問題を社会の問題として捉える」ことを始めた。これがライフ誌で報道されると、人々は衝撃を持って受け止めました。透析器の登場で、末期の腎不全の患者が救われることになったのは素晴らしい科学の進歩ですが、一方では人間に「神を演じる」ことも強いる。この〝神様委員会〟自体はすぐに廃止されましたが、ここには生命倫理の典型的な問題があります。

胎児の異常が判明したら？　新型出生前診断の倫理的側面

生命倫理について、最も身近に感じさせられることの一つに出生前診断があります。これは子宮の中にいる胎児を調べるもので、形態異常についての超音波検査や、染色体異常に関する羊水検査、絨毛《じゅうもう》検査などがあります。染色体異常については、近年ではより簡易かつ高い精度で調べられる新型出生前診断（ＮＩＰＴ）なども行われるようになってきました。ここで突きつけられるのが、「異常が分かった場合にどうするのか」という問題です。

羊水検査は１９６０年代後半に世界的に広まりました。イギリスは染色体異常による二分脊椎症の患者が多かったため、検査はどんどん進み、結果的にイギリスでの患者数は明らかに少なくなりました。最近では、デンマークで２００４年に全ての妊婦に対して出生前診断が無料で提供されるようになると、ダウン症の子どもの出産数が劇的に減少したことが報告されています。日本でも同じで、染色体異常が分かると9割以上の人が中絶を選択しています。

日本は長く中絶が行われてきた国ではありますが、実は刑法では１９０７年より堕胎罪として禁じられています。しかし、母体保護法（旧優生保護法）によって、妊娠22週未満であること、母体保護法指定医による中絶手術であることなど、一定の要件を満たせば、中絶しても罪に問われることはありません。

戦後も長く日本に残り続けた優生思想

日本の優生保護法は、ドイツの断種法をモデルとして1940年に制定された国民優生法を引き継いだものです。

優生思想自体は古代ギリシャの大哲学者、プラトンの時代からあったといえますが、優生学という言葉は元々生物測定学の専門家だったイギリス人、フランシス・ゴルトンが1883年に作りました。彼は優生学を「適者たる人種や血統に対して、不適者に優越するよりよい機会を速やかに提供することによって、人類系株を改良する科学」と定義しています。この考え方はまず1890年代以降のアメリカで広がり、1907年にはインディアナ州で世界初の断種法が成立しました。これを皮切りに各州で次々と制定され、それが北欧諸国にも広がり、33年になるとドイツのナチス政権が「遺伝病的子孫の増殖防止に関する法律」を制定するのです。この法律によって、ドイツでは39年までに37万5000人に断種（強制不妊手術）が実施されました。優生思想は、第二次世界大戦前には全世界的なトレンドだったのです。

その後、ナチス政権は断種のみならず、遺伝性とみなされていた精神障がい者を安楽死させるため、40年代初頭に6つの（当時で言う）「精神病院」に毒ガス室を設置しました。これがホロコーストへと結びついていったとされています。そのこともあって、世界的には戦後、「優生学＝ナチス・ドイツ」というイメージから優生思想が否定されるようになりましたが、日本はその影響を受けず、戦後の1948年に優生保護法が成立しています。

日本では戦時中は「産めよ殖やせよ」という国策があったため、国民優生法がありながらも47年までに行われた優生手術は538件と、他国に比べて少なかったのです。ところが、47年に第一回国会が開催されると、戦前に産児制限運動を展開していた加藤シヅエや太田典礼など3人の議員が最初の優生保護法案を提出します。この時は廃案となりましたが、翌年には産婦人科医で参議院議員の谷口弥三郎によって提出された法案が与野党から支持され、優生保護法が可決成立しました。

優生保護法では、すでに国民優生法で指定されていた断種対象にハンセン病を加えたほか、52年の改正時には遺伝性でない精神障がいや知的障がいも断種対象にされました。その結果、母体保護法へと改正される96年までの間に、強制不妊手術が2万5000人以上に行われたといわれています。しかし、その問題に光が当たるようになったのは、2018年に初めて被害者たちが国を訴えてからのことになります。恐ろしいのは、加害者側はあくまでそれを善意でやっていた、ということです。「地獄への道は善意で敷き詰められている」とはまさにこのことです。

中絶擁護派と反対派の対立

さて、欧米諸国で人工妊娠中絶法が成立したのは1967年のイギリスが最初で、アメリカでは70年代になるまで認められませんでした。妊娠中絶をアメリカ合衆国憲法により保障された権利とし、堕胎禁止を違憲とした、有名な「ロー対ウェイド判決」は73年に出されています。しかし、この判決の支持者と反対者は現在も論争を続けており、2022年6月には連邦最高裁でこれを覆す判決が出されたことで、中絶の是非は州によって決められることになりました。

ロー対ウェイド判決を覆した側の主張は「お腹の中にいる時から人間の命は誕生しているから、人工妊娠中絶は殺人である」というものです。しかし、「どこからが生命の始まりか」は、判断基準が人によって違うから、決めるのが難しい。カトリックでは「人間の生命は受胎に始まり、その時から一人の人間として守られ尊重されなければならない」（1974年『堕胎に関する教理聖省の宣言』）とし、中絶は全て人殺しとしていますし、キリスト教福音派も同じです。一方、イギリスでは「受精卵が着床してから2週間は人間とは認めない」としていますが、これは受精卵が細胞分裂して2週間くらい経たないと神経管、つまり脳のもとになる部分ができないから、というのが理由です。しかし、科学的な言説の装いは取っているものの、これもまたフィクションにすぎないとも言えます。

「本人の意思」を最重要視する「人生会議」の難しさ

生命倫理の自己決定権は、妊娠・出産だけでなく、死の場面でも大きな役割を果たしてきました。例えば、日本で厚生労働省が積極的に推進している政策にアドバンス・ケア・プランニング（ACP。日本での愛称は「人生会議」）があります。ACPは「人生の最終段階の医療・ケアについて、本人が家族や医療・ケアチームなどと繰り返し話し合うプロセス」とされており、英語圏の国や韓国・台湾などアジアでも法的裏付けをもって広まりつつある概念です。ただ、諸外国でのACPでは、話し合いの対象は「人生の最終段階の医療・ケア」に限定されているわけではありません。

一方、日本では終末期医療に重点を置き、人工呼吸器をつけるか、心肺蘇生をするかなどの細かい項目について、本人が同意したという文書の存在が重視されます。これがあれば周囲の家族や医療・ケアチームが酷な判断をせずにすむ面もありますが、医療の専門家ではない本人の意思自体に問題がないかどうかはまた別の問題です。

2018年に東京都福生市の公立福生病院で腎臓病を患った44歳の女性が人工透析治療の中止によって亡くなり、東京都の立入検査を受けました。患者は担当の外科医から透析を止める選択肢を示され、止めれば2～3週間で死亡することも聞いた上で透析中止を希望したといいます。そして、夫同席のもと透析離脱承諾書に署名し、透析が中止されました。しかし、5日後に患者は「息が苦しい」と入院、その翌日に「こんなに苦しいなら透析した方が良い。撤回する」と希望しましたが、聞き入れられないまま死亡します。病院側は「せん妄状態での希望は無効であり、精神的に問題のない状態の時に示した意思が優先される」としましたが、その後、女性の夫と次男が損害賠償を求め病院を提訴していきます（21年に和解が成立）。重視すべきだとされる「本人の意思」とは何なのでしょうか。

もちろん、もしもの場合について考えておくことは大事です。ただ、人生会議の背景には、透析や輸血、胃瘻《いろう》といった延命治療やケアを見直し、国として医療費の節減を徹底しようという流れがあることも否定できません。人生会議には、そういう社会的背景や安楽死の問題にも関わる側面があることには注意すべきでしょう。

経済的な事情と重なり合う、代理出産や臓器移植の問題

医療技術や生命科学の発達によって大きな変化が起きているのが、妊娠や出産にまつわる生命倫理の状況です。厚生労働省のデータによれば、日本では2021年の段階で不妊治療を受けたことのある夫婦は約4・4組に1組となっており、今では珍しいことではあ

りません。体外受精や顕微授精などの生殖補助医療によって生まれる子どもも約14人に1人。14年にスウェーデンで初めて成功して以来、子宮移植による出生数も少しずつ増えています。

代理出産については、日本には禁止する法律はないものの、日本産科婦人科学会が会告にて「代理懐胎の実施は認められない」としているため、希望する人は海外の代理母に依頼します。以前は商業的代理母が法律で認められているウクライナが代理出産の中心地でしたが、現在はジョージアがターゲットです。日本在住の日本人が海外で代理出産を依頼する場合、渡航や滞在の費用なども含めて最低1000万円くらいはかかるといわれていますから、この方法で子どもを持てる人はお金・職業・地位に恵まれた人といえます。一方、代理母となるのはその全てを持たない人であることがほとんどです。代理母は妊娠中に何度も検査をし、宿した子どもに障がいがあったり、双子だったりした場合には中絶させられることも多いとされます。「代理母本人がリスクも承知の上で引き受けているのだから問題はない」という人もいますが、代理出産の是非にはさまざまな意見があり、基準を見つけるのは容易ではありません。

臓器移植に関しても同様の問題があるといえます。最近も海外での臓器移植を望む人に対して移植をあっせんしていた人物が逮捕されるという事件がありました。そこでは貧しい人から臓器を提供してもらう臓器売買が行われていたと報道されています。日本臓器移植ネットワークによれば、日本では臓器移植の希望者約1万6000人に対して、移植を受けられる人は年間約400人。法外な金額を払ってでも海外での臓器移植を希望する人は後を絶ちません。

生命倫理のできることとは

生殖補助医療の進化をはじめ、ゲノム編集研究やiPS細胞研究など、私たちは進展する科学研究を目の当たりにしています。もちろん、社会が科学技術の恩恵を被っていることは事実です。ただ、最近多く見受けられる「生命倫理を持ち出して研究を阻害するな」という主張には大いに疑問があります。

「人生会議」やゲノム編集技術の利用を医学的恩恵への期待という社会的妥当性によって、無批判に正当化してよいのか。また、国に予算がないからといって医療や介護を諦めなくてはならない現状はどうなのか。私たちは、将来どういう社会を望むのかという広い視点を持ってそれぞれの問題を考え、倫理的な観点から検討しなくてはいけないと考えます。

日本人の供養心

鵜飼秀徳

ジャーナリスト・僧侶

うかい・ひでのり
1974年、京都府生まれ。ジャーナリスト、僧侶。成城大学文芸学部卒業。新聞記者、雑誌編集者を経て、2018年に独立。実家である京都・嵯峨の浄土宗正覚寺で住職も務める。一般社団法人「良いお寺研究会」代表理事。大正大学招聘教授、佛教大学・東京農業大学非常勤講師。著書に『寺院消滅』『無葬社会』（ともに日経BP社）、『仏教抹殺』（文春新書）などがある。
写真＝鵜飼秀徳

近年、ペットの葬儀熱は高まる一方です。かつてはペットと人間の居住空間はきちんと分かれていましたが、現代では一緒に暮らしている家がほとんどです。それには犬種の小型化や、核家族化、独身者の増加などの理由がありますが、距離が近くなればなるほど、ペットは当然、家族の一員となっていく。そうなると、死の悲しみも強くなります。わだかまりやいざこざがあったりもする人間関係とは違い、ペットの場合、そこにあるのは純粋な愛情のみ。ですから、人間以上に手厚く弔いたいと思う飼い主もたくさんいます。

お寺にも「うちのコは往生、成仏できるんでしょうか」「生まれ変わったうちのコと再会できますか」という問い合わせが檀家さんから寄せられます。そんなとき、ちょっと学のあるお坊さんが「動物は六道（人間が輪廻する六つの世界。天道・人間道・修羅道・畜生道・餓鬼道・地獄道）でいうところの畜生道にいるわけだから、死んだらまずは2つ上の人間道に

ソニー製ロボット犬「AIBO」の葬儀。2015年から千葉県いすみ市の日蓮宗興福寺で行われており、写真の18年4月・第6回葬儀では114台が供養された。

返り咲くことを目指します。ですから残念ながらしばらくの間は会えませんよ」なんて言って諭したりしたら、「もうこんな寺の檀家なんかやめてやる！」ということにもなりかねません。

畜生界へと堕ちたペットは、飼い主の力で往生できるか

もともと僧侶たちの中では、動物は畜生界という世界に「堕《お》ちた」存在であるため、極楽往生するには畜生界でより良い生き方をして、人間の世界に戻ったらさらに仏教修行を重ねなくてはならない、というのが定説になっていました。ただ、動物の極楽往生に関しては多くの仏教宗派でも意見が分かれています。例えば「霊魂」の存在を認める真言《しんごん》宗や天台宗、修験道などでは、

動物も成仏するという考えに特に違和感を持たない傾向にあります。特に天台宗では、自然界全ての存在が仏に成り得るとしていますから、動物が極楽浄土に行くことに関して何ら問題はないのです。

それに対して、私が所属する浄土宗では「往生」という言い方をしますが、これは死んでもいきなり仏にはなれない、ということ。人間は死んだ後、修行という段階を経て仏になる、というのが、浄土宗の死の捉え方なのです。修行というのは南無阿弥陀仏と称えること。浄土宗の中には今、「人間は言葉を発して阿弥陀仏に帰依することで往生できるが、動物にはその意思がないので、まずはいったん人間界に返り咲いてから往生を目指してもらおう」という考え方と、「いや、残された飼い主がペットを供養し回向《えこう》（生きている者が死者の成仏を願って仏事供養＝追善供養をすること）を手向けることで動物も往生を目指すことができる」という考え方の両方が存在し、熱い議論を戦わせています。私個人としては、ペットや動物、念仏を称えられない人でも阿弥陀仏がすくい取ってくださると説くのが僧侶の役目だと思っていますが。

日本最古のペット墓、飛鳥時代の「義犬塚古墳」

さて、一方で人間の葬儀は年々簡素なものになってきています。かつては大規模な葬儀を行っていた政治家や芸能人を見ても、家族葬が増えているほどですから、一般人は言わずもがな。故郷を離れて暮らす人が増えたことで、距離的にも気持ちの面でも、家族とのつながりが薄れてきました。少子化もあり、かつてムラ社会の中で保たれていた地縁も薄れています。それらが弔いの世界にも大きく影響しているのです。

　人間の葬儀は簡単に済ませ、ペットは丁寧に弔う。しかし、日本人が人間以外のものを供養するようになったのは、最近のことではありません。

　例えば、日本で最初にペットの墓が造られたのは飛鳥時代のこと。蘇我馬子《そがのうまこ》に敗北した物部守屋《もののべのもりや》の側近、捕鳥部萬《ととりべのよろず》が自刃《じじん》して果てた死体を朝廷が見せしめに八つ裂きにしたところ、萬の飼い犬シロが現れ、主人の首を咥《くわ》えて持ち去り、土に埋めて墓にしたのです。シロはその墓の前から動かず、えさにも口をつけず、結局そのまま餓死しました。これを国司が朝廷に報告すると「犬畜生ながらあっぱれ」として、萬一族に墓を造ることを認めたのだとか。そのときに萬の墓「大山大塚古墳」と並んで造られたのが、シロの墓「義犬塚《ぎけんづか》古墳」（大阪府岸和田市）です。今なおここでは毎年、捕鳥部萬家の末裔家による萬とシロの法要が行われているというから驚きます。ただ、狩猟犬の弔い自体は縄文時代から行われていたようです。

(右上)山形市山寺地区にある草木塔。山形県には草木塔が多く、平成の時代に入ってからも100基近く造られている。
(左上)1799年に建立された、東京都奥多摩町の「日食供養塔」。上部の「○」は太陽を表すものだろうか。
(右下)長野市の善光寺に立つ「迷子郵便供養塔」。懐の深い善光寺には他にも、折れた針を供養する「針供養塔」、生け花に用いられた花々の霊を慰めるための「花霊碑」、人間に化けて参拝したむじなにちなむ「むじな灯籠」などがある。
(左下)東京都八王子市にある臨済宗南禅寺派の廣園寺(こうおんじ)に残る虫塚。1389年の開山当時に建てられたとされ、現存する虫塚では最古。

畏怖を感じているものは簡単には捨てられない

ペットの供養というのは、実は本来日本人が持っている慈悲の心そのものなのではないでしょうか。そもそも、日本人は食事を出されたときに、勝手にもぐもぐ食べ始めたりはしません。ほとんどの人が、「いただきます」と手を合わせてから食べ始めます。これはただのマナーではなく、食べるという行為と、一種の供養が一緒になったもの。自分たちのために犠牲となってくれた生き物や、それを育ててくれた人、料理を作ってくれた人とのさまざまな関係性に思いを馳せているわけです。

そうやって手を合わせる行為が自然に身に付いている日本人ですから、当然、茶碗供養もするし、筆供養もするし、人形供養もする。パチンコ供養やスマホ供養、眼鏡供養なんていうのもあります。

簡単に捨てられないというのは、そのものに対して畏怖を感じているということです。例えば位牌のようなものは捨てられないですよね？　位牌はお坊さんが開眼供養を行って魂を入れたものですから、そういう存在は無下には扱えない。お墓も同じです。昔はよく墓地で肝試しをしたものですが、あれはお墓というものが魂や死後の世界を感じさせるから怖いわけですよね。

日本人は死をいろいろなところに見いだす民族。特に愛着を持ったものに対してはそうです。一方、愛着のない昆虫や爬虫類、植物なども供養する。弔わなければ祟《たた》られるとか、悪さをされるのではないか、と想像力を働かせるのが私たちなんです。

無数億の微生物まで弔う日本人独自の供養心

「草木《そうもく》国土《こくど》悉皆成仏《しっかいじょうぶつ》」という言葉があります。これは「草木のようなものにも全てに仏性が宿っていて成仏する」といった意味の言葉で、日本独自のアニミズム的な思想と仏教とが結びつく中で人々の間に定着していきました。

山形県の米沢市を中心とした地域には「草木塔」という石碑がいくつもありますが、これは1772年に米沢藩の江戸屋敷が大火で焼失したため、その再建のために米沢の山林の木々が大量に伐採されたことと、1780年に今度は米沢市内で大火があり、その復興に向けて再び大量の木々が伐採されたことがきっかけで建てられたものです。ここには草木を殺してしまったという懺悔《さんげ》の気持ちと、もう二度と火事が起こってほしくないという気持ち、供養と願望が両方込められています。

災いの一つとなった動植物に対しては、「もう二度と悪さをしないでね」という思いを込めた供養を行います。昆虫の供養塔「虫塚」などはその一例です。北海道の中心部、新得町にある「バッタ塚」は、1879年に十勝地方で大発生し、甚大な農業被害をもたらしたトノサマバッタを撲滅すべく、卵と幼虫を掘り出して塚にしたものですが、これはある意味で墓でもあります。

その一方で、同じ虫でも実験動物として人間の犠牲になったゴキブリやハエなどは、殺虫剤メーカーなどが毎年手厚く虫供養をしています。同じように実験動物を使う大学や企業の研究室でも、供養祭を行ったり、供養碑などを置いたりしています。同じ畜生界の中でも、ペットなど、人間の役に立ったものはグレードが高いのです。絹織物のために命を落とす蚕も「日本の殖産興業の中核を昆虫である蚕が担ってくれた」として、手厚い慰霊祭が行われてきました。

そんな中、究極の弔いとして紹介したいのが、京都の東山にある曼殊院に建立された「菌塚」。これは大和化成株式会社の社長などを歴任し、長年酵素工業に携わってきた故・笠坊武夫が、その酵素作りで犠牲となった微生物たちを不憫に思って1981年に建てたものです。無数億の微生物の命に思いを馳せるとは、これはもうものすごい想像力ですよね。

万物に霊魂が宿ると考える「アニミズム的思考」の背景

日本人が誰に教わったわけでもなく、こういった慈悲の心、供養心を持っているのには、日本が島国であり、集落と海、山、川が接近しているということも影響しています。そういう場所で、稲や野菜を育てていると、豊かな自然に育まれた作物そのものが神様になっていく。「いただきます」の背景にはそういうこともあります。モノや植物に宿る霊魂に対する考え方も、こういう国土の中で育まれてきたのでしょう。

日本人の供養心は、どこまでも広がっていきます。その最たるものはインフラの供養。東京都渋谷区の笹塚交差点の近くの甲州街道沿いには江戸時代に建立された「道供養塔」がありますが、これは道路自体を供養する、全国でも珍しいものです。橋の供養の歴史はさらに古く、鎌倉時代には既に橋供養祭が行われていたという記述があります。これらの供養の先には、通行人の交通安全の祈願や、川の氾濫防止など、さまざまな目的があったわけですが、供養の先に願い事、頼み事があるというのは、あらゆる供養の場で見られることです。

世にも不思議な供養塔には、「迷子郵便供養塔」というものもあります。これは宛先が間違っていて、さらに差出人が書かれていないがために相手に届けられなかった郵便物を供養するもので、長野の名刹《めいさつ》、善光寺に1971年に建てられました。建立者は長野県内の郵便局長一同。何と内部には納骨室があり、焼却処分された迷子郵便の「遺灰」が納められているというから驚きます。

また、東京都奥多摩町の小河内《おごうち》ダムの建設に伴い、ダム湖である奥多摩湖の底に沈んだ旧原村の恵日山門覚寺に置かれていた「日食供養塔」(現在は「奥多摩 水と緑のふれあい館」に移設されている)も、かなり珍しい供養塔の一つ。この塔が1799年に建立された背景には、太陽が欠けるのは、天変地異が起こらないよう我々の身代わりになってくれているからだという民間信仰がありました。同じようなものとして、月の満ち欠けを信仰の対象とした「月待《つきまち》供養塔」もありますが、こちらは全国各地でその痕跡を見ることができます。

葬式は「死の勉強」の格好の場

こういった、見えないものに思いを馳せる日本人の想像力の豊かさは、やさしさ、慈悲の心、寛容性などにつながっています。翻って、私が最近気になっているのが、「断捨離」をもてはやす風潮です。断捨離とは「シンプルな暮らし」を標榜し、モノへの執着を捨てる行為のこと。シンプルといえば聞こえがいいですが、度が過ぎると、人間関係まであっさりと切り捨てられてしまうのではと心配です。特に、断捨離の名のもとに親にまで身辺整理を迫るような行為は、本当に罪深いと思います。私たちは、死者を含めたさまざまな関係が立体的に絡み合う中で思いやりを持ちながら生きているわけですから、それを切り捨てるのはあまりにも畏れ知らずで、何とも危うい感じがします。

もう一つ、これからのことを考えると不安なのが、葬式に出る機会が減ったために、死体に触れたり骨を拾ったりしたことがない人が増え、死が遠くなりすぎているということ。私は、死とは公共性を帯びているものであり、次の世代の教材だと思っています。葬式は一番良い「死の勉強」の場です。お墓や慰霊碑だって、たかがモニュメントかもしれませんが、そこにはさまざまな意味が含まれています。日本人が持ち続けてきた万物の死を悼む供養の心を今一度見直すことが、閉塞した現代社会には必要とされていると思うのです。

屠《ほふ》ること、食べること

内澤旬子
文筆家・イラストレーター

うちざわ・じゅんこ
１９６７年、神奈川県生まれ。文筆家、イラストレーター。国内外を旅して屠畜の現場を取材した『世界屠畜紀行』（角川文庫）、３匹の豚を飼い、食べるまでを描いた『飼い喰い　三匹の豚とわたし』（角川文庫）のほか、『ストーカーとの七〇〇日戦争』（文春文庫）、『内澤旬子の島へんろの記』（光文社）など著書多数。２０１１年『身体のいいなり』（朝日文庫）で第27回講談社エッセイ賞受賞。14年に小豆島に移住。
写真＝内澤旬子

私は２０１４年に東京から香川の小豆島に移住しました。こちらでは文筆家・イラストレーターとしての仕事の傍ら、わな猟免許と第一種銃猟免許を取得し、自分でイノシシやシカを獲《と》っています。また、「小豆島ももんじ組合」として獣肉処理加工施設を立ち上げ、獣肉の解体を行うとともに、小規模ながらイノシシ肉やシカ肉の販売も行っています。

日本人が直視しない屠畜の現場

私が〝食べるために動物を屠ること〟に興味を持ったのは、１９９３年にモンゴル中部ゴビのゲルに滞在していたとき。客に夕食を振る舞うため、女性たちが屠ったばかりの羊の内臓を洗っているところを見たのがきっかけでした。血の色に驚くと同時に、「動物を屠って肉にするまで」を間接的にも見たり知らされたりしたことがないことに気付き、衝撃を受けました。現代の日本では自分たちが食べるものを屠るところは不可視化されています。「魚は見えているのに、なぜ肉だけ？」という疑問も湧きました。

一度意識し始めると、知りたい気持ちはどんどん増していく。ところが、人に話すと「そういった現場を見るのは難しいのでは」とか、「いけないことに足を突っ込んだな」などと言われるのです。沖縄以外の日本の地域では獣肉に触ることを穢《けが》れとして、その仕事を被差別部落の人たちに押し付けてきたという背景がそこにはありました。それでも私は諦められなかった。「そういうことをタブー視せずに大らかにやっている国はあるはず！」

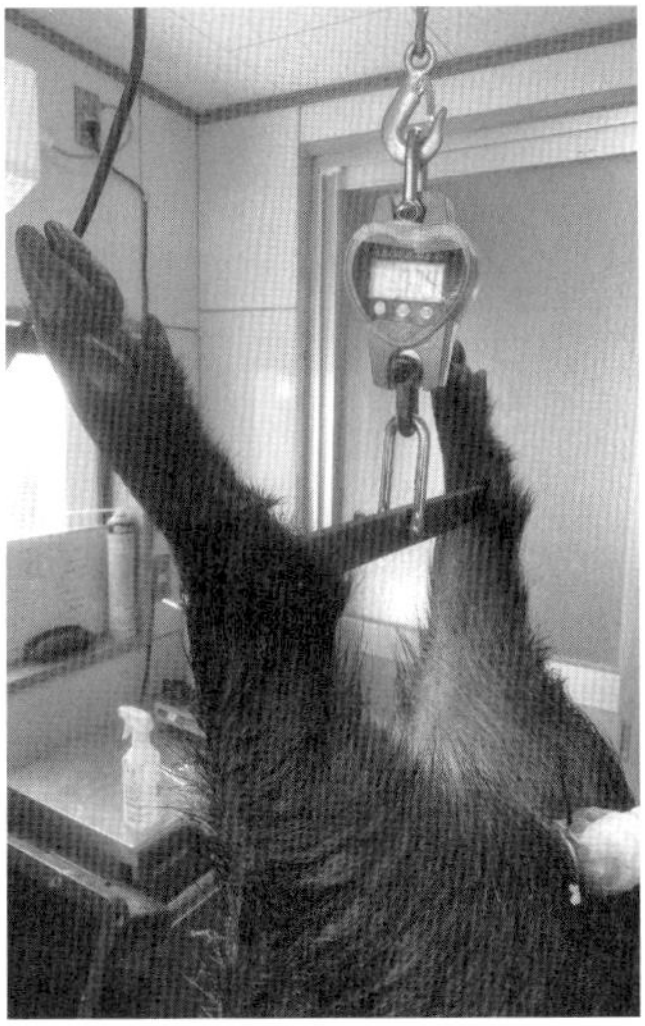

77kg超のイノシシ。便が外に漏れることを防ぐ肛門結紮（けっさつ）の最中。この後、内臓を取り出す。後肢の腱に金属の棒を刺し、吊り上げて作業する。

処理加工施設をつくる前は屋外で解体作業を行い、肉を自家消費していた。

と、世界中のさまざまな屠畜《とちく》現場を見て歩くことにしました。その後、「芝浦と場（東京都中央卸売市場食肉市場）」の見学を前提に、出版社にルポルタージュ企画として持ち込み[※1]、都市部の人々の食卓を支えているような大規模な屠畜場も取材しました。

旅先で見た、皆で分かち合う姿

訪れて驚いたのは、2000年前後の頃にもインドのデリーやエジプトのカイロにはまだ、人力で大量の家畜を処理する屠畜場があったこと。そこには電気もありませんでした。デリーの巨大な屠畜場は、すでに移転が決まっており、新工場では最新鋭の機械を入れたラインが稼働することが計画されていましたが、私が見学したときには、だだっ広い空間が約5メートル四方に仕切られていて、そこに牛を荷車で引きずってきて……という、まさに力業、腕一本の世界が展開されていたのです。動線もめちゃくちゃで、職人のナイフが飛んでくる可能性すらある。アプトン・シンクレアの有名な小説『ジャングル』（1906年刊行）は、19世紀末シカゴの食肉加工場における不衛生で非人道的な環境を告発するものでしたが、デリーの屠畜場は工賃は悪くはないとはいえ、そういう雰囲気がありました。

一方、エジプトの犠牲祭[※2]やチェコのザビヤチカ[※3]といった行事の際に現地の家庭で見たのは、家族それぞれが仕事を受け持ち、動物を切って、割って、洗って、食べて、どこも無駄にせず、全てを使い切る姿。動物を殺すことは汚物も出るし、罪悪感も伴うけれど、それも含めて皆で分かち合う姿です。

また、屠畜の取材で行ったわけではないのですが、中国の遼寧省の丹東行きのバスに乗っていたときに、そのバスが羊の群れにぶつかって子羊をひいてしまったことがあります。結局、その子羊は運転手が買い取り、昼食に立ち寄った食堂で解体してもらっていました。食堂までの道中、私の足元に死んだ子羊がどんより目を開けたまま血を滴らせて転がっていましたが、バスに乗り合わせた人は誰もそれを気にせず、不快にすら思っていませんでした。珍しくもない、見慣れた光景だったのでしょう。

世界の現場で進む衛生管理とアニマルウェルフェア

どの国でも、都市化が進めば進むほど、屠畜の現場が日常生活から遠く離れていきます。また、近年は衛生問題が取り沙汰されるようになったことから、イスラム圏で行われている犠牲祭も肉屋さんに任せましょう、というご時世に。家の土間で羊を屠るようなことは減っているといいます。90年代にはO157（腸管出血性大腸菌）感染症やBSE（狂牛病、牛海綿状脳症）が問題となり、専門の施設以外では触らないほうがいいといわれるようになりましたし、屠畜場でもトレーサビリティの導入やＨＡＣＣＰ（危害要因分析重要管理点）による衛生管理が進められてきました。衛生管理が行き届くのは良いことですが、人々の日常から現場が見えなくなるほど、食べることには生物の命を奪う行為が伴うのだということが忘れられやすくなるところが難しい。

衛生問題とともに国際的に改革が進んだのは、アニマルウェルフェア（動物福祉）の問題です。国際動物愛護団体のＰＥＴＡなどの働きかけもあり、屠畜場で動物に苦痛を与える行為が禁止されるようになってきました。屠畜の際、家畜を柵に追い込むために電棒を当てる回数も決まっています。結局は屠って食べるとはいえ、生きている間は動物の苦痛を最小限にし、幸福な状態を保てるようにするのは大事なことだと思います。

『世界屠畜紀行』を上梓した後、08年10月から養豚の盛んな千葉県旭市に通い、途中からは家を借りて住み、3頭の豚を飼い育て、屠畜場に出荷して、肉にして食べるという体験をし、それをルポルタージュとしてまとめました。[※4] 食べるために飼うからこそ、健康に育ってもらわないといけないので、あえて名前も付け、かわいがって育ててみました。ただ、豚の体重を思うように増やすことは大変でした。養豚農家の醍醐味《だいごみ》は、いかに素早く、抜けなく全頭の体重を増やすかにあるといいますが、それは本当に難しい。10頭くらいの群れがいたら、必ず1頭は〝ヒネ〟といって、あまりエサを食べない豚が出てきてしまうのです。結局、私が数カ月かけて育てた豚はどれも育ちが遅く、あまり立派とはいえない大きさのまま出荷となりました。

島への移住後に取得した狩猟免許と猟銃所持許可証

このように豚を育てて食べることを経験し、数年後に狩猟免許を取得することになったのは、ジビエを扱う料理人の方々との出会いがきっかけです。彼らは通常の料理人と違い、イノシシやシカを一頭買いしているので、一頭丸ごとを調理保存する技術と設備を持っていました。彼らに狩猟の現場を初めて見せていただいたのが、10年ほど前のこと。屠畜場と同等設備を持った処理加工施設もありましたが、猟師が自家消費する場合には野山で捌《さば》いています。それを見て「日本でもこんなにラフで楽しそうな屠畜があるのなら、私もやってみたい！」と思ったのです。食べることと命を奪うことの距離が非常に近いところが魅力でした。

狩猟免許を取得するには、野生鳥獣や猟具に関する法令や知識を問われる筆記試験と適性試験、技能試験を受けなければなりません。猟銃免許も同じ流れですが、警察署から猟銃の所持許可も取得せねばならない。講習会の受講、精神科医の診断、近隣住民に聞き込みも。自宅にガンロッカーや装弾ロッカーも必要になります。手間も時間もかかりますし、精神的なハードルもとても高いです。殺傷能力の高い道具だから当然ながら、とても管理が厳しい。そのほか狩猟者登録もあり、とにかく手続きが煩雑です。誰にでもおすすめできる、というものではありません。それでも私が猟銃の所持許可を取得したのは、獲物にとどめを刺す〝止め刺し〟を安全確実にしたかったからです。

小豆島では銃を持って山に入り猟をする人はあまりおらず、捕獲の大部分がくくりわなか箱わなです。わなにかかった動物にとどめを刺すには殴打や電気ショックなどの方法もありますが、銃で撃つのが比較的安全なので、猟銃を持っている人に止め刺しを頼むことが島では推奨されています（地域によって異なる）。実際、くくりわなで獲ったイノシシを初めて間近に見たときは、暴れ回るので怖くて近づけませんでした。スラッグ弾（散弾銃で使用する一粒弾）で頭を狙って撃てば肉を汚染させずに済みます。

通常の狩猟は11月〜3月の猟期だけですが、現在野生獣による農作物への被害が大きいので、島では通年で有害鳥獣駆除をしています。捕獲奨励金も出ます。本来、鳥獣被害を減らすためには、やみくもに獲るだけでなく、放置果樹を伐《き》ったり、畑に柵を設置したり、また田畑と里山の間の木々を刈り払って緩衝地帯を作ったりといった環境作りをする必要があります。ただ、農家の兼業化・高齢化もあり、このような対策はなかなか実現していないのが実情のようです。

小豆島では、イノシシとシカの年間捕獲数はおよそ１８００頭で、大部分が埋設処理されています。全国でも肉として流通するのは捕獲数の約１割。食肉利用には限界があります。それ以外の利活用も広く進めていくべきなのでしょう。

「自治体が獣肉処理施設を設置すればいいのでは」と思う方も多いですが、施設として利益を上げるためにはある程度の頭数を獲り続けなければなりません。野生動物相手なので難しいです。品質を保つためにも、止め刺し後30分以内に処理加工施設に搬入することが推奨されていますが、そうなると施設の場所選びも難しい。うちは限りなく個人経営に近い最小施設にしました。施設の許可を取るのは大変でしたし、狩猟免許なども含めて「屠畜場をやってみたい」を実践するまでに膨大な手間と時間がかかっています。

仕留めた獲物は素早く解体し、おいしいジビエに

実際の猟についてですが、わな猟の場合は一人で行うことが多いです。私は自分の行動範囲の周辺エリアにわなを仕掛けます。仕掛けたら毎朝見回ります。慣れた場所の方が、土、石、枝、枯葉の位置の変化が分かり、そこから動物の気配を察知しやすい。自動撮影カメラも使います。

屠畜作業は、獲物に止め刺しをし、速やかに放血するところから始まります。処理場に運び込み、高圧洗浄機で洗ったら、後脚をワイヤーで懸吊《けんちょう》し、熱湯消毒したナイフとナタを使って解体していきます。最初に直腸と食道を結紮《けっさつ》して消化物が漏れるのを防ぎます。

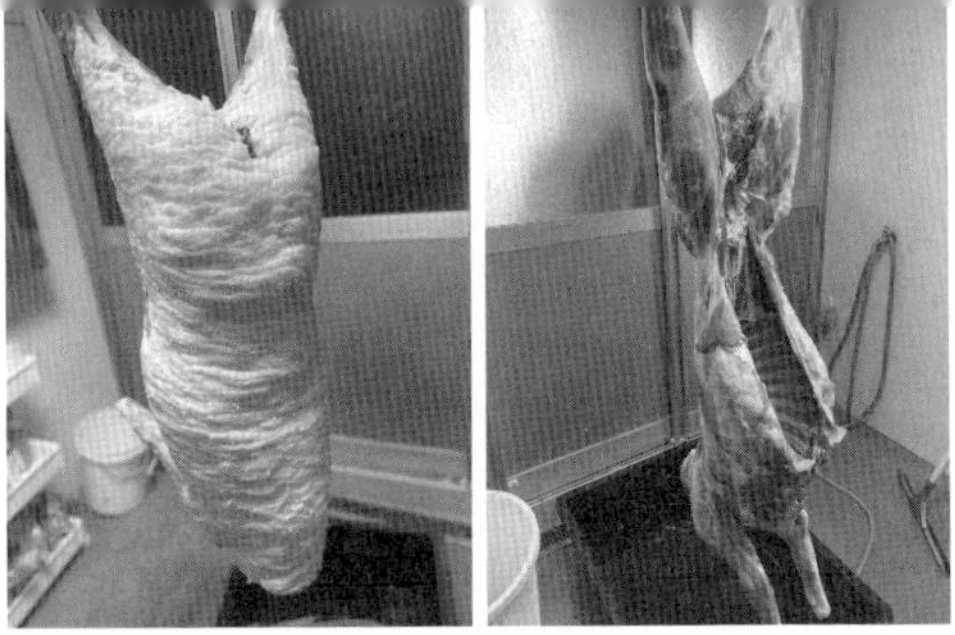

ナイフで皮をむいた後のシカ（右）とイノシシ（左）。この状態に整えられたものを枝肉（えだにく）という。

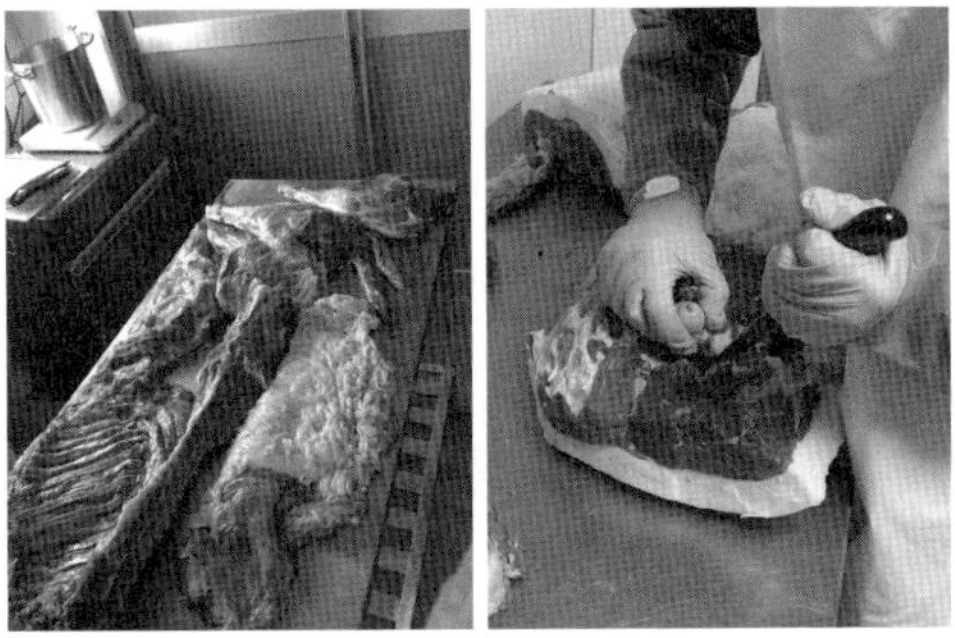

枝肉から骨を外し、部位ごとに切り分ける。

内臓を摘出後、イノシシは氷で冷やします。イノシシの皮は脂肪との境界がなくむききるのに時間がかかるため、先に氷で肉を冷やすのです。一方、シカの皮は簡単にむけるので、冷やさず一気にむいて冷蔵庫に入れます。氷温で数日かけて水分を落とした後で骨を抜き、精肉していく。野生動物の解体には獣医師である衛生検査員の立ち合いがないので、全ての作業を慎重に行います。ずっと取材を通して見てきた作業ですから、職人技とはいかずとも、しっかり丁寧にという気持ちが常にあります。

「かわいい」「かわいそう」と「食べる」の間の境界

ジビエというと「冬のイノシシ、夏のシカ」というイメージが強いですが、脂肪が少ないだけで、肉自体は夏のイノシシもおいしいです。イノシシもシカも赤身肉の味が濃く、うま味も強く感じます。カレーやラーメンなどに入れても美味ですよ。ただし加熱温度や時間を間違えると硬くなってしまう。調理するのに絶対におすすめしたいのが低温調理器です。肉の重量の2・5％の塩をふって真空パックもしくはフリーザーパックなどで密封し、65℃の湯に入れ5〜6時間保温管理した後、表面をカリッと焼くのが一番おいしく仕上がると思います。レストランでは生肉を炭火で時間をかけてじっくり焼きますが、素人に焼きは難しいですね。きちんと中まで熱が通っていないと食中毒の恐れもありますから。

おいしい肉といえば、イノシシの子ども、ウリ坊は本当においしい。でも、やっぱりちょっとかわいそうだなとも思ってしまう。「かわいい」とか「かわいそう」という気持ちと「おいしい」と感じる気持ちで揺れる人も少なくないでしょう。私は数年前に処理場に持ち込まれたウリ坊を「ゴン子」と名付けてそのまま飼っているのですが、ものすごくかわいい。ちょっとうちに置いて生態を観察してみようと思って飼養許可を取ったら、どんどん大きくなってしまいました。甘えん坊で、知らない人が来るといまだに私の陰に隠れようとしたりするほど怖がりです。ゴン子を食べるのは難しいです。同じイノシシなのに。食べると食べないの境界は、絶対のようで実は曖昧でいい加減なものなのかもしれません。

動物が死体から肉になる瞬間は、実に不思議でスリリングです。一つ間違えば、ごちそうがゴミになってしまう。何度体験しても飽きません。できれば全部捨てることなく食べたいと思いながら、試行錯誤する日々です。

※1　雑誌『部落解放』に連載後、２００７年に解放出版社より単行本『世界屠畜紀行』として刊行。文庫版は角川文庫から。

※2　イード・アル＝アドハー。ヒジュラ暦第12月10〜13日に行われる、イスラム教の二大祭の一つ。羊（山羊）・牛・ラクダなどの家畜獣を唯一神アッラーにいけにえとして捧げ、一部は貧者に配る（もしくは慈善団体に同額程度を寄付する）。

※3　豚の屠畜の意。チェコの家庭で冬に行われる、豚一頭を解体して加工する行事のこと。復活祭の46日前の水曜日（四旬節）直前に開かれる祭り、マソプストの際に行われることもある。

※4　２０１２年に単行本『飼い喰い　三匹の豚とわたし』として岩波書店より刊行。文庫版は角川文庫から。

死が生を支えている

宮崎 学
写真家

みやざき・まなぶ
1949年、長野県生まれ。写真家。自然と人間をテーマに、社会的視点に立った「自然界の報道写真家」として活動中。90年『フクロウ』(平凡社)で第9回土門拳賞、95年『死』(平凡社)で日本写真協会賞年度賞、同書と『アニマル黙示録』(講談社)で講談社出版文化賞受賞。『となりのツキノワグマ』(新樹社)、『写真ルポ イマドキの野生動物——人間なんて怖くない』(農山漁村文化協会)など写真集・著書多数。

僕は長野県の伊那谷《いなだに》で生まれ育ちました。家の周囲は自然にあふれ、森の中や川を遊び場とし、野生動物たちも身近な存在。だから、森の中で動き回る動物も、またその「死」も日常の風景の一つでした。

16歳の頃、地元の小さなカメラメーカーに勤めたことで、カメラと触れ合う生活が始まりました。被写体として身の回りにいる動物を選んだのは、ごく自然のことでした。

カメラ雑誌を師匠として、独学で写真の勉強を続け、動物たちを撮りまくりました。そして、『アサヒカメラ』の月例コンテストに応募した、空を飛ぶムササビの写真が入選。カメラを手にしてから、まだ1年ほどの頃でしたが、これが雑誌に掲載された最初の写真でした。

自然の中で暮らす動物を撮る

この頃から僕は、「かわいい」「きれい」な動物写真にはまったく興味がなく、自然の中で暮らすありのままの動物の姿を撮りたいという気持ちで、シャッターを押していました。そして、「誰も撮ったことのない写真を撮りたい」と強く考え、自分なりのテーマで撮影し、テーマの引き出しを増やすことを続けました。

人が驚くような写真の第一弾が、幻の動物といわれていたニホンカモシカの生態の記録です。

戦後に急増した住宅建設用木材需要を満たすため、拡大造林政策が打ち出されました。自然林の広葉樹を伐採し、生長が速いスギ、ヒノキ、アカマツ、カラマツなどの針葉樹に植え替える政策です。森を伐採し、針葉樹の苗木を植えた場所は、急激に日当たりが良くなり、草が育ちカモシカの絶好の餌場となりました。僕は、そのような場所を歩き回って撮影したのです。

また、ほとんど撮影する人がいなかった猛禽類のワシやタカを撮ろうと思い立ち、調べたところ、日本には16種の猛禽類がいることが分かりました。そして、全国を飛び回り15年かけて全種類を撮影しました。

自作のロボットカメラで定点撮影を続ける

他の人が撮っていないテーマを撮ろうという思いはさらに強くなり、自分流の撮影方法の開発へと発展しました。自分でシャッターを押すのではなく、カメラを自然の中に据え付け、一定時間ごとに自動撮影したり、動物の動きを感知するとシャッターが下りたりする「ロボットカメラ」の開発です。

カメラを据え付ける三脚も普通のものは使えません。小さな動物を撮るには丈の低い、少しの衝撃では倒れないような頑丈なものが必要です。雨風を防ぐ設備も必要です。電気回路は知り合いの知恵を借りましたが、他は全て自作で自動撮影装置を作り上げました。

このシステムを作り上げたことで、僕の写真の引き出しはさらに増えました。人間が見ることのできない、ありのままの生態を記録することが可能になったのです。どのような写真ができるかを考えながらカメラのアングルを工夫して設置し、数日おきにフィルムを回収するという作業を繰り返しました。

「九相図」の動物版を新しいテーマに撮影

増えた新しい引き出しの一つが、動物たちの「死」と向き合うテーマ。自然の中で死んだ動物たちが、どのように土に還っていくのかを記録しようというものです。

このテーマは、実は子供の頃の体験から出発しています。5歳の頃、川辺で死んでいるヘビを見つけました。しばらくすると、沢ガニがヘビに取り付き食欲を満たし始めました。日を置いて見に行くと、ヘビの細かなあばら骨が見えていました。「これからどうなるか?」と興味津々でしたが、次に行ったときには、野良ネコが持ち去ったのか、跡形もなく消えていました。

この体験を思い出させたのが「九相図」の存在を知ったことです。九相図は、若い修行僧の世俗への煩悩を断ち切る目的で作られた「見る経典」といわれるものです。奈良時代に始まり、江戸時代までさまざまな九相図が描かれていますが、概《おおむ》ね美女をモデルにしています。

美女が死に、腐敗し、動物たちに食われ、骨だけとなり、最後は何もなくなるという死後の様子を、9つの段階で描いた仏教絵画です。「どんな美女でも、死んだら骨になり、やがて土に還って、何も残らない」ということを教え、煩悩を断ち切らせたのでしょう。

僕はこの九相図の動物版を撮ってみようと、前々から考えていたのです。

夏場の遺体は「ウジ」がきれいに掃除する

さらに、直接のきっかけとなったのが、1989年に北海道の大雪山で起きた「SOS遭難事件」です。行方不明となった2名の登山者をヘリコプターで捜索していると、山肌にシラカバの倒木で「SOS」と描いてあるのを発見。その近くで2名の登山者を救出しました。しかし、SOSの文字はこの登山者2人が作ったものではなかったのです。

改めて捜索を続けると、白骨化した人骨と、遺留品が見つかり、免許証から身元が特定されましたが、死因は不明でした。骨は少し獣に噛まれた痕はあるものの、頭からつま先まで完全に残っていました。

新聞紙面ではさまざまな憶測、侃々諤々《かんかんがくがく》の議論が飛び交いましたが、「クマに襲われたのだろう」という意見が強いものでした。動物の死体をたくさん見てきた僕は、直感的に「違う!」と思いました。暖かい時期の山の中の死体処理の主役は「ウジ」だということを知っていたので、7月末に発見された遺体は、「ウジ」や、それを食べる小動物によって白骨化させられたのだろうと推理しました。

季節により異なる自然界の「おくりびと」

これらのきっかけから、それまでに撮りためていた写真と、新しく撮影した動物の「死」の写真を選び、1994年に『死』(平凡社刊)として発行しました。サブタイトルは「Death in Nature」、つまり「自然の中の死」です。取り上げたのは次の3つの死でした。

・秋の死——ニホンカモシカ

季節によって、死体が土に還る様子は異なります。秋に、恐らく老衰で死んだのだろうと思われるニホンカモシカには、死後すぐにシデムシが取り付いていました。シデムシは、「死出虫」と漢字で書かれるように、死肉を食べる虫です。

少したつと、ハエが群がり、目、鼻、口、肛門などのやわらかい部分に卵を産み付け、かえったウジが体内に侵入していきます。腐敗が進むと、若いタヌキが現れ、少しずつ肉を食べていき、残ったわずかな肉を求めてアカネズミがやってきます。

ほとんど白骨化すると、モモンガが、周囲に散乱した体毛を持ち去ります。冬に備えて、巣穴の毛布代わりにするのでしょう。

・冬の死——ニホンジカ(口絵写真)

ニホンジカの死体は、2月にモモンガの生息地を調査しているときに、雪に埋もれているものを発見しました。冬の死体は、すぐには腐敗が進行しません。3週間ほど雪に埋もれていましたが、やがてタヌキが現れます。最初は1匹、やがて2匹、3匹と増え、雪の中を何度も往復して、あっという間にほとんどの肉を食べ、残った肉を求めて、テンが周囲をうろつきます。その後、キツネも現れ脳髄をあさり、カケスも骨の上の肉をついばみます。

タヌキが食い付いてから20日ほどで、骨以外は何も残らなくなります。春が訪れると、その骨も消えてなくなりました。腐りかけた骨髄を欲しがるタヌキの仕業だと思いました。

・春の死——タヌキ

5月の初旬、1歳ほどのタヌキの死体を見つけました。死因は不明です。死臭を探知してハエが群がり、あっという間にたくさんのウジが、体内に潜り込み始めます。腹部を食い尽くしたウジは、皮を破って外に姿を見せます。

今度は、そのウジを狙ってか、肉を食べるためなのか、ハクビシンが現れます。アカネズミもやってきます。カラスは、巣の材料にするために体毛を引き抜きにやってきます。シジュウカラ、ヤマガラも、巣作りのために現れます。

雨が降ると、またウジが湧き、乾くとアカネズミが干物化したタヌキをかじりに来ます。こうして3カ月後には完全に骨だけが残りました。

多くの「スカベンジャー」が環境を浄化する

動物の死後の姿を撮り続けながら、「死は終わりではなく、他の生き物の生の出発点になっている」ことを強く感じました。「無駄死に」ではなく、きちんと次の世代に自分の死を役立てているのです。

さらに、死肉を処理する多くの生き物が「スカベンジャー（腐肉食動物）」として、掃除人の役割を果たすことによって、自然界を浄化していることも再確認しました。

アフリカでは、ハイエナがスカベンジャーの代表ですが、日本では、ツキノワグマ、タヌキが代表といえるでしょう。他にハゲワシも死肉を好んで食べます。

この他にも、自然界にはスカベンジャーがたくさんいます。カラス、ネズミ、スズメバチ、アリや、もっと小さな昆虫、細菌、バクテリアなど、季節や環境によりさまざまな生き物が登場し、クリーニングしているのです。

水辺では、エビ、カニ、ヤドカリ、フナムシ、カモメなども掃除人の役割を果たしています。

ウジが好物のクマ

自然界では、「私は死にました」と知らせるサインがあることにも気付きました。そのサインの一つが「死臭」です。夏場では、死後数時間でハエが集まってきます。昼間にはチョウ、夜にはガが肉汁を吸いにやってきます。

新鮮な肉が好みの動物が最初に訪れ、腐敗した肉が好きな動物がそれに続きます。腐敗がさらに進むと、哺乳動物からハエやシデムシにバトンタッチします。

また、体内に潜り込んで食いあさるウジを求めて、クマもやってきます。ウジはどうやら食べながら死肉の毒素を浄化しているようです。クマは、それを知っているのか、ウジが大好きです。死体のあちこちに湧いたウジを食べ尽くし、満腹になるとその側で数時間眠り、目覚めた頃にまた湧き出したウジを食べるクマを撮影したこともあります。

僕が子供の頃、伊那谷ではまだ土葬が行われていました。19歳のときに祖母が亡くなりましたが、この地域では、これが最後の土葬でした。四角い座棺を、深く掘った穴に埋めるのですが、老人たちが、「1メートルでは浅過ぎる。2メートルは掘れ」と言っていました。「浅過ぎるとクマが掘り返し、遺体を食べる」というのです。それを防止するには、2メートルの深さが必要だということでしょう。クマは前足で器用に深い穴を掘ります。

「熊手」という生活道具は、そこから名前が付いたということです。

動物の死は「新たな生」のはじまりである

クマなどの動物から、墓の中の遺体を守るため、古来、さまざまな対策を講じてきました。西日本ではシキミという毒性の強い植物を葬儀や墓前に備える習慣があります。シキミは「悪しき実」が略された名前ともいわれていますが、葉、茎、根、果実の全てにおいて毒性が強く、動物もこのにおいを嫌います。棺桶に入れることもあったようです。シキミの葉や皮を乾燥させ、粉末状にしたものを焼香や線香として使いました。だから僕は、ツキノワグマに会いたくない場所では、蚊取り線香が効くのではないかと思い、虫除けを兼ねて燃やしながら、山道を歩いています。

僕が動物たちの生と死を撮り続けているのは、きれいごとのエコロジーではなく、自然の中にプログラムされた、真実のエコロジーを見せたいと考えているからです。写真という「視覚言語」は、見る人によりさまざまな受け取り方をされます。「怖い」「気持ち悪い」と見る人もいれば、そこから人生を感じ、環境を考え、生きることの意味を深く思い巡らす人もいるでしょう。

死は生命の終わりではなく、別の個体の新たな生命につながっています。死から生へ……まさに輪廻転生。絶えることなく命は連なっていることを実感します。

死刑制度を知る

永田憲史
関西大学法学部教授

日本で死刑が法令で規定されるようになったのは、今から1300年近くも前の律令時代のことです。律令体制下では斬首刑と絞首刑が規定されていました。江戸時代にはさまざまな方法での死刑が行われており、放火犯は火刑に処していましたが、さすがにこれは明治に入ってすぐに廃止され、斬首刑と絞首刑で行われるようになっています。その後、旧刑法を作る際にお雇い外国人から「残酷だ」との声が上がったため、斬首刑も廃止。明治中頃以降は旧日本軍が銃殺刑を採用していたことを除き、現在に至るまで絞首刑のみで死刑が執行されています。

しかし、自国の死刑制度について、私たちはほとんど何も分かりません。日本では絞首刑の執行に関する具体的な事項は、全く明らかにされていません。法律にも規則や命令にもほとんど規定されておらず、情報も開示されないので、詳細を調べようにも調べられな

ながた・けんじ
1976年、三重県生まれ。関西大学法学部教授。専門は刑事学・刑事政策（特に死刑、罰金刑、オセアニアの刑事司法）、いじめ防止対策推進法。関西大学法学部専任講師、准教授を経て、2015年より現職。著書に『死刑選択基準の研究』『わかりやすい刑罰のはなし』『逐条解説「いじめの重大事態の調査に関するガイドライン」』（すべて関西大学出版部）などがある。

図1　死刑存置国（2022年末現在）。　Amnesty International, Amnesty International Global Report: Death Sentences and Executions 2022 (Amnesty International Ltd, 2023), pp. 40-41をもとに作成

い状況なのです。

欧州では死刑がほぼ全廃、先進国で残るは日米のみ

アムネスティ・インターナショナルの調査によれば、2022年末時点で、法律上も事実上も死刑を廃止していない国、つまり法律で死刑というものが決まっており、死刑判決を言い渡して死刑の執行まで行っている国・地域が55あります（**図1**）。ここには日本やアメリカ、中国も入りますが、イスラム教の国が多いのが特徴的です。一方、死刑を完全に廃止している国は112あります。さらに、軍事犯罪や内乱などを除いて、通常犯罪の死刑は廃止しているという国が9、法律上は死刑が残っているけれども実際に

は使っていない、すなわち事実上廃止しているという国・地域が23あります。

つまり、数だけを見ると「死刑を完全に廃止しているか、事実上廃止している」という国の方が多いのです。しかも、先進諸国を見れば、いまだに死刑を行っているのは日本とアメリカだけ。ヨーロッパではほとんどの国が死刑を廃止していますが、国連加盟国で1カ国だけ廃止していないのが独裁国家として知られるベラルーシです。ベラルーシは、人権上も大きな問題がある国といわれています。

ヨーロッパでは死刑がないことが当たり前の時代に育った世代が増えていますから、日本がいまだに絞首刑を採用していると言うとかなりびっくりされますし、日本人の人権感覚自体を疑われることもあります。このことは多くの方に知っておいてほしいと思います。

死刑執行停止を求める欧州評議会の厳しい決議

2001年6月25日、欧州評議会（人権、民主主義、法の支配の分野で国際社会の基準策定を主導する汎欧州の国際機関）は、オブザーバー国である日本とアメリカに対し、速やかに死刑執行を停止し、死刑廃止に必要な段階的措置を取ることなどを求める「欧州評議会のオブザーバー国における死刑廃止」という決議を行いました。この決議は03年1月1日までに死刑を巡る状況の改善が見られなければオブザーバーとしての資格を剥奪することも辞さないという、かなり強硬な一文が付いたものだったので、欧州評議会の本部のある仏ストラスブールの総領事も重要な外交のチャンネルが失われては困ると考えたのでしょう。外務省の本省に対し、全部で8ページから成る文書を送付しています。

この文書で注目すべき点は、先の決議に対する「当面の対処振り」として、「対話の継続の重要性」や「死刑囚の処遇改善」などに加え、「死刑執行停止」という意見具申がなされていること。外交官から本省に対して「ヨーロッパとの外交において、日本が死刑を続けているのはハンディキャップになる。とりあえず執行だけでも止めてくれ」と訴えたわけですから、死刑の継続がヨーロッパでの外交活動にどれだけ影響を与えるのかが分かります。

とはいえ、これによって法務省が死刑執行を止めるなどの変更を行うには至りませんでした。ただ、日本の考え方や、現在行っている死刑が残虐なものではないというような説明をもっと丁寧にやった方がよいということは、法務省と外務省との間でも意見の一致を見たようです。

ヨーロッパ諸国は死刑廃止に力を入れてきましたが、その主な理由は「人権上大きな問題があるから」というものです。それに対して、イスラム教の国では戒律上の理由で死刑制度を残していることが多い。一方、アメリカでは州によって死刑を廃止しているところと、現在も執行しているところに分かれており、これは、民主党が強い州と共和党が強い州の分布図とほぼ重なっています。

アメリカが国全体として死刑廃止に舵を切っていないのは、共和党の支持層に、死刑による犯罪抑止効果を重視する人が多いからです。アメリカでは2020年に共和党から民主党への政権交代が行われましたが、「死刑は違憲である」という判決が出る可能性は当分ないでしょう。なぜなら、同年にリベラル派の重鎮だった連邦最高裁判事のルース・ベイダー・ギンズバーグが亡くなり、トランプ政権末期に保守派のエイミー・コニー・バレットが後任とされたことで、連邦最高裁の構成は保守派優位がより進んだからです。

アメリカの死刑支持者が考える犯罪抑止効果というのは、「凶悪な犯罪者を死刑に処すことで次の犯罪を止められる」というもの。ただ、抑止力については学問的に実証されておらず、死刑を廃止した国や地域で、それを理由に凶悪犯罪が増えたというデータはありません。そもそも、刑罰の重さよりも、検挙されやすいことが犯罪の抑止に影響することが、犯罪学の知見としてほぼ確立しています。

世界では主流となりつつある薬物注射による死刑執行

では、日本における死刑、また死刑執行とはどのようなものでしょうか。

まず、日本では重大な事件を幾つも起こした被告人に死刑を一度に二つ以上言い渡すことはできません。また、死刑と懲役刑を一緒に言い渡すこともできません。死刑は最も重い、究極の刑罰。死刑と罰金刑や懲役刑は一緒に言い渡されないのです。ですから、死刑確定者は、刑に処せられた者を収容する刑務所ではなく、死刑が執行されるまで拘置所の単独室という一人部屋で過ごします。

現在、死刑執行は当日の朝に本人に伝えられています。アメリカでは数週間前には告知され、文字通りそこをデッドラインとして諸々の手続きが進んでいきますが、それとは対照的です。日本でもかつてはもう少し前に伝えていて、最後の夜の食事を他の死刑確定者と囲むようなこともあったようですが、執行が日一日と迫ってくる状況は酷だとも考えられます。日本で執行当日に告知するようになったのは、過去にその苦痛に耐えられなくなり自殺した人がいたから、ということのようです。

前述の通り、日本では死刑執行に絞首刑を採用しています。一方、アメリカでは現在ほぼ全ての死刑執行が薬物注射によるものとなりました。中国でも以前は絞首刑が採用されていましたが、急速に薬物注射が主流になってきていると聞きます。ただ、軍関係の場合は銃殺刑を用いることが多いようです。アメリカでは当初は絞首刑のみでしたが、1890年に初めて電気椅子が導入され、1930年前後からは電気椅子が圧倒的に多くなりました。薬物注射が登場したのは82年。これは絞首刑や電気椅子の場合、うまく執行できないリスクが付きまとい、死亡まで時間がかかることがあるので、できるだけスムー

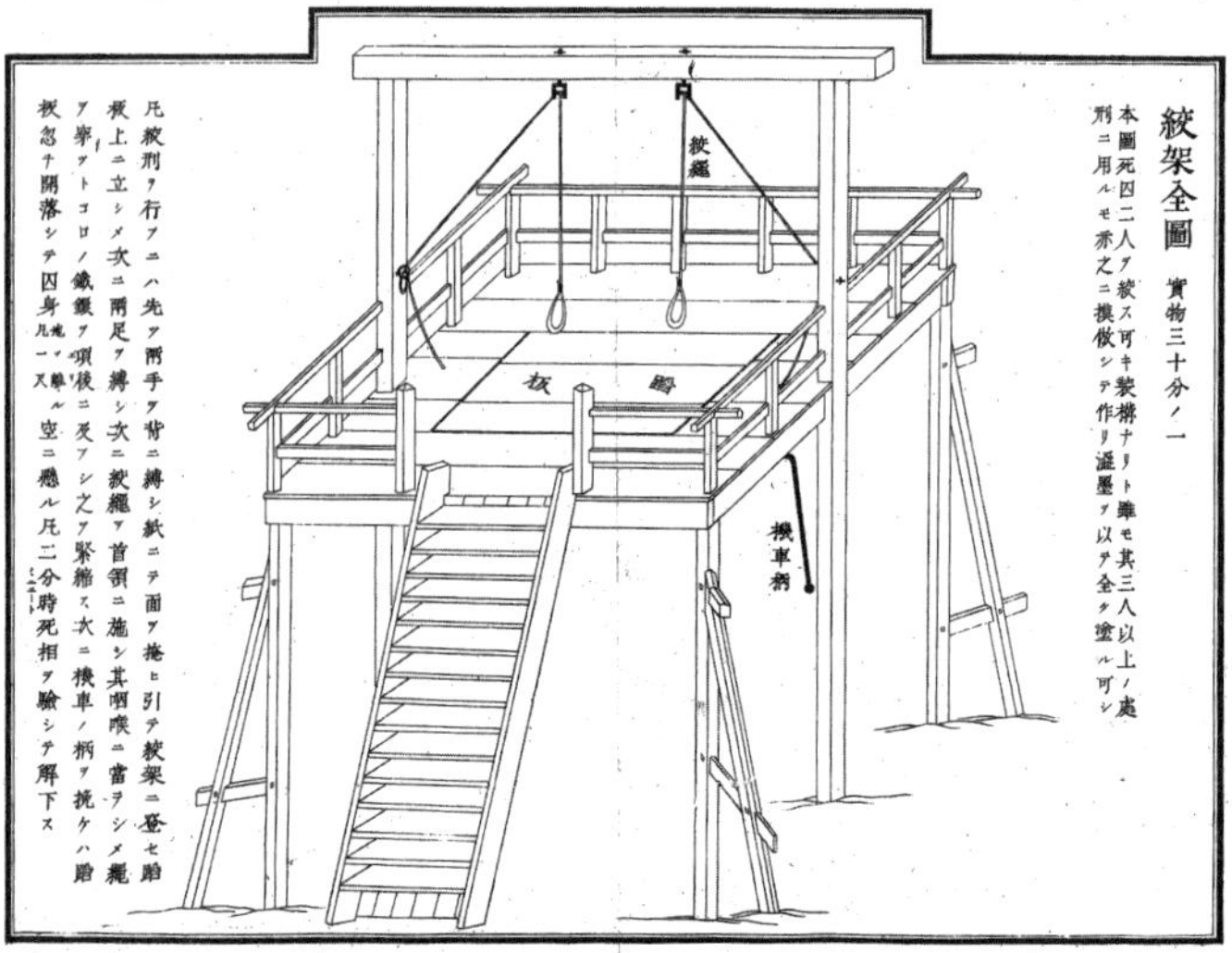

図2　太政官布告第65号「絞罪器械図式」より絞架全図。絞罪器械図式は、日本における死刑執行の際に使用される絞首台の図式で、1873（明治6）年2月20日に頒布された。

ズに執行し、苦痛を少なくするためにと考えられたものです。

日本では、執行のための設備や器具、手順についての規定は、1873（明治6）年に頒布された太政官布告にある絞罪器械図式（**図2**）にさかのぼります。現在ではこの図のように階段を上っていく形ではなく、平面上を進ませ踏み板を開いて落下させる地下絞架式が採用されていますが、これには法改正などの手続きは取られていません。

150年前の規定に基づく絞首刑の設備や手順

刑場には事前に依頼しておいた仏教、神道、キリスト教などの教誨師《きょうかいし》によって読経などが行われたり、遺書を書いたりする教誨室が隣接。戦後すぐは各刑場に新聞記者が入って取材することが可能だったようで、私も１９４７年に『名古屋タイムズ』が名古屋刑務所の刑場を取材した記事と、同年の『アサヒグラフ』に掲載された広島刑務所の刑場に関する記事を確認しました。また、連合国軍最高司令官総司令部（ＧＨＱ／ＳＣＡＰ）の検閲により公表禁止とされましたが、読売新聞が名古屋刑務所の刑場を取材して記事を作成しています。67年には田中伊三次法務大臣が東京拘置所を視察し、記者に刑場を公開したとされています。２０１０年に当時の千葉景子法務大臣が死刑執行に立ち合った後、報道機関に対して東京拘置所の刑場（口絵写真）を公開しましたが、それ以降は全国に7カ所ある刑場のいずれも公開されていません。

執行に誰が立ち合うかは法律で決まっています。これは拘置所の所長や検察官、検察事務官などで、実際に死刑を執行する拘置所の刑務官も含まれます。法的に正当な裏付けがあるとはいえ、刑務官の方たちには人を殺すという、非常に重い仕事をお願いしていることになります。ならば、この方たちにどのような待遇をし、どのようなケアを行うかについて、もっときちんと考えなくてはならないはずですが、そもそも議論の叩き台となる情報が何も開示されていない。これは大変な問題だと思います。

絞首刑に発生しやすい「うまくいかない執行」

さて、日本で絞首刑が続いているのは、1955年に最高裁判所が「絞首刑は合憲」として以来、アップデートがなされていないからです。諸外国では執行方法をはじめ、死刑に関するさまざまな議論が行われてきましたが、日本では情報がほぼないため、議論すらできない状態が長らく続いています。死刑が執行された場合は、執行後すぐに「死刑執行始末書」というものが作られて法務大臣に報告されるのですが、これを開示請求しても、重要な部分のほとんどは黒塗りされています。

そこで私はGHQ/SCAPが収集し保管していた記録に着目、そこから日本における絞首刑の実態を調べることにしました。記録の原本はアメリカの国立公文書記録管理局に所蔵されており、それをマイクロフィッシュで複写したものが日本の国立国会図書館憲政資料室に収蔵されているのです。

私が入手したのは戦後すぐの百数件についての死刑執行始末書ですが、基本的に今も同じ方法で死刑が執行されているのですから、資料として大いに参考になります。そこには執行日や立ち合い者の名前、遺体の取り扱いや存命中の通信についてなどが書かれていました。中でも重要なポイントが、執行の所要時間が記載されていたこと。床が開き下に落ちて首に縄がかかってから死亡が確認されるまでに平均で14分余り、長い場合は22分かかっているということが分かりました（拙著『GHQ文書が語る日本の死刑執行』現代人文社）。絞首刑の場合はうまくいかない執行が発生しやすく、時間もかかる。苦しみながら亡くなることも多いと想像されます。また、実際には被執行者の死亡が確認された後、法律の規定により5分間はそのままの状態で置かれることになっていますから、その間に遺体も汚れてしまいますし、現場で執行に立ち合う刑務官の人たちにとっても負担はかなり大きいはずです。

そんなこともあり、死刑そのものの是非を争う議論や裁判の中でも、「死刑はともあれ、絞首刑は違憲なのではないか」というものが、ここ10年ほどの間にしばしば上がってくるようになりました。２０１１年にはオーストリアの法医学者、ヴァルテル・ラブル博士が大阪地裁で弁護側証人として出廷し、「絞首刑は数分間にわたって意識が喪失せず苦しむことや、頭部が離断することがある」といった証言をしました。ただ、今のところ日本では、絞首刑は日本国憲法36条で定める「残虐な刑罰」には当たらないとして存続していますし、見直す動きはありません。

実際にアメリカで執行を見てきた知人の記者に話を聞くと、薬物注射による死刑の所要時間は2～3分で、被執行者が苦しむ様子もなく終わったそうです。それなのになぜ、日本は絞首刑を続けるのか。あくまで私の推測ではありますが、「絞首刑をやめて薬物注射にするとすれば、判断材料として死刑の実態を明らかにしなくてはならなくなる。そうすると、死刑そのものの是非を問う議論が起きてしまうのではないか」と法務省は懸念しているのかもしれません。

死刑の実態をまず明らかにする

日本では09年から裁判員制度が始まり、死刑が言い渡される事件の裁判員に誰もがなる可能性が出てきました。一般の国民が死刑判決に関与させられるわけですから、政府は死刑の実情をオープンにするべきですし、それをしないことは裁判員になる人々に対して失礼です。私は死刑に対しても懲役刑に対しても、「こういう重い犯罪ならやむを得ない」といった、ある程度一般的な感覚が反映されるべきだとは思っていますが、これはきちんと情報が提供されることが前提。例えば、現在の日本では犯罪の厳罰化が進んでおり、無期懲役は事実上の終身刑となっていますが、裁判員にその情報がきちんと提供されなかったことで、「無期懲役だと、そのうち刑務所から出てきてしまって困るから死刑にしよう」と判断されては大変なことになります。情報がないままに命に関わる重い判断をさせるということは、あってはならないことです。

私は死刑存置派ではありますが、日本が今後も死刑制度や絞首刑を採用し続けるのであれば、法的な裏付けとともに「この方法は『残虐な刑罰』に当たらない」ということを国際社会に対して発信し続ける必要があると考えています。執行のやり方も含めて、細かい段取りも議論し、ルール化することが大切。法律で決められていないというのは、法治国家としては一番まずいことです。また、死刑の議論は、ともすると存続か廃止かという話に収れんしがちですが、まずは実態を明らかにする必要があります。私は研究者として、議論の材料を人々に提供する責任があると考えていますので、情報が出されないことを嘆くばかりではなく、これからも公文書などの資料を地道に調べていこうと思っています。

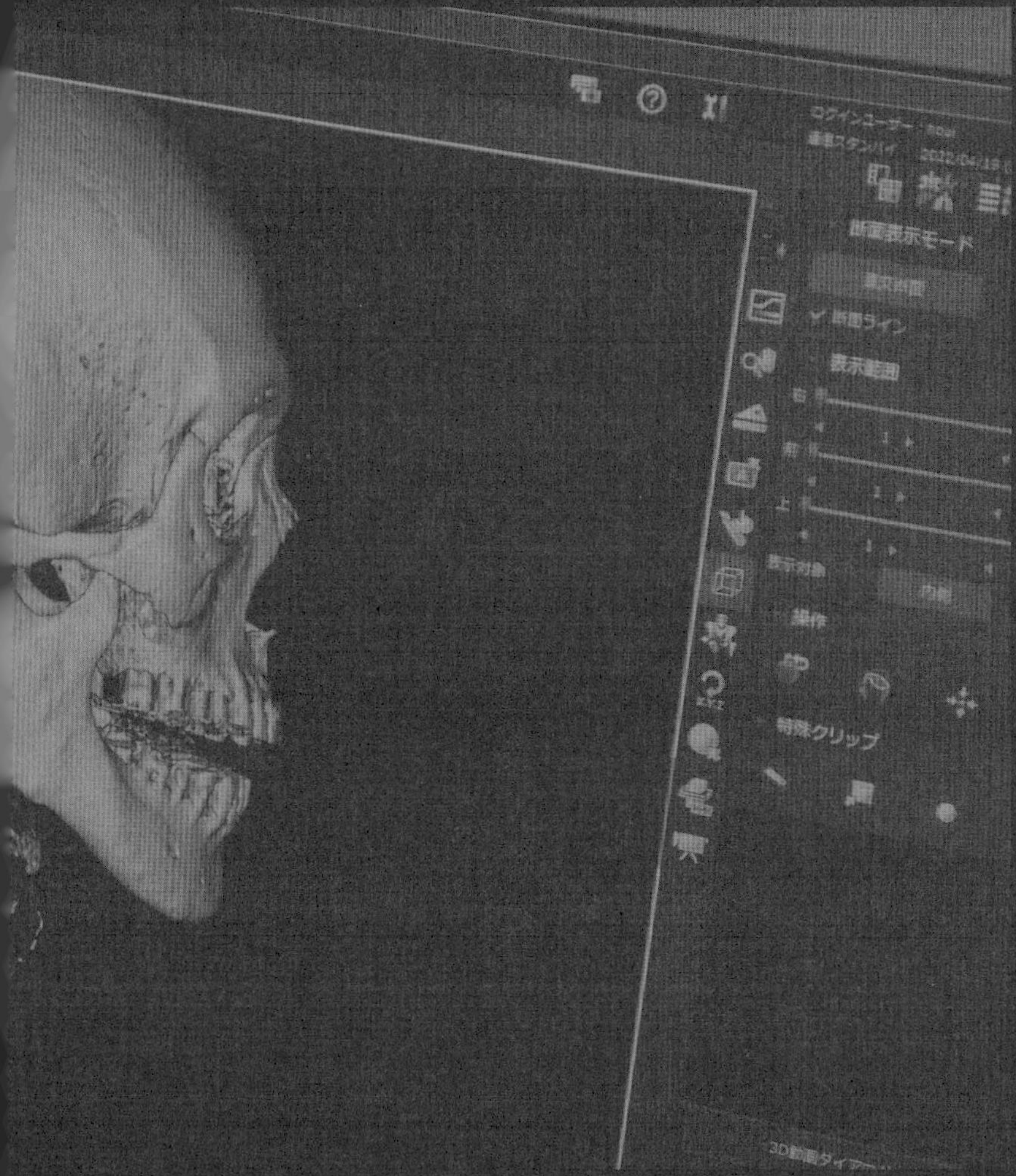

千葉大学法医学教室では、
東京大学の法医学教室ともデータベースを共有。CT画像もすべて保存されている。
写真＝小林正

第2章 死の科学

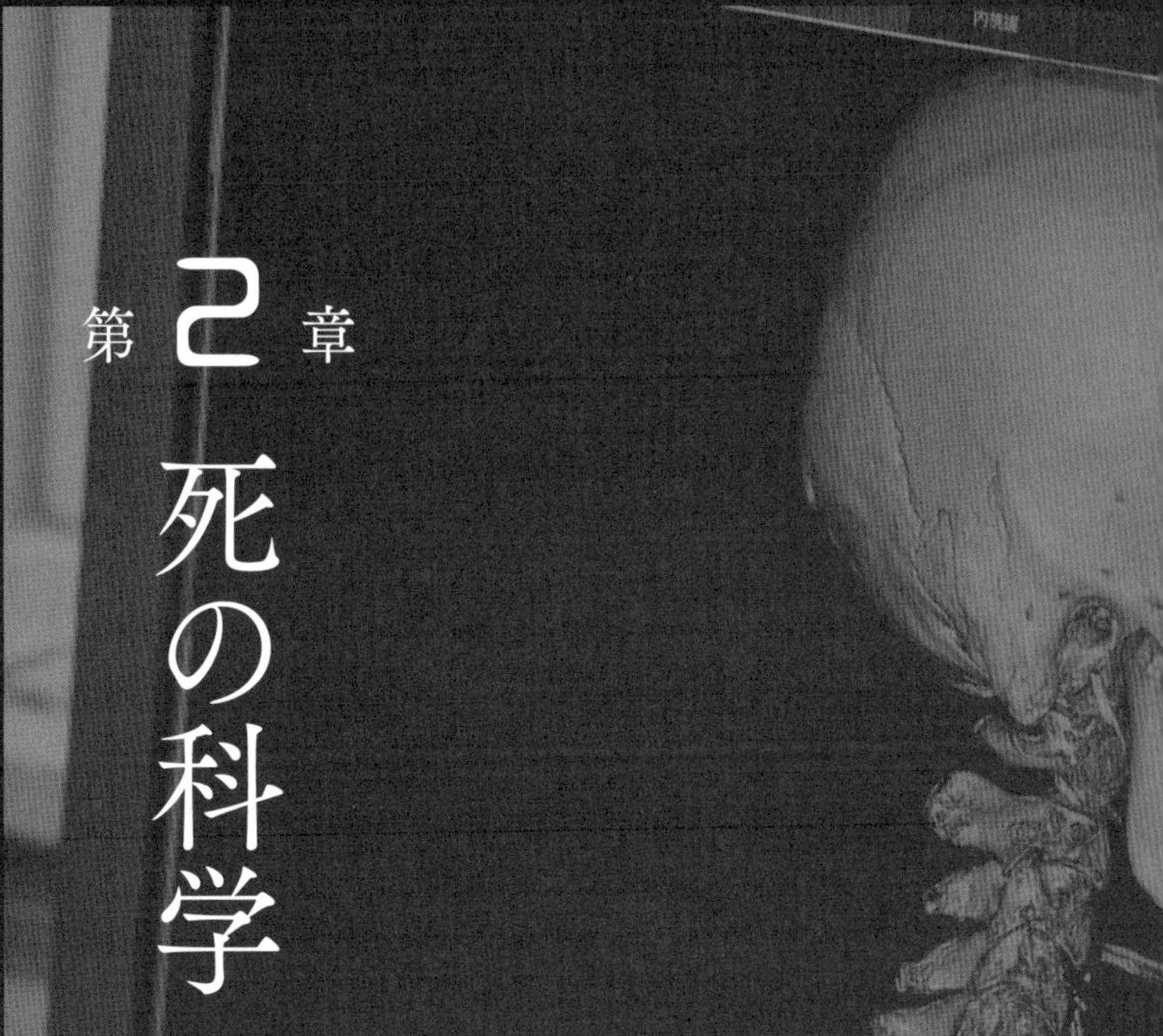

生物の死と老い

小林武彦　東京大学定量生命科学研究所教授

死というものがなぜあるかといえば、それが生物の持っているプログラムだからです。生物の誕生に大きな役割を果たしたと考えられるＲＮＡ（リボ核酸）と呼ばれる物質は、単純な構造で、生物ではないのに自己複製でき、また変化していろいろな種類のものを作り出す能力を備えていました。ＲＮＡは壊れやすいため、作っては壊れ、壊れてはまた作り直すということを繰り返してきましたが、そのうちに自然に効率よく増えるものが残ってきました。結果的にそれが進化のプログラムだったのです。

「変化」していろいろなものができる。そして、その環境に適したものが「選択」的に生き残る。この「変化と選択」が進化のプログラムです。これがたまたま、地球で動き始めたんですね。適したものが生き残り、そうでないものは壊れる。この「壊れる」ということが死の始まりです。

こばやし・たけひこ
１９６３年、神奈川県生まれ。東京大学定量生命科学研究所教授、日本学術会議会員。九州大学大学院修了（理学博士）、基礎生物学研究所、米国ロシュ分子生物学研究所、米国国立衛生研究所、国立遺伝学研究所を経て現職。日本遺伝学会会長、生物科学学会連合代表を歴任。著書に『生物はなぜ死ぬのか』『なぜヒトだけが老いるのか』（ともに講談社現代新書）、『寿命はなぜ決まっているのか　長生き遺伝子のヒミツ』（岩波ジュニア新書）などがある。

「変化と選択」の繰り返しが生物の進化のプログラム

ＲＮＡや、タンパク質の材料となるアミノ酸などは、原始の地球の熱水噴出孔のようなところで化学反応により生まれたと考えられています。そして、ＲＮＡはアミノ酸をつなげてタンパク質、スライムのようなドロドロした塊である「液滴《えきてき》」を作るようになりました。これは生産効率のよいＲＮＡの自己複製マシーンなのですが、その中に偶然、「袋」に入るものが出てきます。液滴は化学反応が起こりやすい水溶性で、袋は水に溶けない脂溶性。この袋の中ならば、より安定した環境で自己複製でき有利です。効率よく自己複製するその袋入り液滴が、徐々に増えて支配的になり、やがて袋ごと増えるようになり、最初の細胞の原型になっていったと考えられます。

ＤＮＡ（デオキシリボ核酸）はＲＮＡの材料である糖の種類が変化してできました。ＤＮＡの方が安定しており壊れにくいので、それもまた変化と選択で、ＤＮＡがＲＮＡに取って代わり遺伝物質になっていったのです。

細胞が誕生してからも、変化と選択は繰り返されます。はじめは単細胞生物。そのうちに単細胞がいっぱい集まって、それぞれが分業するようになる。これが多細胞生物です。多細胞化した方が生き残りやすかったものもいたのでしょう。

進化しないものは絶滅し、多様性ある生物が生き残った

生物は突然降って湧いたわけではなく、単純なものから少しずつ変化と選択を繰り返しながらできていきました。進化のプログラムの根底には、常に「作っては壊し」があり、死ぬものだけが進化できたといえます。ですから、「私たちはなぜ死ぬのか」というのは問いとして間違っていて、「死ぬものだけが今、存在している」というのが正しいと思います。逆説的な話ではありますが、死なないと進化のプログラムが動かず生命の連続性を維持することはできなかったのです。

進化をやめて「死なない」という選択肢を取るものもいたかもしれませんが、多くは絶滅したと推察されます。中には、不死とまではいかなくても、死ぬというプログラムがなかなか動かず、ものすごく長生きになってしまったものはいます。北極海などに生息するニシオンデンザメとかアイスランドガイという二枚貝は400年くらい生きるといわれています。そのような動物は概してあまり環境が変わらないところに住んでいるために、昔ながらの形態のままでもよかったのかもしれません。

ただ、そういう場所以外の地球の環境は変化がありますから、長生きするよりも「ちゃんと寿命が決まっていて、世代交代して多様性をいつでも作れるような生物」の方がよか

ったのでしょう。加えて有性生殖により、親と少し違う子どもを作るようなライフスタイルの生物が、最終的に生き残ってきました。

生物には多様な種が存在し、生態系が複雑になるほど、いろいろな生物が生きられるようになります。そして、それぞれの生物はいろいろな戦略で生き残ってきました。例えばキリンの首は戦略的に伸ばされたわけではなくて、突然変異で長い個体が生まれ、たまたまその個体のいた所にいい具合に食べ物があったのでしょう。普通に考えれば、首が長過ぎると不便でしかないのですが、彼らの生きる環境ではその方が有利だったから選択されたと思われます。進化とはそういう偶然の繰り返しなのです。

シニアの存在が集団を強くし、人間の寿命が徐々に延伸

人間はどうでしょうか。

人間は他の大型霊長類と違ってなぜか体毛が抜けてしまい、さらには木にも登れなくなりました。それぞれが弱いので、生き残るためには皆で協力する必要がありました。人間が他の霊長類よりも長生きになったのは、長生きする方がその集団の力が強くなったから。つまり、シニアがいい仕事をしたのです。

例えば、この見方で一番有名なのが「おばあちゃん仮説」。チンパンジーなどの場合、

体に毛が生えているので、生まれてすぐにお母さんにしがみつけます。つまり、お母さんは子どもがいても両手が空くのです。でも人間の場合は、生まれて2〜3年は誰かが抱っこしたり、ついていたりしなければいけないですよね。そういうときに親以外で誰が頼りになるかといえば、祖父母。おじいちゃん、おばあちゃんが面倒を見てくれる方が、親に余裕ができて圧倒的に子沢山になる、という理論です。加えて、若い人だけの集団よりもシニアがいる集団の方が、話がまとまる。若い頃は生きるための欲に満ち溢れていますが、シニアになるとそういうことから解放されてきて、人のために何かしようと思うようになるからかもしれません。

ゴリラやチンパンジーのメスは死ぬまで生理があるし、オスも死ぬまで生殖しますから、人間のような利他的な存在にはなりません。彼らの中にシニアはいないのです。生物としては、生殖に関わらなくなった個体がいるのはほぼ人間だけ。これもまた変化と選択で、たまたま生殖機能を失っても生きている人が出てくるようになり、そういう人には孫がたくさんできた、それが長寿化の原因の一つになっていったということなのだと思います。

人間の寿命は社会によって決まります。その社会が何を選択するかによって進化の方向は変わるのです。昔は集団（コミュニティー）を大切にしたためにこういう進化を遂げてきたけれど、今はどうでしょう？　コミュニティーに属さなくても基本的には生きていけますから、今後の人間が違う進化の道筋をたどる可能性は十分あると考えられます。

ところで、多くの昆虫は交尾、産卵を終えるとバタバタと死んでいきます。プログラムされた寿命を生きたら、決められたようにきっちり死ぬのです。しかし人間の死に方はそれとは異なり、現代人のほとんどは「老化」の過程で死にます。老化とは、細胞レベルで起こる、後戻りできない生理現象です。細胞の機能が徐々に低下したり、異常を起こしたりし、これががんやさまざまな病気を引き起こす場合もあります。

細胞の分裂回数には限界があり、ヒトの細胞の場合、約50回分裂すると分裂をやめてしまい、やがて死んでいきます。古い細胞と幹細胞によって作られる新しい細胞は絶えず入れ替わっており、4年で体のほぼ全ての細胞が新しいものになります。ただし、心臓を動かす心筋細胞と、脳や脊髄を中枢とし全身に信号を送る神経細胞は入れ替わることはありません。傷ついたらそれきりです。人間だけは例外的に少し長いのですが、基本的には哺乳動物の心臓は約20億回拍動するとおしまいです。

サイトカインをまき散らす老化細胞を除去して若返る?

心臓と脳以外の組織は幹細胞が新しい細胞を作るので、常に若々しい状態を維持できるのですが、実際には加齢とともに幹細胞も老化します。幹細胞は老化すると分裂能力が低下して、十分な細胞を供給できなくなります。

日本における100歳以上の高齢者数

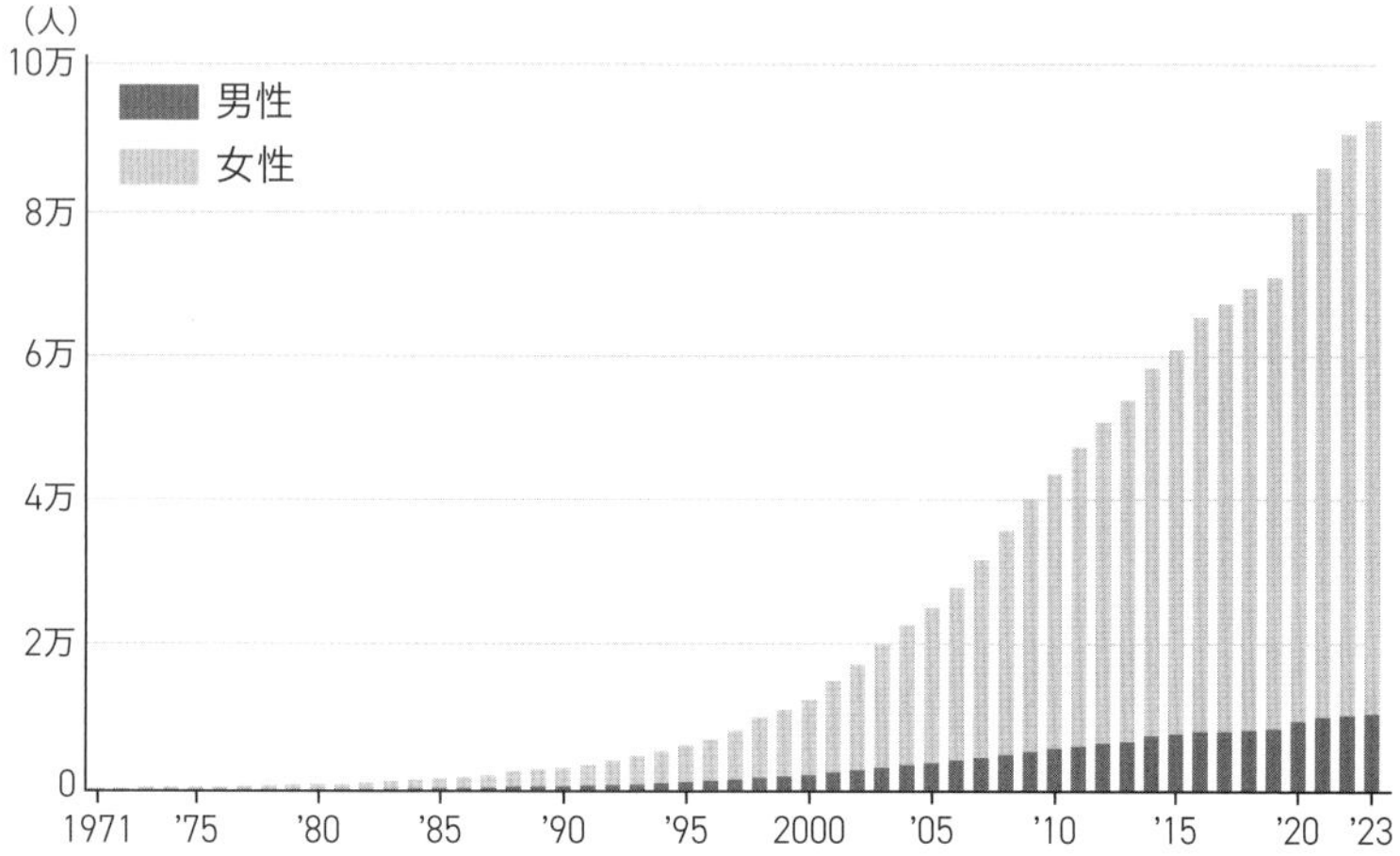

出典:厚生労働省

免疫に関わる細胞の生産が低下すると、感染した細胞や異常細胞の除去ができにくくなります。また、組織の細胞の入れ替えのためには、老化した古い細胞の除去が必要なのですが、若い時には免疫細胞が食べてくれたり、細胞自身が「アポトーシス」という細胞死を起こして内部から分解し壊れてくれたりするのに、歳を取ると老化細胞が除去されにくくなってしまいます。

老化細胞がそのままとどまると、周りにサイトカインという物質をまき散らすようになります。サイトカインには本来、傷ついたり細菌に感染したりした細胞を排除するために炎症反応を誘導して免疫機構を活性化させる働きがあります。細胞から分泌されること自体は正常な反応なのですが、老化細胞の場合はこれを放出し続けるので、炎症反応がずっと続いてしまう。その結果、臓器の機能が低下し、糖尿病や動脈硬化、がんなどの原因となってしまうのです。尿を作る能力が下がったり、肝臓の解毒作用が下がったりしてくると、全身の状態が悪くなり、日常生活に支障が出るくらい身体的機能や認知機能が低下した虚弱、いわゆるヨボヨボな状態になってしまいます。

この、排除されずに残った老化細胞を除去しようというのが、加齢による炎症反応を抑えるための、今一番有望な研究です。既にマウスの実験では、残留老化細胞の細胞死を誘導できるようになっています。

高齢でも元気な人は自然に老化細胞が消えているので炎症値が低いです。この人たちを普通の状態とするならば、老化細胞がたまったままの人は病気の状態です。それなら病気を克服して、普通の状態にすることはできるはずだ、というのが、この分野の専門家たちの期待です。ただ、医療として人間に適用されるのはまだ先のことになりそうです。老化細胞を全部除去していいのかどうかもまだよく分かりません。もしかしたら、ある程度残して身体や認知の機能を徐々に下げていくというのも、人のライフサイクルの中では重要なのかもしれないですから。例えていうならクラシックカーに、一部の部品だけ最新式のものを載せても大丈夫かな、という心配はありますね。

日本人の平均寿命と健康寿命

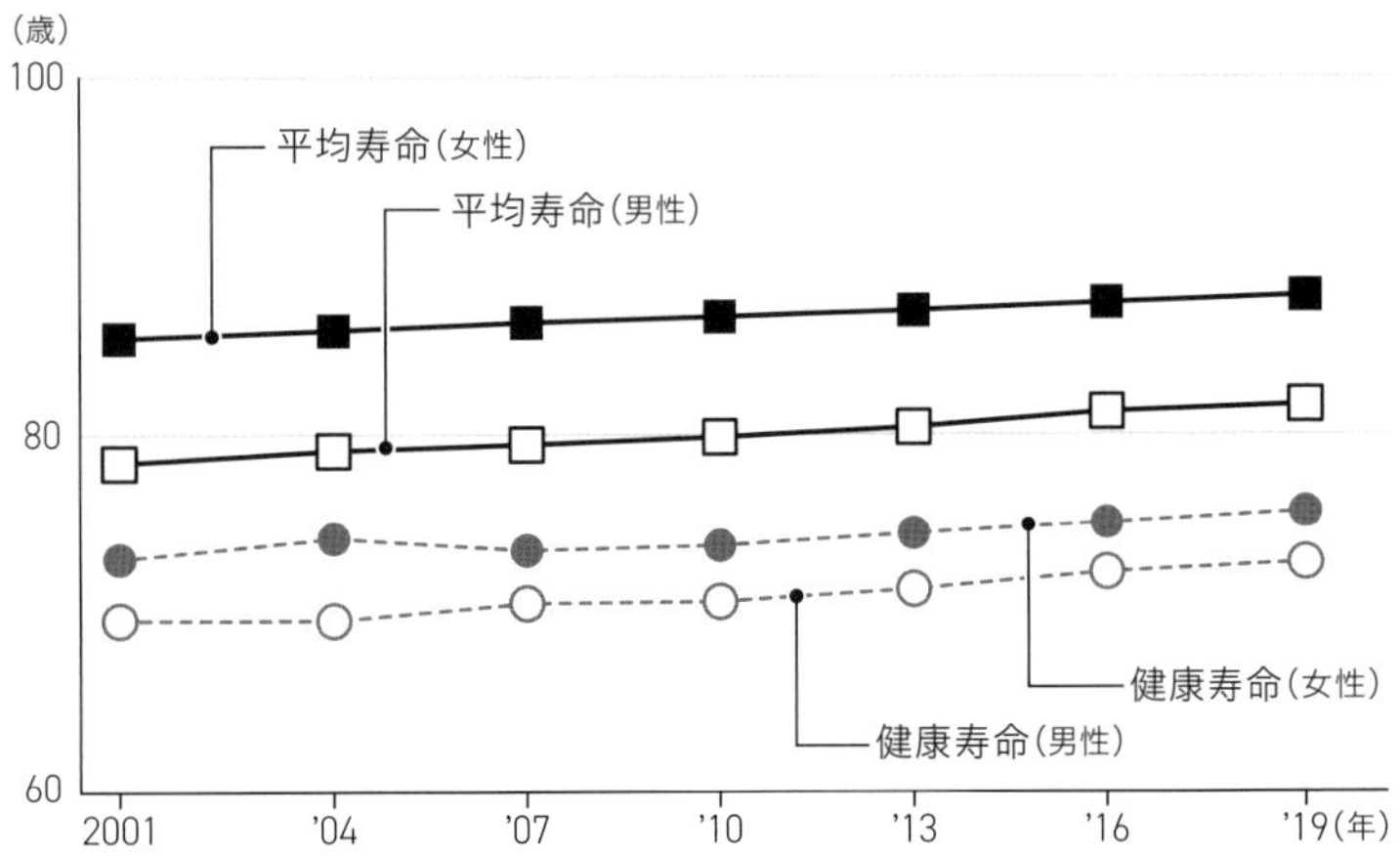

出典:厚生労働省

今なお高い115歳の壁

日本人の平均寿命は、最近100年間でほぼ2倍に延びました。これは、主には栄養状態が良くなったことと公衆衛生の改善によって、乳幼児の死亡率が低下したからです。また、高齢者の寿命も徐々に延びており、今では100歳以上の人が9万人近くいます。その一方で、115歳を超える人は全世界で有史以来、70人程度しかいません。ここには厚い壁があるのです。その辺りが、人間の最大寿命なのでしょう。

世界で一番長生きしたのはフランスのジャンヌ・カルマンさんという人で、1997年に亡くなった時点で122歳でした。彼女が公式に120歳を超えた唯一の人類です。2位は日本の田中カ子《かね》さんで119歳。彼女たちは何か特別なことをしていたわけではありません。ビタミン剤を若いときから毎日飲んだりしていたわけではないのです。田中さんでいえば、三食ちゃんと食べる、甘いものが好き、炭酸飲料は1日3本、ドリンク剤も好き。私もほぼ同じものが好きだし、ごく普通です。だからといって、みんなが119歳まで生きられるわけではありません。

110歳以上の人たちのゲノムを調べた研究がありますが、長生きの決定打はまだ見つかっていません。恐らく、いくつかの要因の組み合わせによって、ということでしょう。ただ、双子を使った研究の結果により、遺伝的要因は低いといわれています。75%が環境要因で、遺伝的要因は25%。4組中1組の割合でしか同じ程度の寿命の双子はいなかったのです。私は、それはある意味でいいことだと思っています。遺伝的要因だとどうにもならないかもしれませんが、「みんな長寿遺伝子は持っている、あとは健康に注意して」ということならば、頑張ろうと思えますよね。

健康寿命を延ばすためにＤＮＡの修復に着目

先程から寿命の話をしてきましたが、病気がちで長く生きるのではなく、健康なまま長生きすることが理想です。一般的には平均寿命と健康寿命は10年ぐらい違っていて、72〜

73歳頃から何かしらの薬を飲んでいる方が多いです。日本において理想的な死に方とされてきた「ピンピンコロリ」は、平均寿命と健康寿命がほぼ同じ、という状態のことです。

私は生物学者として、遺伝子の側からのアプローチで、健康寿命を延ばす方法を考えています。例えばがんはゲノムの変異（遺伝子情報の変化）で引き起こされるため、歳を取るほどリスクが上がるのですが、これを起こさないようにするといったことです。紫外線や放射線、活性酸素などによってＤＮＡに傷がつくと、ゲノムが変異を起こします。ゲノムの変異は分裂のたびに蓄積し、そのうちに細胞増殖のコントロールに関わる遺伝子が壊れると、どんどん細胞が増殖してがん化してしまうのです。これがヒトの場合には55歳くらいから顕著になっていきます。これを防ぐためには、遺伝情報がきちんと複製され、修復されるようにしてやることが必要です。

また、早期老化症という、寿命が短くなる病気があります。これは主に7種類あるのですが、そのうち5種類の原因は、ＤＮＡの傷を治す修復酵素の遺伝子の変異です。その遺伝子に変異があると、普通の人に比べてＤＮＡを修復する能力が少しだけ下がるのです。これにより老化が速く進んでしまいます。逆に言えば、この問題を解決すれば人間の寿命は延びるはずです。酸素の消費量が多く、活性酸素（ＲＯＳ）がたくさん発生する心臓は、ＤＮＡの酸化損傷が起きやすいのですが、ＤＮＡの修復能力が上がれば、心臓の寿命も延びて、拍動回数の限界が増えるかもしれませんね。私自身は、長生きしてカルマンさんの122歳の記録を抜こうと思っています（笑）。「実は私、100歳なんですよ」と言ったら、みんなが「ええ！」とびっくりするくらいになるのが目標です（笑）。まずは老化の症状を軽減するサプリメントなどを開発し、自分の体で安全性を含め試してみて、実際に効果があったら、他人にも勧められるのではないかと思いますね（笑）。

アフリカの感染症と死

石 弘之
環境ジャーナリスト

中国によって新型コロナウイルス感染症（COVID－19）の最初の症例が報告されたのは2019年12月のこと。20年に入ると感染は世界中に広がり、23年12月までの間に世界保健機関（WHO）には7億7200万人を超える感染者と700万人近い死亡者が報告されています。

感染症に翻弄されるアフリカ大陸

アフリカ大陸はといいますと、23年12月までの感染者数は約956万人、死者数は17万5000人余り。爆発的な感染を危惧する声が多くあったにもかかわらず、懸念されたほど感染は広がりませんでした。しかしアフリカではCOVID－19以外にも、例えばエ

いし・ひろゆき
1940年、東京都生まれ。環境ジャーナリスト。東京大学教養学部卒業後、朝日新聞社に入社。ニューヨーク特派員、編集委員などを経て、国連環境計画（UNEP）上級顧問に出向し、94年退社。96年より東京大学大学院教授、駐在ザンビア特命全権大使などを歴任。『地球環境報告』（岩波新書）、『感染症の世界史』『鉄条網の世界史』（ともに角川ソフィア文庫）など著書多数。
撮影：石 弘之

イズ（後天性免疫不全症候群）、結核、マラリア、エボラ出血熱、デング熱、黄熱などの感染症が現在も人々を悩ませています。

アフリカはまさしく感染症の坩堝《るつぼ》。進化の基本原則として発生地ほど多様性に富むということがありますが、約20万年前に人類の祖先が誕生したアフリカは、生物多様性のお手本のような地域です。人間にしても、世界で最も背が高いといわれる南スーダンのディンカ族から、極めて背の低いトゥワやムブティまで、アフリカには多様な特徴を持つ民族が暮らしています。そういう場所だからこそ、多くの病原体の遺伝子プールがあり、そこには多様なウイルスも含まれています。アフリカは感染症に翻弄《ほんろう》される宿命を負っているのです。

飢餓や感染症によって死が日常化する難民キャンプ

私が最初にアフリカへ行ったのは、まだ新聞記者だった1974年でした。以来、4回の駐在勤務を通じて、さまざまな場所でアフリカの人々とその文化に触れました。83年、アフリカで飢餓が一番ひどかった頃には、ナイロビの国連環境計画（UNEP）に勤めていたのですが、急遽、国連のアフリカ救済チームに入れられ、エチオピアの3000m級の山あいの村にある難民キャンプの手伝いをしました。

それは強烈な体験でした。朝起きると、食べ物を求めて私たちのテントの周りに群がっていた人々が500人くらい死んでいる、なんていうこともよくありました。飢えはもちろんありますが、高地は朝夕の寒暖差が激しいため、凍死してしまうんです。そうなると、遺体を一人一人埋葬するわけにもいかないから、大きな溝を掘ってまとめて埋め、上から土をかぶせるしかない。もちろん、感染症で死ぬ人も多い。毎日、目の前に死がありました。

難民キャンプの施設には、親が死んでしまった孤児たちもたくさん運ばれてきましたが、みんな飢えで肋骨《ろっこつ》が浮き出し、栄養失調でお腹だけがぽっこり出ている。そうなると、生き残る見込みのある子とそうでない子を振り分ける、つまりトリアージが行われるんです。前者には手当てをするけれど、後者には何もしない。目の前で命が選別されていくさまには衝撃を受けました。キャンプにはハエがたくさんいるのですが、水分を求めて人間の目の周りに集まってくるんですね。それを手で追い払えなくなると、ああ、もうこの子はおしまいだ、と分かります。辛いですが、それが難民キャンプの日常でした。

また、母子が収容されている施設でも驚くような場面によく出くわしました。痩せ細った赤ちゃんに出ないおっぱいをあげているお母さんたちは、悲惨な状況でも普通におしゃべりしている。こちらから見ていると、その子はもうまずい状況だな、と分かるのですが、気にしている様子はないんです。でも、抱いていた子が死ぬと、突然大声で泣きだしたりする。あまりに身辺に死が溢れているので、感覚がマヒしているのか、生と死の境目が判然としないのか、理解に苦しみました。

両親や兄弟の死に直面するエイズ孤児たち

私がアフリカに滞在していたのは、各地でエイズが爆発的に広がり始めた時期でもありました。エイズとは、主に性行為や注射器具の共有、または出産や授乳によってＨＩＶ（ヒト免疫不全ウイルス）に感染した人が、免疫機能の低下によりニューモシスチス肺炎やカポジ肉腫など、23の合併症のいずれかを発症した状態のことを指します。

私は80年代半ばにはケニアに駐在していたのですが、ケニアというのはアフリカの中でもＨＩＶ感染率の高い国の一つです。大使館のスタッフがいないので「あれ？　彼は今日休みなの？」と聞くと、「エイズで亡くなりましたよ」なんてこともしょっちゅうでした。ケニアの隣のウガンダでも状況は同じで、当時はエイズ患者の遺体が市中にゴロゴロしているという感じでした。

２００２年に特命全権大使として赴いたザンビアでは、エイズによる死者が急増したため、大使公邸の近くに専用の墓地が造られたのを覚えています。ＨＩＶ感染者やエイズ患者に対する偏見が根強いため、一般の人と同じ墓地には埋葬できないのです。夜のうち

（右）2002年頃のザンビアの大学病院のエイズ病棟。ベッドが足りず、患者が床に横たわっていた。
（左）保管場所がなくなり、倉庫に積み上げられたエイズ患者の遺体。1988年、ビクトリア湖に浮かぶケニア領リンギティ島で。

にパワーショベルで穴をたくさん掘るのですが、毎朝その穴が瞬く間に埋まっていく。花を手向けるとか家族が集まって弔いをするなどということもありません。お金のない人は遺体を布で包み、そのまま埋める。お金持ちは棺桶に入れられますが、夜のうちに掘り出され、棺桶が盗まれもしていました。棺桶を売ってお金にするためです。

当時のアフリカでは子どもを7〜8人産むという女性も少なくありませんでした。でもそのうちの何人かは感染症や栄養失調で死んでしまう。一方で、親をエイズで亡くした、いわゆるエイズ孤児（エイズによって片親もしくは両親を失った18歳未満の子ども）も大量に生じました。兄弟の死を見て育つ子どもや、かなり小さい時に両親の死を経験する子どもがたくさん出現したのです。現在も世界には１３００万人から１６００万人ほどのエイズ孤児がいますが、そのうちケニアとウガンダにはそれぞれ50万人ほどがいるとされています。彼らにとって死は非常に身近なもの。我々とは根本的に死の持つ意味が違うのです。

エボラ出血熱がまん延する原因

そんなアフリカを1990年代半ば以降に襲ったのが、エボラ出血熱の流行でした。76年にスーダンで初めて感染者が確認されたこの病気は、94年にはガボン、95年にはコンゴ民主共和国で流行。2000年代に入ってからもウガンダなどでたびたび集団感染が起き、14年には西アフリカで大流行となりました。

発病は突発的で、最初はインフルエンザに似た症状から、嘔吐、下痢、腹痛などを経て、進行すると全身の出血、吐血、下血が見られます。大変恐ろしい病気ではありますが、基本的にはウイルスに感染して症状が出た人や動物の血液、体液、排泄物などに直接接触しなければ感染しません。

西アフリカで流行が起きた理由は、人が亡くなると、近親者が遺体を手で洗ったり、土葬する時に参列者が遺体に直接触れたりする習慣があったからだと見られています。エボラ出血熱感染者の葬儀に、遠方からも参列した人たちがいたため、たちまち感染が広がったようです。

アフリカ大陸にはキリスト教とイスラム教が広まっていますが、さまざまな土着宗教も生きていますし、古くからの習慣はなかなか変わりません。西アフリカの人の死生観は

「遺体に触れることで死者と生者のつながりが生まれる」というもの。一方、東アフリカでは「人々に記憶されている限り死者は生きている」と考えられています。地域によって死生観も違うんですね。

動物由来のウイルスが人間に感染

さて、平均の死亡率が50％ほど、場合によっては80％ともいわれるほど高いため、最強の感染症とも呼ばれるエボラ出血熱のウイルスと、今回の新型コロナウイルスとの間には、一つの共通点があります。それは、共にコウモリ由来のウイルスではないかと見られていることです。

コウモリは100種類以上のウイルスを保持していることでも知られており、その中には90年代にマレーシアで感染症が発生したニパウイルスや、MERS（中東呼吸器症候群）、SARS（重症急性呼吸器症候群）のコロナウイルスなどがありますが、人間がコウモリから直接ウイルスに感染する可能性は低く、何らかの中間宿主がいると考えられます。例えば、エボラウイルスの場合はコウモリからゴリラなどの野生動物が感染し、それを〝ブッシュミート〟として食用する現地民に広がったとの考えが有力ですし、ニパウイルスはシンガポールが国内に豚舎を作ることを禁じたのに伴い、養豚業者がボルネオ島の熱帯雨林を切り開いて豚舎にしたところ、そこに住んでいたオオコウモリから豚が感染し、その体液や分泌液に接触した人間が感染したと考えられています。

MERSはヒトコブラクダ、SARSはハクビシンなどが中間宿主になった可能性が高い。新型コロナウイルスについては、鱗《うろこ》が漢方薬の原料として高値で取引される絶滅危惧種のセンザンコウから類似ウイルスが検出されたことが、2020年3月26日付の学術誌『Nature』で発表されています。

遺伝子の変化を調べると、コロナウイルスというものは1万年ほど前に地球上に登場しています。それが実際に人間に牙をむき始めたのは、1960年代のことです。当時は毒性がそんなに強くなかったので、人間に取りついても風邪の原因になる程度にとどまっていましたが、それにしてもなぜ、1万年も経って人間界に登場したのか。それは、その他の多くのウイルスと同じで、コロナウイルスを取り巻く環境が、人間によって変えられたからです。現代の地球上は、歴史上類を見ない超過密状態ですし、人類の移動範囲もどんどん拡大しています。

都市の過密化や人の移動がウイルスを広げた

感染症はある意味で環境問題。ウイルスというのは、隙を与えなければ人間界に広がらないのです。もし野生動物が持っていたウイルスが人に感染しても、人と人とが離れた場所に住んでいる時には、それ以上は広がりません。感染した人が死ねばそれで終わりです。ところが、人が固まって住み始めると、様相は変わってきます。ウイルスにしてみれば、「しめた！　ここに入り込めばいくらでも増えることができるぞ」ということになるわけです。

そんなウイルスの格好の温床となるのが戦場。第二次世界大戦末期では東南アジアに出征した多くの日本兵が、実際の戦闘ではなくマラリアで命を落としました。第一次世界大戦中の１９１８年に始まったスペインインフルエンザ（スペインかぜ）の大流行も、軍隊を中心として一気に世界にまん延し、近年の再検討では８０００万人以上が亡くなったともいわれています。軍隊というのはほぼ同じ年齢層の若い男性で構成された、極めて均質的な集団ですから、感染が一気に広まる条件が揃っているのです。戦争というのはそれぞれの時代において、さまざまな感染症の培養器となります。

エイズの原因となるＨＩＶは、アフリカの霊長類を自然宿主とするＳＩＶ（サル免疫不全ウイルス）が突然変異を起こしたものと考えられています。もともとエイズは、中央アフリカのジャングルで生まれた局地的な風土病でした。それが、伝統的な農村社会の崩壊によって都市部に人が集中し、貧困層でスラムが膨れ上がったことで、都市に感染が広がりました。新型コロナウイルスのパンデミックにも、他のウイルスと同様、世界中で猛烈な勢いで進む都市化と、森林破壊などによる野生動物たちの生活環境の変化などが大きく関係しているといえるでしょう。

ウイルスの撲滅は不可能

ウイルスは30億年も前に地球上に出現し、あらゆる自然宿主と共生してきました。グツグツと沸いた温泉の中にも、深海の底にも、高濃度の放射性物質で満たされた原発のパイプの中にも、ウイルスは生きています。ですから、たかだか20万年前に出現した人類が勝てるはずがありません。

私たちの多くは「医学が発達すれば、いずれ感染症は制圧される」と信じてきました。そして、1980年にWHOが天然痘ウイルスの撲滅宣言をした時に、私たちは勝利に酔いしれ過ぎたのかもしれません。

その後も感染症の流行は後を絶たず、一時は「過去の病気」といわれていた結核すら、近年は2つ以上の薬に耐性を獲得した「多剤耐性結核菌」の増加や貧困層の拡大などによって、撲滅とは程遠い状況です。マラリアにもいまだに年間2億人以上が感染しています。人間が感染症に対して対策を取れば、ウイルスの側も変異して薬剤に対する耐性を獲得したり、強い毒性を持つ系統に入れ替わったりする。ウイルスの目的は自分たちの子孫を残すことですから、そのためにさまざまに変異していくのです。

今回の新型コロナウイルスが短期間に変異し感染を広げていったように、今後も新たな感染症は次々と出現するでしょう。このまま私たちが地球上に住む限り、ウイルスや感染症から逃れることはできません。

ただ、ウイルスには人間にとって有益なものもある。近年の研究で、ウイルスが妊娠中の母親のお腹で胎児を守ってくれていることや、子どもの頃にある種のウイルスに感染すると免疫システムが発達するということも分かってきました。人類はこれからも、ウイルスとうまく共生していく道を探っていくしかないのです。

法医解剖の現実

岩瀬博太郎　千葉大学法医学教室教授

いわせ・ひろたろう
1967年、千葉県生まれ。千葉大学法医学教室教授。東京大学医学部医学科卒業。同大法医学教室を経て、2003年より現職。14年からは東京大学大学院医学系研究科法医学教室教授併任、千葉大学附属法医学教育研究センター設立に伴い初代センター長も務める。主な著書に『法医学者、死者と語る』『新版　焼かれる前に語れ　日本人の死因の不都合な事実』（ともにWAVE出版）など。日本法医学会理事。
写真＝小林 正

法医学とは「医学的解明助言を必要とする法律上の案件、事項について、科学的で公正な医学的判断を下すことによって、個人の基本的人権の擁護、社会の安全、福祉の維持に寄与することを目的とする医学」のこと。私たち法医学者は、法医解剖や検査を通じて死因の究明に取り組むのが仕事です。

病院ではなく、自宅や路上などで亡くなった方の中から、明らかに病死したと考えられる一部の場合を除いた事例を異状死体と呼び、異状死体の死因を突き止めるための解剖を法医解剖といいます。

異状死体が出ると警察（自衛隊内であれば自衛隊、海上であれば海上保安庁）は初動捜査を行い、警察託医など医師の立ち合いを求めつつ、検視官[※1]などの警察官が遺体の外表を見たり、青酸カリをはじめとした毒物の簡単な検査を行ったりして、犯罪性の有無の判断や身元確認をします。ここで犯罪性の疑いがあると判断されると、各都道府県の大学の法医学教室に連絡が行き、そこで「司法解剖」が行われます。

犯罪性の疑いがない場合、公衆衛生上解剖した方がいいと判断されたものに関しては、東京23区・大阪市・神戸市では監察医[※2]が「行政解剖」を、それ以外の地域では遺族の承諾を得て大学法医学教室などで「承諾解剖（準行政解剖）」が行われます。さらに、犯罪性は薄いものの、死因の特定や身元確認のために遺族の同意がなくても実施できる「調査法解剖[※3]」もあり、こちらも法医学教室などで行われます。

CT検査と解剖を組み合わせて、直接死因と原死因を特定

私が所属する千葉大学法医学教室では、年間およそ300〜400体の解剖を行っています。私たちのところに遺体が届くのは、死亡から早くて1日後。死亡状況がはっきりするまで警察で数日粘ってから届けられることもあります。遺体は警察の車両で朝届けられ、通常8時半からCT検査と解剖を始めます。解剖室に入るのは、法医学教室からは1体に対して執刀医1名と補助1名、書記1名。解剖台が3台あり、通常2体を同時に解剖しますので、人数はこの倍になります。

また、千葉県警からは捜査一課の検視係と手伝いの警察官、合わせて5〜6名が、我々

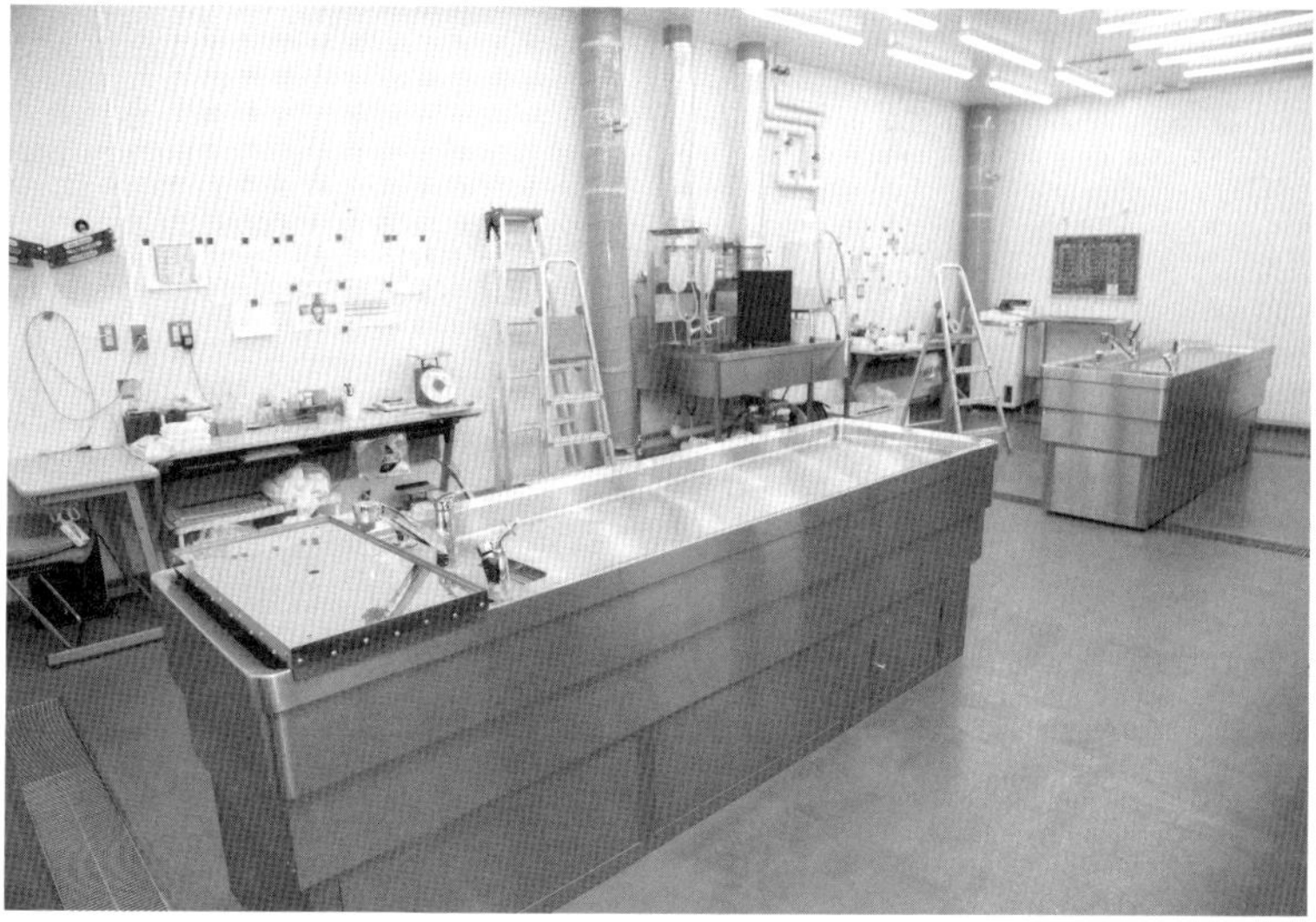

千葉大学法医学教室の解剖室。

と同様の防具を着用して解剖室に入り、写真撮影を行うほか、解剖後室内や器具の消毒なども手伝ってくれています。

CT検査では手足の骨折や弾丸などの異物はよく写りますが、頸椎《けいつい》損傷などは分かりにくかったりしますし、心筋梗塞の診断などはできません。CT検査と解剖の両方を行うことが大切なのです。

私たちは死体を調べることで、直接的な死因である「直接死因」と、それに至る原因となった「原死因」の両方を漏れなく見つけなければなりません。例えば、直接死因が脳内出血だったとしましょう。しかし、それが覚醒剤中毒によって発生した脳内出血だった場合、原死因は覚醒剤中毒になりますし、死因の種類は病死・自然死ではなく外因死となります。さらに、人に飲まされていた場合は他殺、自分で注射していた場合は不慮の事故死。直接死因だけを見つけてもだめで、原死因を徹底的に調べるのが法医学者と警察の仕事なのです。

ＣＴ検査が済んだら、遺体を解剖台に載せ、外表検査を行います。身長や体重、髪や陰毛の長さ、直腸温度などを測っては黒板に書き入れ、死斑や死後硬直、傷や病変、注射の痕や皮膚の変色の有無などを細かく見ていきます。それぞれの所見については執刀医が口述し、書記が記録。写真も傷が多い場合などは２００枚くらい撮影しますし、それぞれの傷の長さや深さを測り、方向と合わせて記録します。さらに背中を切開し、皮下出血の有無を調べます。背中は皮膚が厚いため、思い切り殴られて皮下出血していたとしても痣《あざ》ができないことが多い。だからドイツでは、「背中は必ず開けるべき」とされています。私もそれに則って必ず背中を開けていますが、大学によってはやらないところもあるようです。

その後、メスで頸《くび》から下腹まで開き、肋骨を切って臓器を取り出します。取り出した臓器はそれぞれ重さを量り、病変や傷を調べ、胃や腸は内容物を取り出して、これも調べます。それが済んだら扇形の歯がついた電動ノコギリで頭蓋骨をぐるりと一周カットし、脳を取り出して調べます。それから頸の部分をＵ字形に切開し、さらに詳細に調べていくわけです。必要であれば法歯科の先生を呼んで歯科所見の採取も行います。

こうして解剖が済んだら、切開した皮膚を縫合し、解剖に使った器具や室内を洗浄・消毒する。最後に遺体を棺に入れ、警察に返却します。通常、解剖は3時間程度で終わりますが、長い時は半日以上かかることもあるのです。

高い危険性とストレスが共存する解剖の現場

解剖は危険が伴う作業です。遺体が危険な感染症に罹患《りかん》している可能性もありますから、万が一の針刺し事故などの対策も万全にしています。使用する器具の種類や数を施設内で定めて適切に管理することや、解剖室や検査室の殺菌消毒を毎回行うことも徹底しなくてはなりません。

現場では危険性だけでなく、臭いの問題もあります。腐乱した遺体や水中にあった遺体となれば、悪臭もかなりのものです。以前の解剖室は換気が悪く、3日たっても室内や体から臭いが取れないこともありました。現在の私たちの解剖室は、医学部の研究棟の新設に伴い2021年に整備されたばかりなので、陰圧装置で1時間に十数回空気を入れ替えています。シャワールームも完備されたので環境はだいぶ改善しましたが、それでも臭いに慣れることはありません。

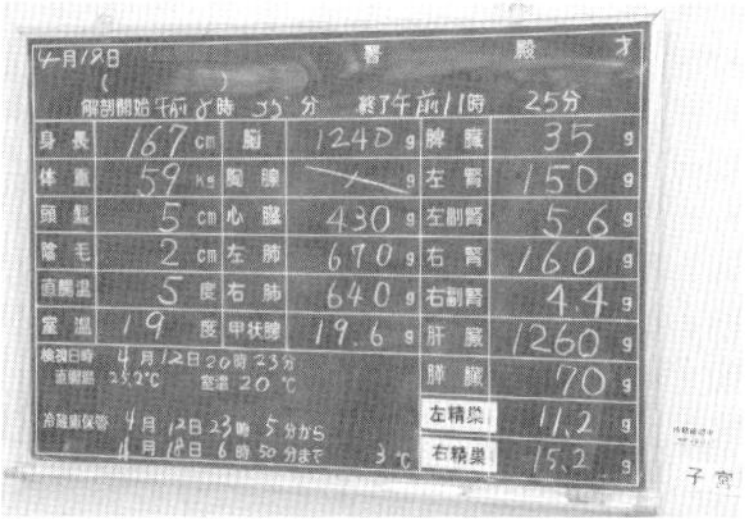

解剖室の黒板。計測の結果が書き込まれる。

解剖が終わっても作業はまだ残っています。遺体から取り出した臓器は暫定的にホルマリンの入った蓋付きポリバケツに入れて保管し、臓器片を作製して組織検査を実施します。ホルマリンに漬けた臓器は真空パックにして3年間保管した後、業者に委託して処分していますが、組織検査の標本は半永久的に保管します。また、採取した血液や尿で薬毒物検査や血液生化学検査など、必要な検査を行います。

解剖時に撮影した写真や所見、CT画像、各種検査の結果などは、データサーバー上に全てデータベースとして保存しています。これがあればどこにいても鑑定書が書けますし、担当教授が交代してもデータが失われることはありません。もちろん、鑑定書の控えも保存しています。このデータベースは千葉大学と東京大学とで共有しており、過去の事例を調べるのに非常に重宝していますが、これはあくまで私たちが独自に制作・管理しているもの。他国では国がシステムとして制作し、各施設に入力させて、それをナショナルデータベースとしているところが多いので、日本は圧倒的に遅れているといえるでしょう。

明治時代から変わらない日本の法医学

ところで、江戸時代の日本では、1247年に南宋時代の中国で刊行された『洗冤録《せんえんろく》』という検死の教科書を参考に検死を行っていました。これは解剖したり、血液を採取して詳しく調べたりするような西洋医学的なものではなく、あくまで漢方医学的なものの見方をするもの。つまり、「死体の外表を見れば死因が分かる」とするものでした。実は現代の日本の検視も、基本的にはこれと同じです。

18世紀後半には日本でも腑分け（解剖）が行われるようになりましたが、これは人体の構造を確認する目的のものであり、腑分けをするのは刑死者の遺体に限られていました。明治になるまで日本で犯罪の証拠保全としての解剖が行われてこなかったのは、イスラム教徒やユダヤ教徒の持つような宗教的な忌避感などが理由ではなく、「悪いことをしていないのに遺体に手を入れられるなんてかわいそう」といったものでしょう。一方、ヨーロッパ諸国ではルネサンスを契機に宗教と科学は別に考えられるようになり、法医学が発展しました。

日本に法医学が取り入れられたのは明治維新以降のことです。ヨーロッパ式の刑法を導入するにあたり、明治天皇の勅命で東京大学の片山国嘉が１８８４～88（明治17～21）年にドイツ・オーストリアに国費留学したことがきっかけでした。帰国後、片山は１８９３（明治26）年に法医学講座の初代教授となり、日本で近代的法医学を樹立します。

片山は「死因が分からなければ解剖する」「犯罪に関わるものだけでなく、公衆衛生を目的とした解剖もやるべき」という考えのもと、科学によって法の公正を保つ必要性を訴えたわけです。しかし、役人の無理解でかないませんでした。こうした日本の法医学を取り巻く状況は、今もあまり変わっていません。

諸外国に比べて極端に低い、日本の異状死体の解剖率

日本は諸外国に比べて法医解剖率が低く、警察取り扱いの異状死体のうち、解剖されるのは10％程度でしかありません。都道府県によっても差があり、私たちが担当する千葉県は6％程度です。一方、フィンランドの法医解剖率は80％以上、スウェーデンでは90％以上ですから、その違いは歴然としています。以前スウェーデンの警察で話を聞いた時に「なぜ90％も解剖するのか？」と尋ねたら、ムッとした顔で「死因の分からない異状死体を解剖しなければ犯罪を見逃すじゃないか」とあきれられたことがありました。スウェーデンではマラソン大会で倒れて亡くなった方も全員司法解剖するそうです。日本なら心筋梗塞という判断を下されて終わりでしょうが、それを言うと向こうの警察官は「大会の朝、家族に毒入りのカプセルをサプリメントとして飲まされていたらどうするの？」と驚きます。法治国家は性悪説的に考えるもの。日本は未だに法治国家ではなく、徳治国家なのかもしれません。

スウェーデンでは法務省に法医学庁が設置されており、各大学と連携するシステムができています。フィンランドには死因究明法という法律があり、両国とも死因究明を国の責任として法律で定めています。

また、イギリスやオーストラリアなどでは、コロナー制度が取られています。コロナーとは司法権を有した独立司法官のことで、こうしたコロナーが死因究明に全責任を負うようになっています。アメリカやカナダの一部の司法管轄区でも、こうした制度を踏襲しており、それ以外の司法管轄区ではメディカル・イグザミナー（ME）と呼ばれる強い法的権限を持った監察医調査官が、犯罪死体も非犯罪死体も解剖します。

司法解剖において日本が参考にしたドイツでは警察が解剖を依頼しますが、大学に付属する法医学研究所があります。また、火葬にする遺体は、万が一犯罪死体だった場合に証拠が消えてしまうため、法医学者が検案する決まりになっている州があると聞きます。

犯罪抑止のためにも求められる予算の確保

それらに対して、日本は縦割り行政の弊害もあり、死因究明のための仕組みが組織化されていません。解剖の区分は複雑ですし、司法解剖は警察・検察・海上保安庁・自衛隊、行政解剖は都道府県、調査法解剖は警察・海上保安庁と、実施主体もバラバラです。警察の中でも交通課には調査法解剖の予算がつかないので、交通事故の死者の調査法解剖はほとんど行われていません。

解剖を行う施設や、法医の数・質における地域格差も激しいです。監察医のいない地域の地方自治体は承諾解剖の予算をきちんと用意していませんから、実際のところ、全く行われていない県がほとんどです。ちなみに東京都によると、東京都監察医務院の2022（令和4）年度の予算は、人件費や通勤手当を除いて6億円近くと潤沢で、医師の数も常勤・非常勤を合わせて67名もいます。ところが、熱中症が疑われる遺体の解剖率は高いのに、新型コロナウイルス陽性患者の遺体の解剖は職員の安全に配慮するとの理由でほとんど行わなかったことがあったり、米国と違って著名人の自殺はほとんど解剖しなかったりと、その対象は非常にアンバランスです。

各大学の法医学教室における死因究明に必要な経費は、警察庁・厚生労働省・文部科学省・地方自治体が押し付け合い、法務省は逃げ回っています。予算がないので大学も新たなポストを作れず、司法解剖を行うことができる法医は全国で150人程度しかいません。このような状況では犯罪が見逃されやすく、被害を減らすことは難しいでしょう。

最も顕著な例が、薬物を使った犯罪です。例えば2021年に死刑判決が確定した筧千佐子による関西青酸連続死事件や、婚活を利用した木嶋佳苗による首都圏連続不審死事件などは、最初の被害者を安易に病死扱いにしたことから、犯人が「これならバレない」と味をしめて連続犯罪に走った例といえます。

国がイニシアチブを発揮した仕組みづくりを

私が長年訴えているのは、国の機関としての法医学研究所を各都道府県に設置することと、薬毒物などの検査拠点を設立すること、ナショナルデータベースを作ること。私たちの法医学教室は国立大学の法人化に伴い、自分たちで借金をして検査機材を揃えましたが、それができない大学も多く、各解剖施設が共有できる検査拠点を作ることは急務といえます。

日本が参考にすべきはスウェーデンです。同国の基本姿勢は「死因が究明されない限り犯罪性の有無の判断はできない」というもので、自殺が疑われる事例を含めて、全異状死の9割程度に解剖を含めた法医学的検査を実施しています。数値目標を立て、法医をはじめとした人員を増やしているのも特徴です。2020（令和2）年に「死因究明等推進基本法」が施行された日本でも、必要な法医学者に関する数値目標を立てた上で、国が予算を確保し、イニシアチブを発揮して、一刻も早く死因究明のための制度を整備するべきと考えます。

※1　原則として、刑事部門での10年以上の捜査経験または捜査幹部として4年以上の強行犯捜査などの経験を有する警視の階級にある警察官で、警察大学校の法医専門研究科を修了した者から任用される死体取扱業務の専門家。

※2　自治体の知事によって任命された、行政解剖を行う医者のこと。伝染病、中毒または災害により死亡した疑いのある死体、その他死因が明らかでない死体を解剖の対象とし、犯罪死体は扱わない。監察医制度は、終戦直後の公衆衛生向上を目的として、連合国軍総司令部（ＧＨＱ）が日本政府に命令したことにより１９４７（昭和22）年に創設された。主要都市の東京23区・大阪市・京都市・名古屋市・横浜市・神戸市・福岡市に監察医が置かれたが、その後、京都市・横浜市・福岡市では制度が廃止に。現在、実質的に機能しているのは東京23区・大阪市・神戸市だけといわれる。

※3　２０１３（平成25）年に施行された「死因・身元調査法」に基づく解剖のこと。警察署長の権限で行うことができ、遺族の了承は原則不要。

動物たちの死

今泉忠明
日本動物科学研究所 所長

動物は死を理解しません。よく、象が死ぬと仲間の象が集まってきて、まるでその死を悼んでいるかのように見える映像などが紹介されますが、あれは遊んだり、けんかしたりしていた仲間が普段と違うから、何が起こったかと集まっているだけ。眠った状態で動かないから、「起きろ、起きろ」とやっているわけです。それを人間は、自分たちの都合のいいように解釈し、特にテレビなどではお涙頂戴の物語に仕立て上げている。シマウマだって「ライオンに襲われたら死ぬ」ということを理解していたら、わざわざ敵の前に現れたりしませんよね。人間は死ぬのが嫌だし、怖いから逃げるけれど、動物にはそれがありません。

動物は必死に食べる、眠る、つがいを見つけて子供を産む、そして死ぬ。それだけです。人間社会と自然界の出来事を一緒くたに考えるから混乱が起きる。分けて考えた方がいい

いまいずみ・ただあき
1944年、東京都生まれ。動物学者、日本動物科学研究所所長。文部省（現文部科学省）の国際生物学事業計画（IBP）調査、環境庁（現環境省）のイリオモテヤマネコ生態調査などに参加。上野動物園の動物解説員を経て、東京動物園協会評議員。ねこの博物館館長。著書に『猫はふしぎ』（イースト新書Q）など、監修に『ざんねんないきもの事典』シリーズ（高橋書店）、『わけあって絶滅しました。』シリーズ（ダイヤモンド社）などがある。

動かなくなった子猿を持ち歩き、傍に置くニホンザルの母親。埋葬のため死体を取り上げようと試みても、手元から離さない。
写真提供＝地獄谷野猿公苑

ですよね。死を予感するのは人間だけで、動物は死ぬ瞬間まで、自分が死ぬということに気が付かないのですから。

死を「文化」として受け継ぐ人間と動物との違い

昔から「猫は死期を感じると姿を消す」といわれてきましたが、これも人間が勝手に想像しているだけの話。実際は、猫は調子が悪いと敵に見つからないように静かなところに隠れて、回復を待っているのです。もちろん、回復できなければ死ぬので、猫にしてみれば「何だか分からないけれど死んじゃった」というだけです。

死というものを「文化」として受け継いでいるのは人間のみ。葬式に出たり、親から「おじいちゃん死んじゃったよ」とかいう話を聞いたりするから、子供たちは小学生くらいになると「いつかは自分も死ぬらしい」と思って怖くなるんですね。死って何か分からないから、不安や恐怖を覚えるようになる。でも遊ぶことでそれを忘れるんです。もちろん、一日一日死に近づいているということは脳の片隅には常にあるんですよ。でも、怖いから遊ぶ。大人もそうで、遊んで酒飲んで……とやっているうちに忘れる。その積み重ねが人生なんですね。

死というのは、人間社会で考えると〝無〟になること。経験していないことだから、未知の世界だから怖い。だから宗教というものができたんでしょう。「大丈夫ですよ、死んでも極楽がありますよ」という。葬式は死んだ人のためじゃなく、生きている人のためにやるもの。僧侶が「もう死にましたよ、今三途の川を渡っていますよ」と語り掛けるのを聞くと、遺族の人が安心するんですね。

自然の中では、動物は食べられることに意味があります。大きなエネルギーの流れの中で、一つの働きをしているのです。野生動物は、死ねば他の動物の食物になる、排泄物が植物を育てる。けれど、人間は死んだら粗大ゴミが出るだけです。

人間も動物を食べますが、食べられるために育てられる家畜というのは悲惨ですよね。今日か明日か分からないけれど、ある日「今日はあんたですよ」って、死の時がくる。もちろん彼らは死を理解しないけれど、それまでに仲間の血を見たり、普段とは違う叫び声を聞いたりしているから、そういう状況下に引きずり出されると不安になるんです。

自然界のバランスの中に、動物たちの生と死が存在する

動物の死というのは生態系のエネルギーの循環の一段階だから、動物はどんどん産めばいいんです。一生の間産み続けるし、それでバランスが取れる。マンボウの卵巣には3億個もの卵があるともいわれていますが、それが全部大人になったら大変なこと。でも、99・9％はイワシやサンマの稚魚などの栄養になります。そういう大きなバランスの中に、死というものがいつもある。死ぬことにも意味があるわけです。死ぬ者がいないと生き物は絶滅する。だから、自然界と人間界は全然違うと理解する必要があるわけです。でも人間は、他の生き物のために自分が犠牲になることを受け入れられない。死が怖いからですよね。

僕から見たら、動物の死と生は本当に紙一重。実験で動物を使うとき、さっきまで生きていた実験動物が、次の瞬間に死ぬわけですよ。心臓は止まっているし、死ぬと免疫力がなくなるから、途端に腐敗が始まる。僕は生命がどこにあるかは知りませんが、恐らくDNAの中枢かどこかに「生きろ」と指令を出す部分があって、そこが生と死を判定しているんじゃないかと思います。そこが「ダメ」と指令を出したときに死ぬ。ちょっとしたケガで死ぬ場合もあるし、これはもうダメだろうな、というときでも生きていることも

ある。そのレベルの違いじゃないかな。ただ、さっき生きていたものが今は死んでいる、そのギャップは大きいですね。

剥製にすれば、死んでも姿形は残ります。動物が死んでから10分ほど経つと血が固まるので、剥製作りはそれからすぐに始めます。腐敗すると毛が抜けてしまうから、その前に作業しないといけないのです。腐敗は体温が下がりにくい腸から始まって、死臭が漂ったらもう腐り始めているという証拠です。そんなこともあり急ぐので、剥製作りというのは最初から決めておかないといけないんですね。予算も用意しておきます。

動物園にやってくる動物のうち、パンダをはじめとした珍獣や珍鳥は、その園に来たときから「これは剥製にして取っておこうね」と予定しておくんですよ。微妙なのは希少ではない動物。それに予算を掛けるかどうかが問題になるんです。

大航海時代から始まった標本作りと分類学

動物学的には、常に死を客観的に見ます。死んだら標本にする。自然科学の分野では、標本の〝数〟が大事なんです。大英自然史博物館なんか１００万点以上もの標本を収蔵していますが、日本では大きな博物館でも昆虫まで入れて10万点くらいじゃないのかな。そして、その全てに名前が付いている。そこらじゅうに飛んでいる虫にも、歩いている蜘蛛にも、全部に名前が付いているんです。

剝製や標本の数で、その国の文化度が分かります。イギリスはとにかくすごい。ドイツもすごいね。アメリカもそう。ヨーロッパの国々は大航海時代に未知の世界に船で乗り出して珍しいものを集め、本国にどんどん送った。そしてそれをどうやって整理するか、というところから分類学が始まりました。これは何の仲間、というふうにランクを付けて分けていき、それぞれに世界共通語であるラテン語の名前を付けたんです。

例えば、クロアシネコは「Felis nigripes」といいますが、ラテン語でフェリスは猫、ニグリペスは黒い足のこと。こうやって名前を付けて保存していきます。そして、次に同じようなものが捕獲されたときに、前に名前を付けて保存したものと同じかどうかを確認して、もし違っていたら別の名前を付ける。そうして博物館というのはできていきました。

一方で、日本にはそういう文化、分類学は存在しなかった。本草学《ほんぞうがく》というのはあって、「これは役に立つ草である」といったふうにスケッチをまとめて本にしてはいましたが、標本は作っていません。

地球上には未知なものを含めて3000万種以上の生き物がいるといわれています。そのうち名前が付けられているのは約190万種です。動物の祖先は一つとされていますが、それが「なぜ」「どのようにして」ここまで広がっていったか。それを調べるのが分類学で、そのために標本を作るわけです。もう一方で、地面を掘って化石を探すという方法もあります。

そうやって、点を線につなげていくことで、進化の歴史をたどるのです。化石に関してはすでに死んでいるものを扱うわけですから、標本のために生き物を殺すという問題には直面しないで済みますが、現生種をやっている人は、いつまでもその問題と付き合わなくてはなりませんね。

絶滅するかもしれない種類の動物に関しては、剝製にするかどうかで必ずもめます。最後の日本産トキの〝キン〟がまさにそうでした。最後の一羽だから、できるだけいい状態で早く剝製にしたい、死んでからだと羽が汚くなってしまう、という人もいれば、少しでも長く生かしたい、絶滅の時を先延ばししたいという人もいる。死ぬっていうのが分かるのは人間だけなので、そういう話が出てくるわけです。

キンは結局死ぬまで見守られ、剝製になりました。いつかクローンとして再生させようと遺伝子を保存したけれど、これはうまくいかないでしょう。動物のクローンは難しく、例えば猫は遺伝子をコピーしても違う色の猫ができる。かつてジェネティック・セービングズ・アンド・クローンというアメリカの会社が、ペットの遺伝子保存ビジネスに取り組んだけれど、預かった猫のDNAから毛の色が違う猫が生まれてしまった。だから、この会社はあっという間に潰れてしまいました。理屈では性格も同じはずだけれど、DNAというのはもっと複雑。人間が見えるようなところに、大切な情報は書いてない。隠してあるんでしょうね。

ちょっと話はずれますが、競走馬が骨折したときに安楽死の処置が取られることがよくあるでしょう。あれにはいろいろ理由がありますが、馬は脂が多いので、骨折すると血管の中に脂が入ってしまい、それが脳に回ると大変だから、というのもあるんです。ただ、血統のいい種牡馬の場合は、血液をろ過して脂を取るなどし、何とか命を救おうという試みがなされたりする。これには何千万円もかかりますが、射精1回2000万円とも3000万円ともいわれるような超有名馬だったら、1回で元が取れてしまうわけです。サラブレッドというのは経済動物なんです。

死を理解できない動物にも、喜怒〝愛〟楽の感情はある

動物に死は理解できませんが、感情はあります。喜怒哀楽の〝喜〟、うれしいという感情はある。〝怒〟もある、〝楽〟もある。ただ、〝哀〟はなくて〝愛〟。哀しいはない。寂しいはあり、例えば、群れを作る動物は一匹でいると不安になります。

でも犬の〝哀しみの遠吠え〟っていうのは人間が勝手に考えたことで、あれは仲間に「俺はここにいるぞ」と自分の位置を知らせているんです。そうすると、向こうからも

「私はここよ」と返事がある。お互いの距離を測っているんです。野生時代には「向こうに行くとあいつがいる。やられるといけないから行かないようにしよう」と考えていたんでしょうね。

同じように、小型類人猿のテナガザルは朝、木の上で30分くらいオスとメスのペアで歌います。そうすると、遠くから別のペアの歌が聞こえてくる。テナガザルは野生のイチジクの木などを餌場にしているのですが、自分たちがどこにいるかを歌で知らせ合うのです。それによって平和が保たれているというわけなんですね。

さて、動物は仲間が死んでいるか、死んでいないかをどこで判断するかというと、動かないということに加えて、臭いもあります。だんだん生の臭いが消えていって、腐敗臭が強くなっていくので、これはどうも普段とは違うらしいと判断する。ただ、類人猿は目が発達した分、嗅覚は退化しています。それで、チンパンジーなどは自分の赤ん坊が風邪をひいて死んでしまったとしても、死体がボロボロになるまで抱っこしています。死んだことに気付かないんです。

なぜずっと抱っこしているかというと、彼らにとって自分から生まれたものは自分のものだから。つまり、所有欲です。野生動物においては「自分から出たものは自分のものである」というのは普通のことなんですね。ただ、動物園ではお客さんから「なぜ死体を持たせたままなんだ！」とクレームがきたりするから、飼育係が追い回して、落とした隙に回収しています。だからといって、チンパンジーの母親も「チッ、取られちまったか」くらいの感じで、すぐに諦めます。自分の子供だからといって特別な感情は抱いていない証拠です。

人間が死を理解するようになったのは、今から5万年くらい前でしょうか。ネアンデルタール人の頃からだろうといわれています。1950〜60年代にアメリカの考古学者、ラルフ・S・ソレッキらがイラク北部のシャニダール洞窟を発掘して周辺の土壌を回収したところ、数種類の花粉が発見されたんですね。これはどうも死者を埋葬したときに花を置いたのだろう、と推測されています。

一方、人間に一番近いといわれる動物、ボノボでも仲間を弔う習慣はありません。今後、人間以外の動物が死を理解するような進化を見せることはないでしょうね。

大切な存在の死に際して後悔しないために

動物の死で最も私たちの身近にあるのがペットの死です。最近ではペットの葬式なども普通になりました。ただ、悲しむのはいいけれど、もう少し引いて見ることも大事じゃないかと思うんですね。

動物はいつか必ず死にます。だったら、死んだときに悲しむよりも、生きている間に大事にしてあげる、一生懸命可愛がってあげる、喜ぶことをしてあげることの方がよっぽど大事。そして死んでしまったら、お墓を作って悲しめばいい。子供たちが、カブトムシとかクワガタムシとかをたくさん飼うでしょう？　それらも寿命が短いからすぐに死ぬ。そしたら、庭にお墓を作って悲しめばいいんです。

「動物はいつか死ぬ」ということを覚悟していないと、結局は「残念」つまり念が残ることになります。これは相手が人間でも同じことです。今日、道を歩いているときに自動車が歩道に突然突っ込んできて、命を落とすことになるかもしれない。それまでの関係が、あっという間に変わる可能性がある。だからこそ、その日その日を大事にすることが大切だと思うんです。

「おはよう」「ありがとう」「いただきます」を毎日こなす。「行ってらっしゃい」と言いながら、無事を祈る。相手が死んでしまった後に、「あのとき、ああすればよかった」「もっとこうしてあげればよかった」などと思うのは辛いことですから、悔いが残らないようにできることを毎日しておいた方がいい。そうすれば、もし相手が死んでしまっても後悔は少なくて済むし、「全部やってあげたよね」と自分を慰めることができますから。

平和公園内の長崎刑務所浦上刑務支所跡。被爆時に刑務所内にいて死亡した受刑者および被告人には中国人32人、朝鮮人13人も含まれる。

第3章

死の文化的考察

「死の舞踏」を見る

小池寿子　美術史家

中世の美術において最も重要な部分を成すのは、死後の世界の表現です。ヨーロッパのキリスト教世界では、天国と地獄のイメージが教会美術の中心的な位置を占めてきましたが、14世紀から15世紀にかけての中世後期になると、死後の世界の表現に変化が訪れます。「トランシ」と呼ばれる、死後の肉体の変化を表現した像や、対話形式の詩『三人の死者と三人の生者の賦《ふ》』を形象化した絵図「三人の死者と三人の生者」**(図1)**、西欧版『往生要集』といえる『往生術（アルス・モリエンディ）』、そして「死の舞踏（ダンス・マカーブル）」などの台頭です。

キリスト教文化の中では11～12世紀頃より、死は不可避であるということを思い起こさせるための警句として「メメント・モリ」（死を記憶せよ）という言葉が使われるようになっていました。

こいけ・ひさこ
1956年、群馬県生まれ。美術史家。國學院大學文学部教授。お茶の水女子大学大学院博士課程満期退学。専門は西洋中世美術と死の図像学。著書に『死者たちの回廊』（平凡社）、『「死の舞踏」への旅』（中央公論新社）、『一日で鑑賞するルーヴル美術館』（新潮社）、『内臓の発見』（筑摩書房）などがある。

図1　「三人の死者と三人の生者」。『マリ・ド・ブラバンの詩篇』写本（13世紀末／パリ、アルスナル図書館蔵）の挿絵より。

古代ローマ時代におけるこの言葉の主旨は「今日を摑《つか》め」、つまり「いつかは死ぬのだから、今のうちに楽しみなさい」という意味を持つ「カルペ・ディエム」にあり、その起源は古代エジプト文明にさかのぼるとされていましたが、キリスト教世界に入ってくると、生を謳歌するという側面を失います。

カルペ・ディエムを認めると、死者の復活と永遠の生を認めないことになってしまいますから、「キリストの死後の復活を信じればこそ、今をなおざりにしてはいけない、享楽のうちに生きるべきではない」という戒めに変えていく必要があったのです。その言葉はまず文学において定着し、その後、ペストの流行などを契機に、美術の領域でも用いられるようになっていきます。

「三人の死者と三人の生者」から大勢の「死の舞踏」へ

13世紀になるとメメント・モリの概念のもと、アッシジの聖フランチェスコ修道院の壁画『聖フランチェスコと王の死体』のように、遺体を前にして見る者に生死の観想を促す図像が出てきます。この頃の図像の特徴は、死者と生者の関係が一対一となっていること。それはやがて、キリスト教の三位一体論に基づき、三対三の関係に変わっていきます。

前出の『三人の死者と三人の生者の賦』は、13世紀後半にボードワン・ド・コンデやニコラ・ド・マルジヴァルらフランスの詩人がものした対話形式の詩で、その挿絵には身分の高い三人の若者が三人の死者と対話し、死を観想する姿が描かれています。死者がさまざまな職業や年齢の生者の手を取り、行列をなして墓地へと誘う「死の舞踏」は、この三対三の図像の延長線上にある。それが通説です。

図2　ベルント・ノトケ『死の舞踏』(15世紀後期／タリン、聖ニコラウス教会蔵)。エストニア共和国首都タリンの教会に残る大作。板に張った布の上に描かれている。

ただ、私は「死の舞踏」は「メメント・モリ」だけでは片付けられないものだとも考えています。エストニアのタリンにある聖ニコラウス教会の聖アンデレ礼拝堂には、ドイツ生まれの画家、ベルント・ノトケによる「死の舞踏」の板絵（図2）がありますが、この絵には「三人の死者と三人の生者」の図と同じように、下部に死者と生者の対話が入っています。そこでは、皇帝の妃《きさき》が「こんなに華やかな生活をしているのにもう死ななければいけないのか、とても名残惜しい、死ぬのはいやだ」と言うのに対して、死者が「いやいや、もうお前の番なのだ」と答えたりする。これは、人々が「いかなる階層の者でもいずれは死んでいくのだ」ということを学ぶための絵なのです。

1424年、パリに初めて壁画として登場

「死の舞踏」が最初に描かれたのは、14世紀半ばに流行し、ヨーロッパの人口の3分の1が命を落としたといわれるペストの収束から間もない1424年、パリにあったサン・ジノサンという共同墓地を囲む回廊でした。回廊は1669年には取り壊されてしまいまし

図3 ヤコブ・グリンマー『サン・ジノサン墓地』（1570年頃／パリ、カルナバレ美術館蔵）。回廊の壁面に「死の舞踏」が描かれている。

たが、パリのカルナバレ美術館に所蔵されていることの墓地を描いた絵画（**図3**）からは、納骨堂に骨が収められている様子や、壁面に「死の舞踏」が描かれている様子が分かります。この墓地はとても賑やかな場所で、回廊で商売をする人もたくさんいました。また、１４０５年9月から49年10月までにパリで起きた諸事件を記録した作者未詳の『パリ一市民の日記』には、この「死の舞踏」が描かれた回廊を背にして、フランシスコ会修道士が説教を行っていたことが書かれています。これを見ても、「死の舞踏」は「死を思え」といった漠然とした警句ではなく、より善い死に方を学ぶための非常に具体的な図像だということが分かります。

サン・ジノサン墓地に「死の舞踏」が描かれてから60年以上たった１４８５年、ギュイヨ・マルシャンという出版業者がその壁画を木版画で起こして出版しました（**図4**）。その冒頭にはこんな文章が書かれています。

「永遠の生を望む理性ある者よ／死すべき生を善く終えるにあたり／この著名な教えを心

図4　ギュイヨ・マルシャン『死の舞踏』（1485年パリ刊行／木版画本）部分。冒頭の説教者のページと学者・市民（ブルジョワ）のページ。

に留めなさい／ダンス・マカーブルといわれるそれは／それぞれダンスを学ぶこと／男女を問わず自明なるは／死は大なる者も小なる者も情け容赦はせぬということ／（中略）／ここで思うべきは哀れなる万事／すべては土から造られ出でにけり」

ここでいう「土」というのはアダムのこと。アダムの子孫である私たちは原罪を犯して死すべき運命にあるため、より善き死を迎えるためには「死の舞踏」と呼ばれるダンスを学ばなければならない、というのがこの文章です。ここでいうダンスというのは激しい身振りで踊るものではなく、手をつないで非常にゆっくりと進む行列のことをいい、語源は軍隊の隊列にあります。一方、マカーブルは「死にまつわる、忌まわしい」という意味で、こちらの語源は、旧約聖書続編の『マカベア書』で壮絶な死を遂げる紀元前2世紀のユダヤの民族的英雄、ユダ・マカベアにあると私は考えています。

壁画をもとにした木版画で、ヨーロッパの各地に伝播

この木版画本には教皇や皇帝から赤ちゃんまで死者と生者30組、総勢60人が登場するのですが、その一人として「城壁の中の住民」たるブルジョワも描かれています。死者は彼らに対して「お前にはもはや死から守ってくれる富はない」と言い、富や財産に慢心していることは悪であると説いています。また、医者は「死より優れた薬はない」と言って死んでいきます。そこからは当時の世相が読み解けるのです。

マルシャンによるこの本は当時としてはベストセラーになりましたが、それに触発されて、同じ企画を他の業者も次々と出版しています。壁画は現地に行かないと見られないけれど、版画は普及率が高い。かくして「死の舞踏」はヨーロッパ中に伝播していきました。

1459年に完成した初期フランドル派の画家、シモン・マルミオンによる『聖ベルタンの祭壇画』を見ると、修道院の中庭の回廊に「死の舞踏」があり、15世紀半ばのファッションに身を包んだ中~上流階級の人たちが、そこに書き込まれた詩を読みながら話しているのが分かります。「死の舞踏」がいつ頃描かれて、どんな社会情勢を反映しているかを見極めるためには、登場人物の服装が壁画によって違うことにも注目しなくてはなりません。

ブルターニュにあるケルマリア・アン・イスクィ教会は、中に入ると高いところに「死

の舞踏」が描かれていますが、ここでは恐らく信者たちがこの絵を見上げる中で説教が行われたのだと思われます。また、同じブルターニュのケルナスクレダン聖母教会では、南袖廊の東・南・西側の壁面に「死の舞踏」が、西側壁面の上部には地獄図があります。フランス中部にあるラ・シェーズ・デュ修道院の教会堂では、一般信者が入れない、教会関係者が埋葬されている部分の上部に、未完成ながら「死の舞踏」があります。実は北フランスのアミアンにあるノートルダム大聖堂にも同様の位置に「死の舞踏」が描かれていたことが分かっています。アミアンの古文書に、聖職者たちがここで「死の舞踏」を踊りながら過ごした、という記述があるのです。「死の舞踏」は元々、人々の踊る姿が壁画として定着していったものではないかと私は考えています。

王侯貴族も聖職者も楽しんだ、娯楽としての「死の舞踏」

パリ南東にある小さな村、ラ・フェルテ・ルピエールの教会堂には、15世紀末に描かれたと思《おぼ》しき「三人の死者と三人の生者」と「死の舞踏」壁画（図5）があるのですが、ここで注目すべきは楽器を持っている死者たちが描かれていることです（図6）。実は、前出の出版業者マルシャンは最初の本がとても売れたので、翌年に「死の奏楽者」付きの別バージョンを出しています。ここにはバグパイプ、ポルタティーフ・オルガン、ハープ、テイ

図5　フランスのイヨンヌ県ラ・フェルテ・ルピエールにある小さな教会堂の壁画。15世紀末に描かれた「死の舞踏」が今も残っている。

図6　ラ・フェルテ・ルピエールの教会堂の「死の舞踏」部分。4人の“死の奏楽者”が率いる列は死者の丁寧なおじぎで終わる。
撮影：小池寿子

バー（太鼓）、笛が描かれており、これらの楽器から、演奏されているのは宮廷の音楽ではなく、巷の音楽だということが分かります。一方で、「死の舞踏」は宮廷でも披露されていました。１４４９年にブルゴーニュ公がベルギーのブルッヘ（ブルージュ）に持つ宮廷で「死の舞踏」が踊られ、企画した画家に報酬が支払われた記録がありますし、ブザンソンの教会で踊られた際にも報酬が支払われていました。アミアンの教会堂では聖職者らが扮装して踊ったとされています。そういう意味では、「死の舞踏」はシニカルな演劇という娯楽でもあったということです。

宗教改革や第二次世界大戦で多くの壁画が失われてしまったのがドイツやスイスです。ドイツ北部のリューベックにあるマリア教会にはかつて、タリンの聖ニコラウス教会と同じベルント・ノトケが描いた「死の舞踏」がありました。タリンに残る「死の舞踏」は板に布を張ってその上に描いたもので、恐らく当時は葬儀の際にこれを礼拝堂に張り巡らせ、その前で参列者たちが踊ったと考えられます。ドイツの「死の舞踏」の特徴はユダヤ人や女性が多く登場すること。そしてユダヤ人は、必ず地獄に堕ちるものとして描かれています。

さらに、1440～45年にスイス北西部バーゼルのドミニコ会修道院墓地の回廊に描かれ、1806年にヨハン・ルドルフ・ファイヤーアーベントが模写した「死の舞踏」**(図7)**には、黒い死者の相手をしている高利貸しが描かれていますが、これはドイツやスイスなどにおける当時のユダヤ人が置かれた過酷な立場を表しています。

中世キリスト教における死生観の変化の反映

「死の舞踏」の絵図はイタリア、スペイン、北・東欧、イギリスなどにも広がり、それらには各地域の特色が端的に表れています。「死の舞踏」における死者は、生者の死後の姿を映す鏡という設定でもありますが、この「鏡」というのは、中世キリスト教では非常に重要な概念です。また、ここには人々の死生観の変化も表れています。

イタリアではペスト流行の初期である14世紀半ば頃より、死者が容赦なく生者を攻撃す

図8　ピエール・ミショー詩『盲者たちの舞踏』写本（1464年／ジュネーヴ大学図書館蔵）の挿絵。部分。「死の舞踏」と異なり、ゆっくりと着実に訪れる死が描かれている。

図7　ヨハン・ルドルフ・ファイヤーアーベント『大バーゼルの死』（1806年／バーゼル歴史博物館蔵）。15世紀半ばのドミニコ会修道院墓地回廊壁画「死の舞踏」を模写した水彩画。

る「死の勝利」という特有の主題のもと、多くのフレスコ画が描かれました。一方、「死の舞踏」はペストが日常化した時代に生まれたイメージであり、サン・ジノサン墓地に描かれた頃には、人々は既に死に慣れ始めていました。また、１４６４年にはフランスの詩人、ピエール・ミショーが『盲者たちの舞踏』という道徳教訓詩を著していますが、この本の挿絵には長槍を持ち目隠しをした死者が牛に跨《また》がってやってくるところが描かれています（**図8**）。これは「死はゆっくりと、しかし着実にやってくる」ことを表したもの。その後も死生観は変化し、さらに時代を下るに従って、「死の舞踏」は忌まわしいものとして排除されていくのです。

そんな「死の舞踏」が再び脚光を浴びるようになったのは、社会学において死生学が一つの大きな研究テーマとなっていった１９８０年代～90年代のこと。壁画の保存運動もこれ以降に始まりました。今後も多方面からの研究が進んでいくことでしょう。

「死後の世界」の古今東西

中村圭志　宗教学者

なかむら・けいし
1958年、北海道小樽市生まれ。宗教学者、翻訳家。北海道大学文学部卒業。東京大学大学院人文科学研究科博士課程満期退学（宗教学・宗教史学）。『ビジュアルでわかるはじめての〈宗教〉入門』（河出書房新社）、『宗教図像学入門』『聖書、コーラン、仏典』『教養としての宗教入門』（すべて中公新書）、『亜宗教』（インターナショナル新書）、『教養として知っておきたい宗教学』（PHP文庫）など著書多数。

「死後の世界」とひと口に言っても、各地域の宗教が示してきたビジョンは流動的、不安定で、確定的に説明できるものではありません。キリスト教でさえ諸説紛々で、初期と現代、カトリックとプロテスタントでは異なっています。例えば、カトリックは13世紀以降、「天国」と「地獄」の間に、生前の罪を浄化する一種の修行空間として「煉獄《れんごく》」があると主張してきましたが、プロテスタントは煉獄の存在を認めていません。また、天国／地獄に行くタイミングも、死んですぐ行く説もあれば、世界の終末を迎えた後という説もあったりして未整理です。

私は不可知論、懐疑主義の立場から、死後の世界は分かるわけがないと考えています。科学の時代にそれは当然の前提です。しかし、今も昔も人間は死後の世界を手探りで語ってきたし、語らずにはいられません。

昔の人は「死んで地獄に行ったら怖い」と思うなど、その時々で宗教が示した死後の世界観を共有していました。私はこれを「来世観」と呼んでいます。それに対して、現代では宗教の権威が薄れてきたこともあり、今の人は死後どの世界に行くかについてはあまり心配しなくなり、むしろ死に対する心構えのほうが大切だと考えるようになってきました。これを「死生観」と呼びます。来世観から死生観へと、死にまつわる人々の興味も移ってきているのが現状です。

「冥界型」の古代ギリシャ・ローマ

宗教における死後の世界は大きく3種類に分けられます。死者は漠然と死後の世界＝「冥界」に行く古代ギリシャ・ローマなどの「冥界型」、神様がいて天国と地獄に割り振るキリスト教、イスラム教などの「天国と地獄型」、輪廻転生して何度も生まれ変わるヒンドゥー教、仏教などの「輪廻型」となります。

古代ギリシャ・ローマにおいては、死者は冥界に行くというのが基本的な来世観でした。冥界（ハーデース）とは褒賞も懲罰もない世界です。ギリシャの詩人ホメロス（紀元前8世紀）は叙事詩『オデュッセイアー』で英雄オデュッセウスに大海の果てにある冥界を探訪させていますが、冥界は楽しみなき冥《くら》い世界として描かれており、キリスト教の天国や地獄に当たる空間ではありません。

その一方で、褒賞と懲罰のビジョンの萌芽は太古から存在していて、ローマの詩人ウェルギリウス（紀元前1世紀）は叙事詩『アエネーイス』の中で、「冥界」「楽園」「奈落」を描き出しました。

冥界には哀れな死に方をした者がたくさんいますが、特に業火に焼かれるでもなく、曖昧な暮らしをしています。しかし、冥界の一部は楽園（エーリュシウム）と奈落（タルタルス）という特別区画になっており、エーリュシウムは英雄的な人物が行く明るい世界、タルタルスは裏切りや反逆、不義密通などの大罪を犯した者が行く世界として表現されています。このように、ウェルギリウスが描く楽園と奈落は、後世の天国と地獄のイメージの予兆となっています。

また、冥界は次なる生に向かうための浄化の場でもありました。死者たちは冥界で生前の罪を浄化され、完全にクリーンになった者は魂の故郷である宇宙に還る。人間の起源は「天界」にあり、天界に行けなかった者は再び転生します。ウェルギリウスは輪廻と解脱というヒンドゥー教や仏教でおなじみの構図を描いたといえるでしょう。

このように、ウェルギリウスが『アエネーイス』で示した、神道の黄泉の国とよく似た一般的冥界、キリスト教の天国と地獄の予兆ともいえる楽園と奈落、ヒンドゥー教や仏教の輪廻や解脱を思わせる魂の旅という3つの構図の整合性はあまりよくありません。しかし、そのあたりのごちゃ混ぜ感が、日本の宗教の母体である、「何でもござれの神道」と通じるものがあって、日本人にとっては親しみやすいのだと思います。

「天国と地獄型」のキリスト教

キリスト教はユダヤ教の救世主（メシア）信仰・終末信仰の中から生まれました。終末信仰とは単純化していうと、「いまに世界は終わりを迎え、神の裁きが下る。悪い人間は永遠に滅び、善人は永遠に生きる」というビジョンです。

『ヨハネの黙示録』（新約聖書の末尾に置かれた預言的な書）によると、終末にはキリストによる決定的な裁き、すなわち「最後の審判」が行われます。死者はキリストの法廷で裁かれて「新しいエルサレム」、すなわち天国に行く者が確定する。それ以外は「火の池」すなわち地獄に投げ込まれることになっています。

では、終末が起こる前に死んでしまった者たちはどこに行くのでしょうか？　それについてはイエスが『ルカによる福音書』で、ぜいたくな暮らしをする金持ちと、その金持ちの門前で物乞いによってかろうじて生きていた病者ラザロの死後の運命を例にとって語っています。金持ちは「陰府《よみ》」（地獄のような炎の世界）に送られ、ラザロはイスラエルの遠き先祖である「アブラハムの宴席」（予備的な天国）に着くことになります。これは生前から善行に励めという道徳話ではありますが、イエスが語ったことである以上、人々には事実であるに違いないと捉えられました。つまり、死者の審判は、死んだ直後と最後の審判の2回あることになります。

この死後の審判（および予備的な天国と地獄）と終末における最後の審判（および最終的な天国と地獄）という二重のビジョンは、うまく統合されないままキリスト教の教理に組み込まれました。

ここで問題になるのは、「天国と地獄という二分法は極端すぎないか？」「人間を善人／悪人に二分することは可能だろうか？」ということです。社会が発展し、貴族と農民の間に都市の市民層が育ってきた中世ヨーロッパでは、平和な時代の平凡な市民が行く死後の世界として、天国と地獄の中間が必要だとの思想が構築されました。そこで13世紀に生み出されたのが煉獄です。

完全な善人は天国へ、完全な悪人は地獄へ行くでしょう。しかし人類の大部分を占める不完全な善人／悪人は、その中間にある浄化空間＝煉獄に行って、生前の罪に応じた火の試練を受けて魂をピュアにし、来るべき終末を迎えたら天国に行く。最後の審判においては天国と地獄の二分法でＯＫという考え方です。ただしこれはカトリックの考えで、16世紀のプロテスタント宗教改革は、煉獄を聖書に根拠のないものとして否定しています。

「輪廻型」のヒンドゥー教、仏教

インドが生み出した代表的な宗教であるヒンドゥー教と仏教は、輪廻転生と解脱を前提としています。

ヒンドゥー教のウパニシャッド文献（紀元前6世紀頃）では、輪廻は「五火説」と「二道説」がセットで説かれています。五火説では、人が死んで火葬されると、その人の霊は、①月に向かい、②水の容器である月から雨となって降り注ぎ、③草木の養分となって食物となり、④人の体内に取り込まれて精子になり、⑤母胎に注がれて次の生の胎児となる。これで転生が完了します。

二道説では、人間をエリート（知者や苦行者）と一般人に分け、死後にはそれぞれに「神の道」と「祖霊の道」があり、前者は最終的にブラフマン（梵）と呼ばれる宇宙の根本存在へと還って解脱を果たし、後者は再び地上に降りて新たに生まれ直す（転生）としています。この生まれ変わりは因果応報説と不可分であり、生前の行いによって好ましい母胎か穢れた母胎に転生が決まるとされ、カースト制度という階級差別を固定する根拠となっています。

他方、ヒンドゥー教から派生した仏教は、違った形の輪廻を示します。日本仏教を含む大乗仏教の来世観「六道輪廻」では、死者は、「天界」（まだ解脱できない神々の世界）、「人界」（人間の世界）、「阿修羅界」（恵まれているが激しい闘争を免れない世界）、「畜生界」（闘争と恐怖の動物の世界）、「餓鬼界」（飢えと渇きをメインとする世界）、「地獄界」（激しい懲罰の世界）の六種の生態を転生することになっています。その輪廻空間の対極に、解脱した涅槃《ねはん》の状態があり、究極の涅槃に達した者がブッダです。

日本の仏教における民衆の救済策の中では、諸仏諸菩薩が住まう「浄土」（一切の煩悩と穢れがない清浄な国土）に往生できる信仰（浄土信仰）が人気でした。

釈迦のいる「娑婆《しゃば》世界」（穢《え》土《ど》）には地獄、餓鬼、畜生などがあるため修行が難しいのですが、もし死後に浄土（極楽浄土、妙喜浄土、浄瑠璃浄土など）へ行くことができれば、来世の修行は現世よりもずっと楽になると考えられ、人々は浄土へのワープ（往生）を願いました。浄土真宗の開祖親鸞（1173～1263年）は、念仏の中にすでに往生が含まれ、それが潜在的に成仏（解脱）に重なると説き、日本の浄土信仰は親鸞以降、来世の救いや成仏よりも、今ここでの救いが強調されるようになっていきます。

アニミズムへの回帰

東アジア発の儒教、道教、神道について見てみると、宗教的な教理が未発達で、宗教エリートは死後の世界に無頓着な傾向があります。儒教の開祖である孔子（紀元前552〜479年）でさえ「未だ生を知らず、焉《いずく》んぞ死を知らん」という言葉を残したくらいです。神道では『古事記』（8世紀）に「黄泉」が描かれているほか、平田篤胤《あつたね》（1776〜1843年）が「幽冥界」（隠り世）を提唱し、幽冥界は死者たちが草葉の陰（墓場）から生者を見守っている異次元界であるとしました。これはアニミズム的といっていいでしょう。

死に対する日本人の姿勢には二重性が見受けられます。さまざまなインタビューや死生観をめぐる書き物によると、自分の死（一人称の死）を語る際には「死んだ後は分からない。死んだら無になるんでしょうね」と答える人が多い。ところが身内の死（二人称の死）の話になると「○○ちゃん、天国で待っててね」というふうに霊魂信仰になる。自分の死後は無でいいけれど、身内のことを考えるとどこかにいてほしい。この二重性というのは昔からあるものです。

エリートが「死は分からない」と言っていた一方で、民衆にはイタコの口寄せのようなアニミズムの世界がありました。仏教の僧侶が一方で悟りを説きながら、実質的には「葬式仏教」をやっているという二重性も同じことです。「仏教は悟りなり」といったときには「死は分からない」の方に近いけれども、「先祖供養は大切にしなさい」という場合は霊魂信仰の方に近い。でもこれは心情的に納得がいくんじゃないでしょうか。周囲の人だって遺族に対して「死んだら無ですよ」とは言えないものです。

キリスト教徒の場合も、自分（一人称）の信仰はあやふやでも、身近な死者（二人称）には何か祈りのようなものは捧げたい。そういう懐疑と祈りのダブりは仏教徒の場合と同じなのですが、やはり教会の声が強いわけです。死んだらキリストの元ですという神学に吸い取られていく。それだけ強い構造を持っているのです。

現代社会で有力な無神論の「死んだら無になる」という考え方は潔い。でもこれをちょっと言い換えて「自然に還る」と言うと、この「自然」は汎神論の世界になる。ぼわーっと生命がみなぎっている世界、大きな生命の中に還っていく。これは完全にアニミズムの世界です。

無神論は本来ドライなものだけれど、実は欧米も最近はアニミズムに帰ってきているのかなという印象があります。例えば『千の風になって』という歌がありますが、原曲はアメリカです。原詩と日本語詩はほとんど同じ内容で、死者は風や雪や星になって自然に還っていくんだから、お墓にはいないという歌詞なのですが、自然に還ると言いながら霊魂が歌っている。だから霊魂信仰であり、アニミズムの世界です。

教会や宗教が積み上げてきた形而上学《けいじじょう》みたいなものは、すごく不自然に作られてきました。今それがほころんできたときに、自然な落としどころとして、洋の東西を問わず、ある意味宗教がアニミズムに戻ってきているのかもしれません。アニミズムといっても、科学の時代に、いわば心情的に最後に残された神話の皆みたいなものとしての、死者に対する礼節としてのアニミズム。これは自然な流れなのではないでしょうか。

映画『おくりびと』の宗教観

今後、宗教がどのような方向に進んでいくのか、それを示唆するのが映画『おくりびと』における納棺師の世界です。納棺師は、遺体に死化粧を施し、棺に納める儀礼を行う人です。山﨑努演じる納棺師の佐々木が「うちは仏教、キリスト、イスラム、ヒンドゥー、全部対応してるから」と言うように、納棺の儀礼の背景には天国も輪廻もなく、宗教を問いません。この映画が米アカデミー賞を取るなど世界で評価されたのは、そこだと思うんです。

欧米では、やれキリストだ、イスラムだ、リベラルだ、保守だと、宗教観をめぐってケンカ状態が続き、皆ほとほと嫌気が差している。でも、死者への礼節は尽くしたい。そこに日本から強いメッセージが来た。欧米ではキリスト教徒ならキリスト教、イスラム教徒ならイスラム教とくっついた葬儀の形があって、そこから逃れられないとみんな思っている。ところが『おくりびと』では、宗教の教理とは離れたところで儀礼を行っている。映画の冒頭でトランスジェンダーの方を納棺するシーンがありますが、そういったことも含めて何でも受け入れる。これは欧米人にしてみれば新鮮な教えです。

この場合の宗教のポイントは、来世観でもなく、どの神様かでもなく、儀礼であるというところです。とにかく死者に対する礼節を保つ、きれいにしてあげる、みんなでお別れ会をする、という儀礼です。

儀礼中心ということは儒教なんですね。儒教というのは根本的には葬儀です。日本の葬式は仏教の形をとっていますけれど、実態は儒教です。例えば位牌は儒教のもの。儀礼が大事というのは孔子の教えです。だから一面においてはこれは儒教的な世界だともいえます。

国家の発展と入れ替わりに宗教の権威はどんどん落ちてきているけれども、「なぜ生を享《う》けたの？」「死んだらどうなるの？」という宗教的な問いは常に残り、儀礼が残り、漠然とした霊魂信仰が残る。それが今の先進国における市民の——少なくとも宗教的な保守主義ではない人々の——実情なんじゃないかなと思います。

宗教の来世観がだんだん怪しくなってきて不安かもしれないけれど、先に見てきたように、最初から曖昧なものだったのだから、分からないものに踏み込んで無理に分かろうとするのではなく、せめて分からないまま謙虚になって、連帯して死者に対する礼節を尽くす。おくりびとでいいんじゃないかというふうに、日本人の宗教が儀礼中心になっているのは、一つの生活の知恵だろうと思います。

悲しみの記憶を巡る旅

井出 明
金沢大学国際基幹教育院教授

「ダークツーリズム」とは、1996年当時、英グラスゴー・カレドニアン大学の研究者であったジョン・レノンとマルコム・フォーリーによって提唱された、新たな観光の概念です。

彼らは戦争・災害・虐殺・暗殺の跡など、人類の悲劇の記憶をたどる旅を総称してダークツーリズムと名付けました。

実は「ウォー（戦争）ツーリズム」や「ディザスター（災害）ツーリズム」といった個別の呼び名は以前よりあったのですが、それらを同じカテゴリーに置いて分析を始めたことが彼らの研究のポイントです。後にこの概念は、英セントラル・ランカシャー大学のリチャード・シャープレーおよびフィリップ・ストーンによって洗練されていきました。

いで・あきら
1968年、長野県生まれ。金沢大学国際基幹教育院教授。京都大学経済学部卒業、同大学院法学研究科修士課程修了、同大学院情報学研究科博士後期課程指導認定退学。京都大学にて博士号（情報学）を取得。近畿大学助教授、首都大学東京准教授、追手門学院大学教授、ハーバード大学客員研究員などを経て現職。著書に『ダークツーリズム』（幻冬舎新書）、『悲劇の世界遺産』（文春新書）などがある。

悲劇の記憶をつなぐダークツーリズム

当初は「死のツーリズム」ともいわれてきたダークツーリズムですが、現在では死は必須の構成要素ではなくなってきています。環境破壊・性的搾取・労働問題・病気・犯罪に関係した場所をはじめ、人類のネガティブな記憶に関係する地はすべて対象となり得るのです。とはいえ、ダークツーリズムは大量生産や科学万能主義といった近代社会の価値概念がぶつかった壁について考えるきっかけとして捉えられることが多く、ほとんどの場合、近代以降に悲劇が起きた場所が対象となります。

天災は近代の問題とは関係ないように思えるかもしれませんが、実際には近代以降の天災は文明社会が負う業と深く結びついています。例えば阪神・淡路大震災の時に被害が大きかった地区として、神戸市長田区が挙げられますが、ここはかつて朝鮮半島からたくさんの労働力が経済移民として入ってきた地域です。経済的に厳しい移民社会のため、防火・防災のインフラが立ち遅れたことも、被害が拡大する原因となりました。東日本大震災においては津波による浸水が引き金となり原発事故が起きていますが、これも近代の問題と分かち難く結びついています。

「メメント・モリ」的価値を旅の中で改めて考える

ダークツーリズムの目的地が死の現場である必要はないとはいえ、悲劇の多くには死が関係していますから、旅先で死について考えることは多くなります。もともとキリスト教的死生観を持っていたヨーロッパの人々の間では、ダークツーリズムの登場以来、「メメント・モリ」的な価値を再認識しようという人が増えているようです。一方、日本人の死生観はキリスト教文明圏とは異なるため、ヨーロッパのダークツーリズムの概念をそのままでは持ち込めません。日本人の価値観や宗教観を踏まえながら、研究を進めているところです。

ヨーロッパにおけるダークツーリズムの聖地といえば、ポーランドにあるアウシュヴィッツ＝ビルケナウ強制収容所ですが、ユダヤ人の問題はヨーロッパの人にとって身近な人権弾圧であり、現代の生活と地続きです。北アイルランド問題をはじめ、一般の人が巻き込まれるテロも多く起きていますから、その現場もダークツーリズムの対象とされています。また、ロンドンでは19世紀末に起きた「切り裂きジャック」事件をテーマにしたツアーが人気ですが、これは舞台となった地域が貧しい移民街であり、被害者に娼婦が多かったことなどを含め、当時の社会の本質をつかむような内容になっているところが意義深い点です。

原爆や潜伏キリシタンの記憶を残す長崎

さて、日本でダークツーリズムに適した場所の一つが長崎です。被爆地であることはもちろん、長崎市内には潜伏キリシタンの関連施設や、軍艦島（端島）に代表される産業遺産、それに長崎大水害のモニュメントなどが点在しています。

端島（通称：軍艦島）は海底炭鉱の採掘地として栄えた人工の島。1974年に閉山し無人島となった。

長崎駅から路面電車で15分程度、原爆の爆心地に近い浦上《うらかみ》地区に行けば、原爆や潜伏キリシタンに関するさまざまな施設を歩いて回ることができます。

原爆に関しての最大の施設は、修学旅行生をはじめ年間60万人以上が訪れる「長崎原爆資料館」です。ここは展示の最終章で、満州事変が勃発した１９３１年以降に日本が行ったアジア侵略についても説明し、その帰結として原爆が落とされたという流れが分かるようにしているのが特徴です。「原爆が落ちた」ということだけを切り取って説明してしまうと、なぜ落ちたかという論理構造が分かりません。二度

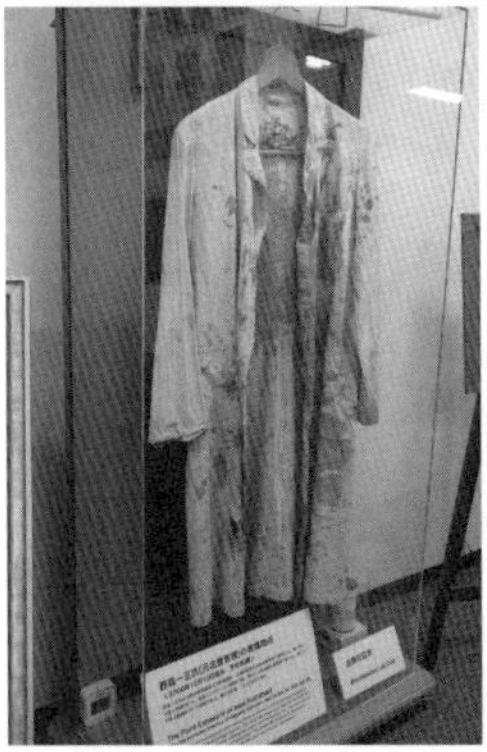

(上段右)長崎原爆朝鮮人犠牲者追悼碑。

(上段左)長崎原爆資料館。被爆の惨状や、原爆が長崎に投下されるに至った経過の他、世界の核兵器開発の歴史についてなども展示し、丁寧に解説している。©NAGASAKI CITY
(中段右)平和公園内にある浦上刑務支所 中国人原爆犠牲者追悼碑。

(中段左)患者の診察中に被爆した西森一正氏の白衣。体に受けた約30カ所のガラス片による出血で血に染まっている。長崎大学医学ミュージアム 原爆医学資料展示室では、原爆が人体に与えた医学的影響についても詳細に説明。

(下段)カトリック浦上教会(浦上天主堂)の被爆遺構。度重なる苦難を乗り越えた浦上信徒によって築かれた赤レンガ造りの聖堂は、かつて「東洋一」とうたわれていたが、原爆で壊滅的な被害を受けた。

と戦争を起こさないためにはどうしたらいいか、それを考えるにあたっても、全体の流れが見える展示になっている意義は大きいと思います。

現在、長崎原爆資料館はリニューアルを検討中で、会議では日本の対外的軍事活動に関して、より踏み込んだ展示にすべきだという声が上がっています。大日本帝国の加害性を正面から受け止めることは勇気が要りますが、戦争の勃発から原爆投下への国際関係を理解することは、今後の平和構築の観点からも重要です。資料館の今後に期待したいと思います。

原爆資料館を出て前の通りを渡り、「平和の母子像」や「長崎原爆朝鮮人犠牲者追悼碑」を見ながら進むと、その先は爆心地公園（平和公園 祈りのゾーン）。ここでは被爆当時の地層や、浦上天主堂遺壁、原子爆弾落下中心地碑などを見ることができます。

さらに進んで小高い丘を登れば平和公園 願いのゾーン。ここは長崎刑務所浦上刑務支所があった場所で、遺構の一部が保存展示されています。この刑務施設では受刑者や職員など計134人が原爆で死亡しましたが、うち32名は中国人、13名は朝鮮人でした。「浦上刑務支所 中国人原爆犠牲者追悼碑」は、平和公園のメインルートから少し外れた所に建っています。

平和公園といえば北村西望《せいぼう》による平和祈念像が有名ですが、筋骨隆々の巨大な男性裸体像は、フェミニズムの観点から批判も高まっています。像の後ろには「山の如き聖哲 それは逞しい男性の健康美」との北村自身の言葉も刻まれており、現代の視点からは確かに違和感もあります。

長崎とキリスト教の歴史に思いを馳せるスポット

平和祈念像の裏手に出ると見えてくるのが「浦上天主堂」。日本最大規模のカトリック教会として今も信徒が集まるこの教会は、爆心地から約５００ｍの至近距離にありました。信徒およそ１万２０００人のうち約８５００人が犠牲になっています。廃墟となった天主堂は原爆資料保存委員会などが保存を強く要望しましたが、浦上天主堂再建委員会によって解体・撤去が決められ、59年に鉄筋コンクリート造りで再建されました。現在敷地内に残るのは崖下まで落下した旧鐘楼や石垣に限られています。

天主堂の再建に大きな影響を与えた一人が、熱心なカトリック教徒であり、『長崎の鐘』などの著書でも知られる長崎医科大学（現・長崎大学医学部）助教授であった永井隆博士です。自らも被爆しながら救護活動に尽力した永井は、長年市民の尊敬を集めてきました。しかし原爆投下を「神の摂理」と捉えた彼の思想に対しては、批判もありました。

天主堂から徒歩20分程度のところにある「長崎大学医学ミュージアム 原爆医学資料展示室」では、被爆直後の救護・調査を行った永井や教授の調来助《しらべらいすけ》らの活動に加え、当時の長崎医大の被害状況を紹介するパネル展示などが見学可能です。西森一正長崎大学名誉教授が被爆時（当時は医学部生）に着用していた血染めの白衣も、本展示室の重要な資料といえます。

旧浦上天主堂は１８６７年の「浦上四番崩れ」で各地に配流された潜伏キリシタンが73年に解放され、浦上に戻ってきた後の79年に建てられました。浦上四番崩れとは、現在の長崎市の浦上地区で起きた大規模な隠れキリシタンの摘発事件です。江戸幕府が寛政２〜慶応３年（１７９０〜１８６７年）にかけて、４度にわたって隠れキリシタンを弾圧しました。天主堂の敷地内には山口県萩市で信徒たちへの拷問の道具として使われた「拷問石」が置かれており、その残酷さに触れることができます。天主堂のそばにある「浦上キリシタン資料館」は、浦上のキリスト教の歴史を振り返ることができる場所。また、ここから路面電車を乗り継いで30分程度で行くことができる、国宝で世界遺産の「大浦天主堂」でも、潜伏キリシタンの歴史について知ることができます。

日本の近代化における影を軍艦島・高島で垣間見る

大浦天主堂から徒歩圏内の長崎港からは、数ある軍艦島ツアーのうちのいくつかが出ています。ここから船で40分程度のところにある軍艦島こと「端島」は、日本近代化を象徴する遺構の一つ。1890年頃に鍋島孫太郎より三菱に売却されたことから、海底炭鉱での採掘が本格化しました。ここでは明治期に作られた裏側の護壁と3本の地下坑道が、2015年に世界遺産「明治日本の産業革命遺産」として登録されていますが、時代を韓国併合前の明治期に限定しているため、植民地からの動員などへの言及は少なくなっています。しかし、軍艦島の最盛期は大正～昭和時代です。明治期の遺構しか登録されていないにもかかわらず、大正・昭和期の建造物を前面に出して「世界遺産の軍艦島」を喧伝《けんでん》するのは、歴史を正しく伝えていないといえます。また、近代の納屋制度（いわゆるタコ部屋）などの労働問題については、ガイドなどで触れられることはほとんどありません。

隣の「高島《たかしま》」も明治日本の産業革命遺産の構成要素となっています。高島炭鉱は1869年に開鉱、1986年に閉山しました。こちらにある高島石炭資料館では両島での石炭採掘について学ぶことができ、多くの方が亡くなった落盤事故や水没事故についての展示も見ることができます。

産業遺産には労働問題や環境破壊、健康被害、植民地支配など、資本主義の影の側面も存在します。元来、世界遺産制度は光と影の両面を対象にしているのですが、軍艦島の紹介は光に偏っているように思います。

未来に歴史を承継するダークツーリズムの可能性

さて、ダークツーリズムの重要性は、歴史の現場に足を運ぶことそのものにあります。実際にそこに身を置いて考えてみると、例えば「ここで人が死んだのだ」ということを、机上の空論ではなく納得できるでしょう。例えば長崎で平和公園内の刑務支所跡地にたたずめば、「あ、ここで」ということが深く実感できますし、思案橋横丁入り口付近に設置された、1982年の長崎大水害の記憶を後世に残すための「長崎大水害記念塔」を見に行くと、刻まれている水位と自分の身長を比べたくなります。これは現場でこそ得られる体感といえます。

教訓の承継や自分自身の生き方の再考も含め、ダークツーリズムには大きな可能性があります。

ダークツーリズムを提供する側へのお願いとしては、ITの技術をより深めていってもらいたいと思っています。今回、長崎市内を回る際はグーグルマップに頼りましたが、ITを使ってうまく旅人に情報を提供することはとても大事です。ダークツーリズムの現場では見解の相違もあるため、パンフレットや立て看板ではなく、AR（拡張現実）などを活用した情報提供が有効です。現場に身を置いて空間的に出来事を体感しながら、スマートフォンをかざすとＡＲで具体的な情報が得られるようにすれば、対立する意見の政治団体が押しかけてくるようなこともありません。そもそも、意見が割れているものをどう扱うかは、ダークツーリズムにおいて非常に大事なポイントです。ガイドも自分たちの思いをぶつけてはだめで、相手の興味を引き出し、対話や交流の中で伝えたいことを伝えていかなければ、人々は来てくれなくなります。

これからダークツーリズムに出ようという人には、楽しいコンテンツと組み合わせることをお勧めします。悲劇的な背景を持つ場所だけを巡ると精神的にもちません。地元のグルメスポットなどを間に挟みながら、移動時間には訪れた場所に思いを馳せたり、一緒に訪れた人と意見を交換したりすれば、旅がより意義深いものになるのではないでしょうか。

九相図を見る

山本聡美
早稲田大学文学学術院教授

やまもと・さとみ
1970年、宮崎県生まれ。早稲田大学文学学術院教授。専門は日本中世絵画史。早稲田大学大学院文学研究科博士後期課程単位取得満期退学。博士（文学）。2019年より現職。『九相図をよむ 朽ちてゆく死体の美術史』（KADOKAWA）で平成27年芸術選奨文部科学大臣新人賞・第14回角川財団学芸賞受賞。その他の著書に『中世仏教絵画の図像誌　経説絵巻・六道絵・九相図』（吉川弘文館）などがある。

「九相図」とは、腐敗し白骨化する死体の変化を9段階で描き出す絵画です。仏教には、出家者が肉体への執着を滅却するべく、肉体の不浄のさまを観想《かんそう》、つまりイメージトレーニングする「不浄観」という修行がありますが、そのうち死体の変化を9段階に分けて記憶し、それを繰り返し観想する修行を「九相観」といいます。九相図はもともと、その修行を助けるものとして描かれたのではないか、私はそう考えています。

死体を繰り返し観想して身体への執着を滅却

私が最初に九相図を目にしたのは、大学の授業で『九相図巻』（九州国立博物館蔵、口絵写真）を紹介されたとき。まず、鎌倉時代の絵画としては驚くほど肉体の膨らみや髪の毛の質感などの表現が豊かであることに圧倒されました。その次に思ったのが「この緻密な表現は何のためなのか」ということ。中世の絵画では画家の内面性の発露というような動機ではなく、注文主からの依頼か宗教的必然性が反映されているはず。そこで、この絵を理解するために、仏教の思想を少しずつ学んでいきました。

九相観では本物の死体の代わりに死体を描いた絵画を用いることもあり、それを制作することも善行とされていました。その古い作例として挙げられるのが、中国・新疆ウイグル自治区にある、6世紀後半から7世紀前半の遺跡、トヨク石窟内の『死屍観想図』を描いた壁画です。9場面は揃っていませんが、腐乱死体や骸骨を見て瞑想にふける僧の姿が描かれています。同じく新疆ウイグル自治区のキジル石窟壁画には『髑髏《どくろ》観想図』が。残念ながら作例は残されていませんが、唐代の中国にも存在していたようです。日本でも8世紀頃には九相観が知られていたと考えられます。しかし当初は定着しませんでした。日本で九相図が重視されるようになったのは、鎌倉時代になってからのことです。

原点回帰の機運の中でストイックな九相観が復活

『九相図巻』は鎌倉時代の作例と考えられますが、物語などを記した詞書《ことばがき》もなければ、巻末の奥書《おくがき》などもないため、はっきりした制作背景は分かりません。ただ、一番古くたどれる所蔵先が比叡山の麓、坂本にある寂光院《じゃっこういん》という天台宗のお寺であるのと、同様の図像を使っている『人道不浄相図《にんどうふじょうそうず》』（国宝『六道絵』のうちの1幅）が、やはり比叡山に伝来しているので、比叡山周辺が成立圏であったと想定されます。

この頃、日本では儀礼的で貴族的な仏事から離れて原点回帰しようという宗教改革の機運が盛り上がっていました。いわゆる鎌倉新仏教の動きです。坐禅や観想によって執着を捨て自らを高めていくという、ストイックな修行のあり方が大事にされる中で、長らく忘れられていた九相観も見直されるようになったと考えられます。平安時代には、比叡山も著しく貴族化していましたから、それに反発する僧侶たちの中で『九相図巻』が求められたのかもしれません。隋代の僧侶・智顗《ちぎ》による講義『摩訶止観《まかしかん》』は天台宗の根本教義といわれていますが、この中にある九相観の方法を正確に表現しているのが、この『九相図巻』でもあるのです。

絵画と説話の中に描かれた理想的な死体

一方、九相観が絵画として表現されたのと同じ頃から、「このお坊さんは九相観を通じて発心《ほっしん》しました」とか「この人物は非常に罪深い生活を送っていたが、妻の死を経験し、その死体を見て発心しました」といった、発心（悟りを得ようと決意すること）の物語の中にも九相観は組み込まれていきます。鴨長明が編纂した仏教説話集『発心集』には、九相観説話が多数収録されています。ただし、そこで語られているのは、現実にはあり得ない虚構。13世紀の日本では、絵画と説話というフィクションを通じて理想的な発心のあり方が追究されていたのです。

そんな中、驚くほどの緻密さで細部まで描かれた『九相図巻』は、もしかしたら本気でこれを使って修行しようとしていた人たちがいたのではないかと思わせてくれる、唯一の作例でもあります。『九相図巻』の現物を見ると、青や墨や朱や白い顔料などを混ぜて、本当に生々しく、体の中から蛆《うじ》が湧き出てくるさまなどを表現し尽くしている。解剖学的にもかなり正確な骨格が描かれています。実際に死体を観察して描いた可能性もうかがわれ、観想を通じた修行の場でこそ機能する絵画だと思います。

高貴な女性の死体を描くことで宗教的な精神の高さを表現

前述の『摩訶止観』には、肉体の朽ちていく過程として①脹相《ちょうそう》（死後硬直しガスで膨張する）、②壊相《えそう》（皮膚が破れる）、③血塗相《けちずそう》（皮膚の裂け目から血液や体液があふれる）、④膿爛相《のうらんそう》（腐乱する）、⑤青瘀相《しょうおそう》（青黒くなる）、⑥噉相《たんそう》（虫が湧き禽獣に食われる）、⑦散相《さんそう》（四肢や臓器が散乱する）、⑧骨相《こっそう》（骨だけになる）、⑨焼相（骨が焼かれる）の9段階があると説かれています。

ただ、『九相図巻』の最初の2つの場面はここに含まれず、第一段は、生前の姿が描かれた「生前相」。着衣や装身具でこの女性の身分が高いことを表しています。また、第二段は死んだばかりの状態を描いた「新死相」。『摩訶止観』では、亡くなった瞬間を「死屍地に在るを見る」と記しますが、『九相図巻』で描かれているのは高価な袿《うちき》を掛けて上畳《あげだたみ》に横たわる姿です。

この姿は、崇徳《すとく》天皇の中宮、皇嘉門院《こうかもんいん》の臨終の様子にも通じます。女院の弟である九条兼実《かねざね》は、自身の日記『玉葉《ぎょくよう》』に、姉の臨終から葬儀、荼毘《だび》までの一連の身体の変化を克明に記しています。皇嘉門院の亡骸《なきがら》は新しい小袖を着けて上畳に横たえられ、その上から袈裟を被せ、数珠を置き、さらに新しい袿を首まですっぽり隠すように着せ掛けたことが記されています。

一方、『九相図巻』の女性は、袿の下に小袖を着けておらず、乳房や腕、脛もあらわです。これには第三段以降で肌の色が変化したり、乳房がちぎれたりしていくさまを描く、その前段階を見せるという意図があったのでしょう。あるいは、裸であることが肉体への欲望をかき立てる表現であると見れば、肉体への執着が強ければ強いほど、発心への劇的な展開が可能になるという数々の仏教説話と同様の効果を狙ったものといえるかもしれません。また、本来ならば荼毘に付される高貴な人間の死体がそのまま捨て置かれる姿を描いたのも、宗教的な精神の高さを表現するためだといえます。さらに、高貴な女性を主題

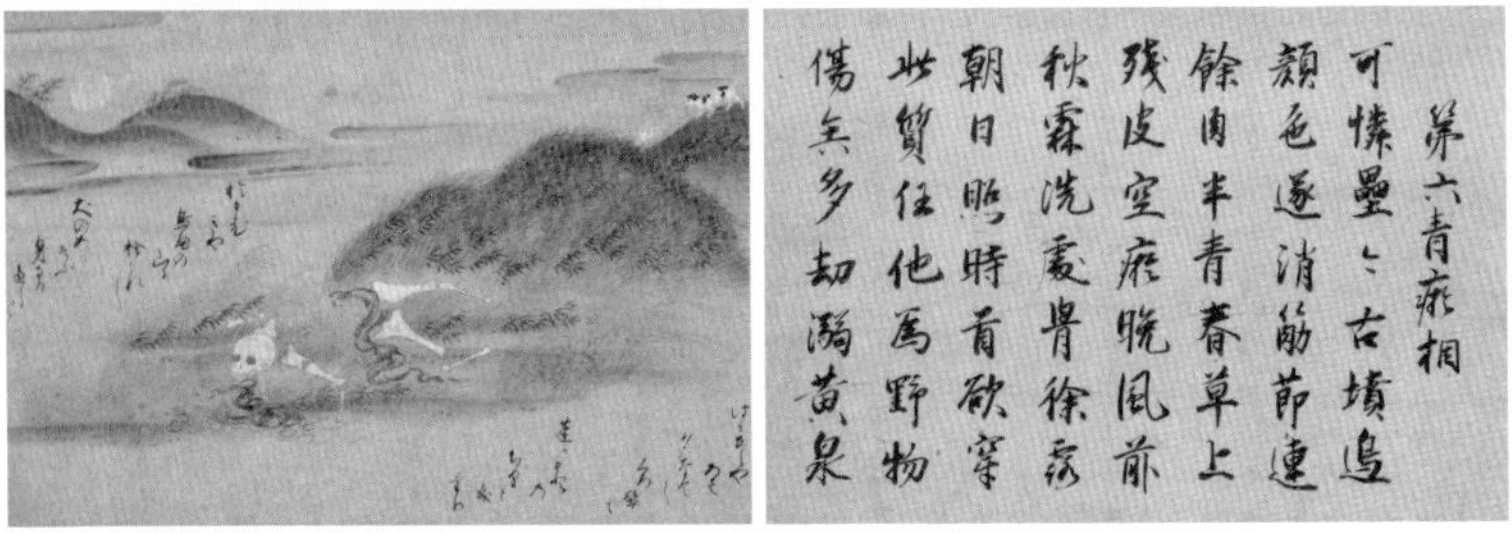

『九相詩絵巻』(1501年／九州国立博物館蔵／撮影:山﨑信一)　第六段　青瘀相
九相詩と和歌の詞書を持つ『九相詩絵巻』の現存最古の作例。叙情性あふれる優美な風景とともに九相図が描かれている。

にすることで、修行僧や男性が発心するためだけではなく、女性たちに不浄の我が身を自覚させて仏道に邁進させるという、女人教化の意味もあったはずです。

さて、その後の14世紀から15世紀にかけて、九相図には空白の期間があります。14世紀に臨済宗の僧、夢窓疎石《むそうそせき》が自ら描いた九相図を壁に掛けて修行したなどという逸話はありますが、現存する作品はなく、大量に作品が描き継がれたような様子はありません。ところが、16世紀、室町時代の後半になって突如として復活します。それが、漢詩と和歌を伴った『九相詩絵《え》巻《まき》』です。

文学的・宗教的な流れがクロスオーバーした『九相詩絵巻』

これは九相図を元にした、ある種のスピンオフといえるもの。九相観には漢詩の主題としても長い伝統があり、8世紀の正倉院文書の中にも九相観を詠んだ漢詩が残っていますが、『九相詩絵巻』はそういった文学的な伝統と宗教的な九相図の流れが

（右）『九相詩絵巻』（1527年／大念佛寺蔵）　第九段　成灰相
以前の九相詩絵巻の作例には見られなかった「嘆く男」が突如登場。特定の故人への哀悼の意を示したものとも解釈できる。
（左）狩野永納『九相詩絵巻』（1651年／佛道寺住職家蔵）　第五段　噉食相
全ての場面に「見る男」が存在。木の陰から覗き見る姿は、王朝文学を思わせる垣間見の構図で描かれており、洗練されたパロディーと捉えることも可能。

クロスオーバーした、新しい表現といえます。

その現存する最古の作例が九州国立博物館に所蔵されています。これは北宋時代の文人・蘇東坡《そとうば》の作と伝わる漢詩「九相詩」が序文と本文にあり、九相図それぞれに2首ずつ和歌を添えたもの。室町の文化は、茶の湯や華道や能楽、大きく捉えるならば〝編集の文化〟ともいえるのですが、この『九相詩絵巻』もまさに編集そのものです。

絵は土佐派の作風を示しており、この表現が実に瑞々しい。例えば第六段の「青瘀相」を見ると、墨と緑青を重ねて立体感のある草むらが表現されていて、秋草が風に揺れ、そこに白骨が横たわっている。室町のやまと絵の最高の表現がここにあるんですね。これはもはや、修行を目的としたストイックな絵ではない。ただ、完全に宗教性がないかというとそうでもなくて、奥書に文亀元（1501）年7月29日の年記が入っている。恐らくこの日付を命日とする人物の追善供養のために作られた絵巻と考えるのが妥当でしょう。

このパターンの『九相詩絵巻』は当時流行したようで、大永

7（1527）年9月25日の年記が入った『九相詩絵巻』（大念佛寺蔵）もその一つ。詞書は京都・青蓮院《しょうれんいん》の僧、定法寺公助《じょうほうじこうじょ》が手掛けています。絵は狩野派の作風を示していますが、公助は狩野元信による『釈迦堂縁起絵巻』（清凉寺蔵）や『酒伝童子《しゅてんどうじ》絵巻』（サントリー美術館蔵）の詞書も手掛けていますので、その周辺で作られたことは間違いなさそうです。詞書の料紙には金泥の下絵を施すほどの豪華絢爛さ。絵の方は一見するとかなり形骸化していますが、死体の図像には鎌倉時代に成立した型が継承されています。鎌倉時代の作例と違うのは、この絵巻が墓前で嘆く男の姿で終わること。本来、九相図に描かれているのは宗教的目的で捨身された死体であったはずなのに、嘆きの対象とされることで却って世俗的な側面が生じています。

慶安4（1651）年12月6日の年記と狩野永納の落款・印章が入った『九相詩絵巻』（佛道寺住職家蔵）は非常に格調高い作品ですが、全場面に男性貴族の姿があります。第一段の臨終の場面に立ち合っている女房たちは、実は小大君《こだいのきみ》や中務《なかつかさ》など、永納が描いてきた歌仙絵の登場人物。男性貴族は凡河内躬恒《おおしこうちのみつね》です。第五段の「噉食相」で男が木の間から死体を垣間見る絵は、『伊勢物語』や『源氏物語』を絵画化する際によく用いられる、男性が物陰から女性の姿を見て恋に落ちる図像そのもの。この絵巻では、聖俗のあわいで上質なパロディーが成立しているのです。

死体が身近でなくなった現代人にこそ九相図を

九相図の流行のピークは江戸時代。明治初頭くらいまでは多数の版本も刊行され、一般庶民にも浸透しました。幕末から明治にかけての時期には、九相図に取材した作品を幾つも残した河鍋暁斎《かわなべぎょうさい》をはじめ、人気絵師たちが羽織裏に描く例もありました。死のモチーフを身近に置くことで精神のバランスを取るということが、当時の日本には文化としてあったのだと思います。ただ、九相図という主題は明治半ば以降、近代化の波の中で日本絵画の表舞台から姿を消すことになります。さらに戦後になると、日本人が死体を目にする機会そのものが日常から遠のいていきました。

近年、山口晃や松井冬子、諏訪敦といった現代の画家たちが、新しい九相図を描き始めています。また、文化史としての九相図への社会的関心も高まっているように思います。死は誰にとっても不可避なこと。日常の中で死を想う構えのようなものが、もう少し今の世の中に存在していてもいいのではないでしょうか。そのヒントは、もしかしたら九相図の中にもあるかもしれません。

ミイラは語る

坂上和弘　国立科学博物館人類研究部人類研究史グループ長

2019年11月2日から2020年2月24日まで国立科学博物館（以下、科博）で開催された『特別展　ミイラ―「永遠の命」を求めて』がとても好評で、監修者の私としても大変な驚きでした。これを機会に多くの方々にミイラに興味を持っていただくことで、ミイラの文化的・学術的価値や、ミイラ研究への理解が進めばうれしいです。

ミイラへの忌避感につながる日本人の「穢れ」の観念

日本で最初にミイラが展示されたのは20世紀初頭のことです。これは1904年にエジプト考古庁から東京国立博物館の前身である帝室博物館へ寄贈された「パシェリエンプタハのミイラ」で、そのときには人々の列が博物館の建物の周りを2、3周取り囲んだと聞

さかうえ・かずひろ
1970年、香川県生まれ。国立科学博物館人類研究部人類研究史グループ長。東京大学大学院理学系研究科生物科学専攻博士課程修了。理学博士。自然人類学者であり、日本では極めて少ない法医人類学者の一人。遺跡から出土した古い人骨から、法医学分野で取り扱われる事件性のある人骨まで幅広く取り扱い、研究している。2019年に開催された『特別展　ミイラ―「永遠の命」を求めて』を監修。

いています。

僕自身は子どもの頃に科博で見たミイラに魅せられて以来のミイラ好きですが、ミイラを専門としている研究者は日本にはほとんどいません。これは、日本では研究対象としてのミイラのサンプル数が少ないということもありますし、日本人が大化の改新以来持ち続けてきた「穢れ」の観念の影響もあるのかもしれません。日本には即身仏信仰という素晴らしい文化がありますが、あくまで仏教修験道《しゅげんどう》という特定の宗派における修行の一形態ですし、一般的にミイラに対する心理的なハードルや忌避感の度合いは高い。研究者が増えないのも致し方ないといえます。

これに対して、キリスト教が強い影響力を持つ西洋諸国や、日常的に死を喚起させる文化を持つ南米大陸の人々、特にカトリック信者の人々は、ミイラに対する同調性が高いですね。教義の中にミイラが重要なものとして出てきたり（※『旧約聖書』の「創世記」の中には、ヨセフが父ヤコブの亡きがらをミイラにする場面がある）、聖人のミイラが聖遺物と呼ばれたりしていますから。

強烈な多様性を持つ世界各地のミイラたち

『特別展　ミイラ――「永遠の命」を求めて』には南米、エジプト、ヨーロッパ、オセアニア、日本で発見された43体のミイラが展示されましたが、そこには強烈な多様性が見て取れます。

例えば、チリのアタカマ砂漠でつくられた世界最古の人工ミイラ「チンチョーロ文化のミイラ」は非常にユニークです。紀元前5000年頃から紀元前2000年頃までつくられていたのですが、肉を削いで骨だけにして、そこから加工して粘土をつけ、その上にご本人の皮をかぶせて、元の形に戻しています。つけている仮面も遺体の目と鼻と口にぴったり合うようにつくられているので、生前の姿を再現しようと思っていたことは間違いありません。しかも補修などのメンテナンスを受けていますし、家の中に置かれることもあったようです。もし遺体を不浄のものと考えていたら、そんなことをするわけがないですよね。

また、それに比べるとかなり年代は新しいですが、南米ペルー北部のチャチャポヤス地方で発見されたインカ帝国時代のミイラは、集落を見渡す崖の岩棚に安置されており、こちらも日常生活とミイラとの距離が近かったといえます。ミイラからは、それをつくった人々の死生観や思想も読み取れるのです。

古代エジプトでのミイラづくりについては、豊富な資料をさまざまな研究者が研究してきたことでかなり詳細が明らかになってきましたが、その根本にあるのは「姿を残したい」という強い思いです。そのために古代エジプト人たちはさまざまな技術を開発し、それらの取捨選択をしながらたくさんのミイラを残していったわけで、ここにも彼らの死生観や宗教観が反映されています。

一方、デンマークやオランダ、アイルランドなどといった北ヨーロッパのミイラとして知られるボッグマン（湿地遺体）は、泥炭湿地の特殊な環境下でできた自然ミイラではありますが、湿地の中に遺体を置く、もしくは埋めるという行為自体は当時の人々にとって非常に重要なものと考えられていたはずです。というのも、相当数のボッグマンに人為的な殺傷痕が見つかっているのです。そこには彼らが生前所属していた共同体の価値観が反映されています。

こういったことを見ていくと、ミイラが当時の人々の情報や思想をそのまま現代まで残してきている「タイムトラベラー」であるということがよく分かります。

ＣＴスキャンの利用により大きく進化したミイラ研究

『特別展　ミイラ―「永遠の命」を求めて』の展示は、いずれもＣＴスキャンや放射性炭素年代測定法など、最新の調査・研究手法を駆使した科学的分析を踏まえてのものです。ＣＴスキャンは１９７０年代から実用化されていますが、ミイラ研究に使われるようになったのは比較的最近のこと。過去の研究者たちはミイラを壊すという取り返しのつかないことをして調べるしかありませんでしたから、その時代と比べると私たちは「福音」ともいえる技術を持っています。

例えば、展示の一つ「グレコ・ローマン時代の子どものミイラ」は、CTスキャンをかけたことにより、「失われた右腕の代わりに、大人の骨が使用されている」ということが分かりました。ミイラを壊さずして新事実が分かるようになったということは、大袈裟にいえば「人類の知恵を一つ進めた」といえます。展覧会の準備に際しては、そのような発見がたくさんありました。

自らのミイラ化に成功した本草学者

特別展では日本のミイラとして、福島県の曹洞宗貫秀寺に祀られている即身仏「弘智法印《こうちほういん》宥貞《ゆうてい》」と、「江戸時代の兄弟ミイラ」、そして「本草学者のミイラ」も展示されました。「江戸時代の兄弟ミイラ」「本草学者のミイラ」は科博で保管・管理しているものです。後者は自ら意志を持ってミイラになったという珍しい例ですが、その存在を知ったときには僕も「こんな方がいたのか！」と驚きましたし、そもそもそれが科学的に可能なのだろうか、とずっと疑問に思っていたんです。ところが、CTスキャンにかけるなどして精査してみると、当時の技術から考えて精一杯のことが実践されていたと分かりました。そ

弘智法印 宥貞（小貫即身仏保存会蔵）
福島県石川郡浅川町の貫秀寺に安置されている。真言宗で修行を積んだこの高僧は1683（天和3）年、92歳のときに入定し、即身仏となった。寺の火災や東日本大震災も乗り越え、地元の人々に敬愛され続けている。

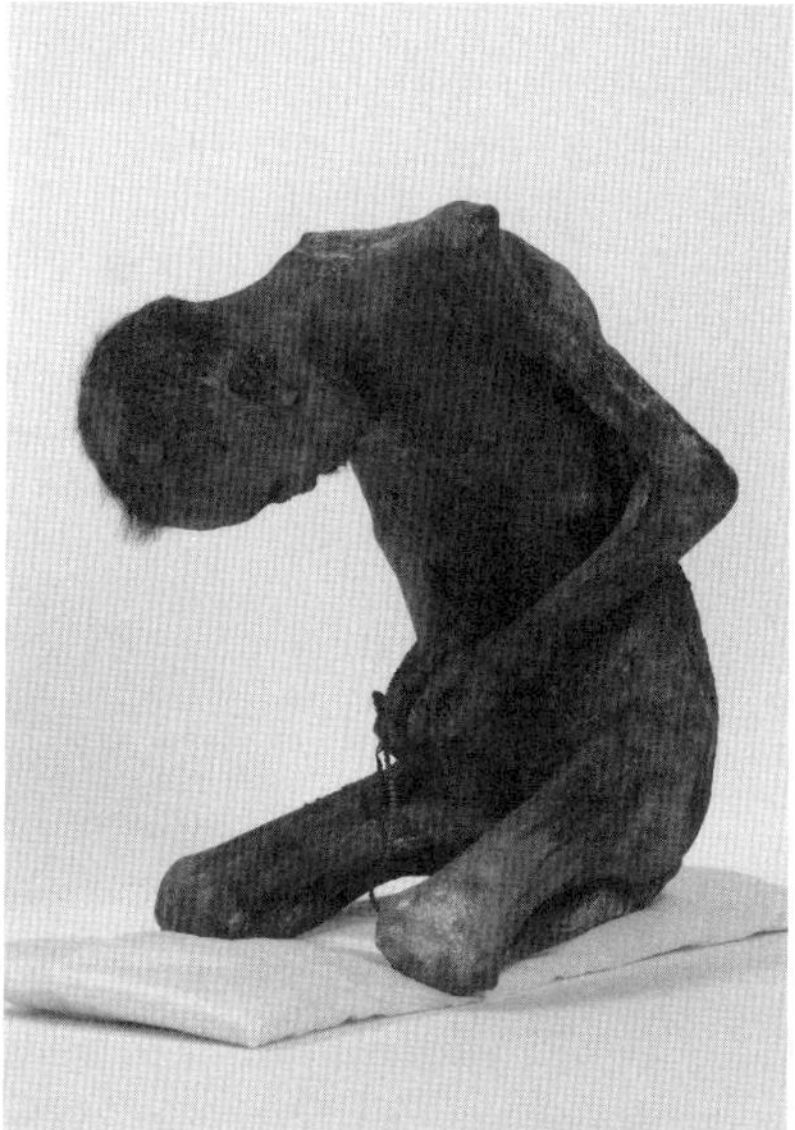

本草学者のミイラ（国立科学博物館蔵）
この人物は江戸時代の本草学（現代の博物学・薬学）者で、1832（天保3）年に死亡。遺体保存に関する自分の研究成果を確かめるため、自らミイラを志した。

れほどまでにこの方はミイラになることに意欲を持っていらしたんですね。感銘を受けざるを得ないし、「多くの人に知ってほしい」と思わずにはいられませんでした。

ご本人がどのように自身の遺体を保存する方法を考えついたかについては、残念ながら彼自身が遺した資料が失われてしまったため、今となっては分かりません。でも、分からないからといって諦めるのではなく、ミイラそのものと現在のデータを後世にきちんと残していけば、新しい調査方法でもっと別のことが分かってくる可能性があります。そのときに、この方のやったことの偉大さが初めて解明されるかもしれません。また、別のミイラの研究に役立ったり、将来のエンバーミング技術の発展につながったりする可能性もあります。

即身仏を未来に残すための健康診断

博物館にあるミイラは、保存に細心の注意が払われています。展覧会で展示する場合も、温度や湿度、照明の強さまで、各所蔵博物館の学芸員が設定したかなり厳しい基準に従っているのです。しかし、即身仏に関してはお寺に帰属しているものなので、そのままの姿を後世にまで残していくためには、多くの困難が待ち受けています。もちろん、どのお寺でも即身仏を大切にしてはいるのですが、当然のことながらお寺の規模もさまざまですし、科学的なスタンスで即身仏を残していこうという考えに賛同していただけるかどうかにも差があります。

とはいえ、保存状況が良くないからといって、研究機関に移すというのは違うと思います。崇拝して手を合わせる信者の方がいない即身仏は美術品でしかありません。そこで、僕が今やるべきだと思っているのが、ＣＴ撮影で即身仏の健康診断を行い、カルテを後世に残しておくことです。

即身仏の人類学的調査を初めて行い、科学的な修復・保存措置に尽力したのは、新潟大学医学部解剖学教室の教授だった故・小片《おがた》保《たもつ》先生です。先生は昭和30年代から40年代にかけて、損壊の危機にあった多くの即身仏の保存処理に努められました。その修復が50年後の現在においても維持されているかどうか、また現在の状態はどのようなものであるのか、早急に調べる必要があります。

現在のデータを取れば、どこに問題が生じているのかが分かりますから、どこに注意して守っていくべきかも明らかになります。これから先は気候変動で、即身仏にかかるストレスも変わってくるでしょう。現状の診断を終えたら、できれば10年後、難しければ20年後にでも、新たな研究者がまた診断をしてくれればと思っています。

データの集約が急務な日本にあるミイラの現状

即身仏以外に、日本各地に点在するミイラの現状も調査して記録する必要があります。今やるべきことは、第一にこれまでのデータの集約と、どこに何があるのかという現状把握。第二に新しい発見と分類。こういったことが、日本におけるミイラ知識の蓄積なり発展なりにつながっていくと、僕自身は考えています。

個人的には日本におけるミイラ文化を体系的に調べていくために、樺太アイヌが持っていたミイラづくりの文化が北海道にも存在していた可能性や、中尊寺金色堂の「藤原四代のミイラ」が人工ミイラであった可能性などについても、新しい方法で調査してみたい。後者については1950年の藤原氏遺体学術調査団による調査で自然ミイラであると結論づけられてはいますが、四代も続けて自然にミイラになるとは考えにくいですし、藤原氏は蝦夷《えぞ》との関係が強く示唆される豪族でしたから、そういった技術を持っていなかったとは言い切れません。

また、武田信玄に影武者がいた話は有名ですが、これも実は遺体を保存していたのではないかといわれていますし、1950年に福岡で発見され、その後埋め戻された第四代福岡藩主の黒田綱政（1711年死去）のミイラについては「藩主が亡くなられたときに遺体を保存する処置をした」という記録もある。これらについても調べてみたい気持ちがあります。

いずれにせよ、「この人の存在を残したい」「永遠の命を託したい」という強い意志を持ってつくられ、大切に守られてきたミイラには、愛情、敬意、崇拝といってもいいものが存在しています。展覧会を通じて、それを感じていただけているということに気づいたことは、僕にとっても大きな驚きであり、同時に喜びでもありました。

翻って、現代のミイラはどうでしょうか。実は、現代日本においても、年間50～60体のミイラ化した遺体が発見されています。それらは法医学分野で見つかるもので、いわゆる孤独死の遺体です。布団などに体液が吸い取られたりしたことで乾燥し、さらに虫や動物に食べられない環境に置かれた遺体がミイラになるのですが、これは展示物である過去のミイラと基本的には同じ「ミイラ」です。ただ死生観の面から見れば、このような現代のミイラと過去のミイラとでは、全く逆のベクトルを向いているといえるのではないでしょうか。展覧会ではそこまでは触れませんでしたが、ミイラという存在を考える上では避けては通れない問題ではあると思っています。

幽霊画を見る

安村敏信
北斎館館長

夏になると日本では毎年、怪談のイベントや幽霊画の展覧会が多く開催されます。なぜか日本人は幽霊が大好き。近年では、幕末から明治にかけて活躍した落語家、三遊亭圓朝のコレクションが納められている東京都台東区谷中の全生庵《ぜんしょうあん》で毎年8月に開かれる幽霊画展などにも、多くの人が足を運ぶようになりました。

美術史で確立されていない「幽霊画」というジャンル

幽霊画というのは美術史の中では確立されていないものです。幽霊や妖怪を研究するのは民俗学や宗教学、国文学の人で、美術の世界にはいません。なぜなら、美術史は「何年何月にこの人が描き、その影響でこういう作品が生まれた」という「基準作」がなければ

やすむら・としのぶ
1953年、富山県生まれ。北斎館館長。東北大学大学院博士課程前期修了。79年より板橋区立美術館学芸員として、江戸時代美術史のユニークな展覧会を開催し注目を集める。2005年より13年まで同館館長を務め、その後は萬美術屋として日本美術の普及活動をフリーの立場で展開。『もっと知りたい狩野派　探幽と江戸狩野派』(東京美術)、『肉筆幽霊画の世界』(KADOKAWA)、『ゆるかわ妖怪絵』(講談社)など著書多数。

成り立たないものだから。幽霊画にはそれがないのです。

日本人が「死んだ人がよみがえる」ということを物語に書き始めたのは平安時代のことです。『日本霊異記』という仏教説話集には、人に殺されて野ざらしになった髑髏を供養した者が、髑髏が変身した人物に恩を返されるという話などが収められています。まさに日本人が幽霊を意識し始めた現れだと思うのですが、これらの話は実は中国にルーツがあるもの。平安時代後期に書かれた『今昔物語』の中の源融という人物の幽霊が、日本独自の幽霊の始まりではないかと幽霊研究者は言っています。

幽霊が絵画の中に登場するのは、鎌倉時代初期の「北野天神縁起絵巻」あたりから。讒《ざん》言《げん》によって死んだ菅原道真が怨霊となり、人々を懲らしめるために、わざわざ衣冠束帯《いかんそくたい》の正装で比叡山の尊意僧正《そんいそうじょう》のところに挨拶に行き、「これから恨みを晴らしに行くからあなたの法力で邪魔しないでください」と頼む。僧正はそれを断り、幽霊と人間の間で妖術合戦が行われる。絵巻物にはその様子が描かれています。道真がかんでいたザクロをブワッと吐くと火がつき、燃え広がる。すると僧正も法術で手から水を出して消火します。この道真の幽霊には足があります。

異界から来る妖怪と現世に怨念を残す幽霊

中世には「百鬼夜行絵巻《ひゃっきやこう》」「付喪神絵巻《つくもがみ》」「土蜘蛛草紙絵巻《つちぐも》」など、妖怪が出てくる絵巻物が作られていますが、これらの作品で描かれているのは幽霊ではありません。

よく幽霊と妖怪を混同されることがありますが、幽霊は現世に怨念を残した死者があの世に行けなくて出るもの。必ず人間の姿をしています。一方、妖怪はあの世とは違う異界から来ているので、獣や器物などの形で現れたりするのです。

先ほどの「北野天神縁起絵巻」からだいぶたちますが、岩佐又兵衛という絵師が江戸時代初期に手掛けた「山中常盤物語絵巻《やまなかときわ》」には、平家討伐のため奥州へ下った牛若丸を訪ねて旅をしていた母の常盤御前が盗賊に殺され、牛若丸の夢枕に立つ、というシーンが描かれています。この常盤御前はまさに幽霊で、真っ白な装束で「私の復讐をしてください」と伝えるのですが、これが幽霊として描かれた二つ目くらいじゃないかと思っています。

ただ、もし「幽霊画」というジャンルを立てるのであれば、画題として単独で幽霊が描かれていなければなりません。では、最初に幽霊画を描いたのはいつ、誰なのかというと、これは江戸時代中期に京都で活躍した円山派の祖、円山応挙だといわれています。

「百物語」を盛り上げた幽霊画の始祖・円山応挙

応挙はいわゆる美人顔の足のない女の幽霊を描き、後進に大きな影響を与えました。ただ面白いことに、世の中に「応挙の幽霊画」と呼ばれるものは数あれど、実は現存する作品の中で真筆といわれているのは二つのみなのです。一つはカリフォルニア大学バークレー校美術館に寄託されている「幽霊図」、もう一つは弘前の久渡寺《くどじ》にある「返魂香《はんごんこう》之図《のず》」(口絵写真)。前者は応挙のサインも入っていて、私も江戸東京博物館に来たときに見ていますが、応挙筆に間違いはないと考えています。後者は年に1回、旧暦の5月18日に当た

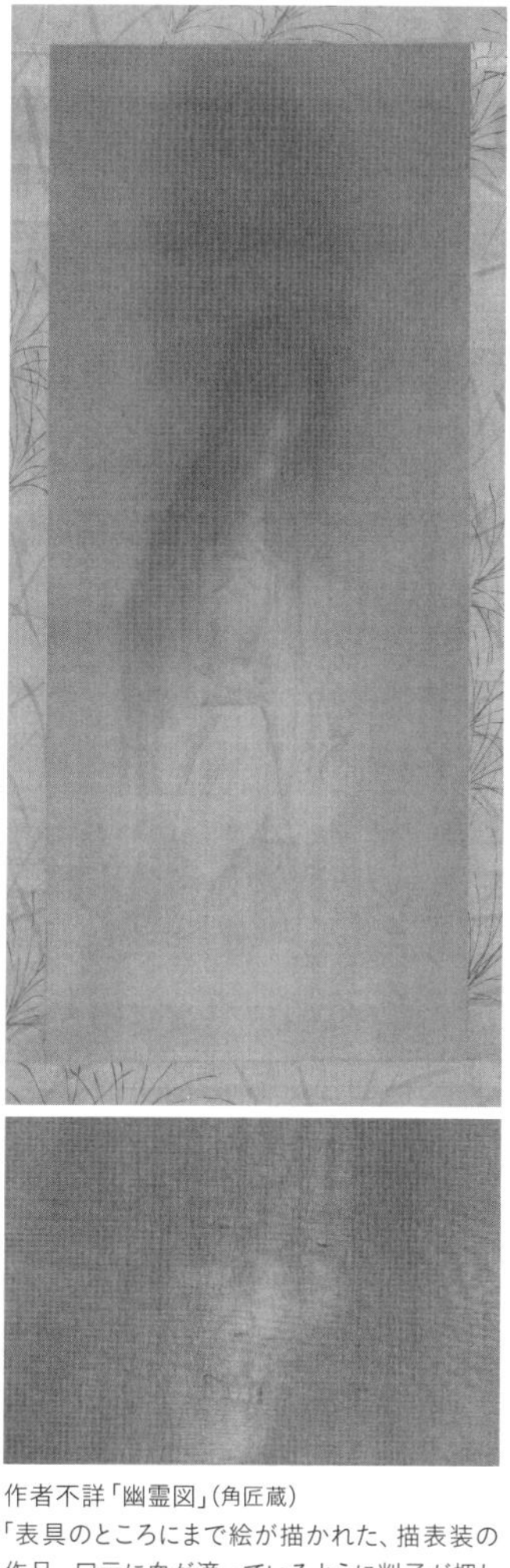

作者不詳「幽霊図」(角匠蔵)
「表具のところにまで絵が描かれた、描表装の作品。口元に血が滴っているように判子が押してあるんですが、どう拡大しても読めないのが気持ち悪い。それとこの作者は髪の毛フェチぶりがすごいんです。ものすごく細い線で髪の毛を描いているので、じっくり見てください」

る日に1時間だけ公開されています。こちらの方がさらに出来がよいですね。

応挙の幽霊画が有名なので、応挙の落款があるもの、応挙筆と称するものは世の中に何十とあります。間違いなく、応挙のものではない。でも所蔵するお寺では応挙といっているのだから、それはそれでいいと思います。幽霊というのもある意味で信仰と共にあるものですからね。

そもそも、なぜ応挙の幽霊画が単独で掛け軸に描かれたかというのは――これは私が勝手に想像しているだけで根拠はあまりないのですが――江戸時代の出来事を調べたら、ちょうど応挙の活躍した江戸中期の安永年間（1772～81）に、商人クラスの人々を中心に「百物語」という怪談会が大流行していたんです。仲間を集めて怪談を1話ずつ披露しては、別室に立てた100本の蠟燭《ろうそく》を1本ずつ消していくというもので、100本目が消えた時に怪が起きる、という。それで、恐らくその会を主催した会主の一人が「床の間用に何か幽霊の絵を」と応挙に頼んで描いてもらったんじゃないか。それに人々はびっくりしたんでしょうね。それまでの幽霊には美人という定番もなかったし、足のない幽霊もいなかったわけですから。

定番を作ったのは応挙です。死装束の女性はキリッとしているけれど、見方によっては恨みが残っているのか、それともただ美しく微笑んでいるのか。面白いのは紅をさしていること。死後に湯灌《ゆかん》をして死化粧をした、そのままの姿かなとも思えます。この絵が大評判になって、次の会主が「今度は他のヤツに描かせて、あっちの会主をびっくりさせてやろう」という感じで、競い合って絵師たちに幽霊画を注文した。私はそう考えています。

江戸後期から幕末にかけてバリエーションが豊かに

描かれる幽霊が圧倒的に女性ばかりなのは応挙の影響でしょう。特に幸薄そうな女性が多いのは、日本人の好みでしょうね。

とはいえ、次第に幽霊画も人々のニーズに従ってどんどんバリエーションが増え、表現が細かくなっていきます。同じような絵ばかりでは飽きられるので、絵師も工夫をするようになり、掛け軸の本紙の周りの裂地《きれじ》部分にも描くことで軸から飛び出してくるような印象を与える「描表装《かきびょうそう》」などの表現も使われるようになりました。さらには歌舞伎の幽霊場面が描かれたり、生前の職業を察することができるようなものも登場したり、一見幽霊に見えないようなものも。だまし絵のような幽霊画も描かれるようになっていきます。

また、当初は「百物語」の際に飾られていたと思われる幽霊画も、政情不安が世の中にまん延する幕末になると、単独の鑑賞用としても描かれるようになります。この頃には見世物小屋がもてはやされ、人形師の松本喜三郎による〝生人形《いきにんぎょう》〟と呼ばれる精巧な人形が人気を呼ぶなど、怪奇趣味の流行もありました。カタルシスを得ることでストレス解消となるような画風が好まれ、怖いもの見たさを満足させる作品が絵師に注文されるようになります。

聖書のサロメも真っ青の、生首を持っている幽霊などもいくつも描かれました。渓斎英《けいさいえい》泉《せん》の「幽霊図」もその一つです。この人は幕末期に退廃した女を描いた画家で、根津で女郎屋をやったり、媚薬を作って売ったりもしていたらしいいわく付きの人ですが、おしろいの匂いが漂ってくるような妖艶な美人画を得意としました。葛飾北斎の「生首の図」や月岡芳年《よしとし》によるスプラッタ系の作品もその流れにあります。

三遊亭圓朝は怪談噺の参考とするために幽霊画を集めたといわれていますが、この頃には幽霊画そのものの鑑賞会のようなものもできていたのではないかと思われます。

私が面白いと思うのは、中国には日本よりもずっと前から仙人たちの世界を描くなどした絵がたくさんあるし、上田秋成『雨月物語』などに収められた怪異小説のルーツも中国にあるのに、日本のようにそれが大衆にまで広まり、楽しまれてはいなかったということ。中国の幽霊は高等遊民だけのものだったのです。

ただ、日本でも応挙の幽霊図のように単独で描かれる幽霊図が広まらなかった分野があります。浮世絵版画です。浮世絵版画といえば美人画や役者絵。人気絵師の葛飾北斎や歌川広重が風景画を描いたのは幕末になってからです。北斎は幽霊単体を描いたものとして、「百物語」をテーマにしたシリーズにも着手しますが、これは全く売れなかったのでしょう。5図までしか作られませんでした。北斎としては売れると見込んで挑んだわけで、そのせいか気合いを入れて、一般の人には理解しがたい工夫を凝らし過ぎてしまったんでしょうね。その後、浮世絵版画では歌舞伎の幽霊登場場面が描かれます。歌舞伎の幽霊場面は盛んに描かれますが、これは役者絵を含む芝居絵の一部です。これとは別に、幽霊を単独で描いた錦絵は北斎の「百物語」くらいでしょうか。つまり単独の幽霊図は、浮世絵版画の世界では流行しなかったのです。

幕末の不安を吹き飛ばしたグロテスクな幽霊たち

幽霊画の特徴の一つに、特定の人を描いた作品が少ないということもあります。素晴らしく刺激的な名品を残している河鍋暁斎の作品には亡くなった妻・登勢の死に顔をスケッチしたといわれている幽霊画がありますが、これも想像の域を出ません。死者の供養のために描くならば、生きている姿を描くはずですよね。ただ、暁斎には彼のパトロンであった勝田家の娘、たつが14歳で亡くなった後に描いた作品「地獄極楽めぐり図」があり、これは実在の人物を描いたものとして知られています。たつがお釈迦様の案内で地獄や極楽を巡るという作品で、彼女はこの中で生前好きだった歌舞伎役者に会って観劇したり、親戚と再会したりしながら、最後には蒸気機関車に乗って極楽に行きます。

幽霊画の一つの流れに骸骨画というのもありますが、これは妖怪のすむ「異界」と幽霊のすむ「あの世」の間にあるものといえるでしょう。三遊亭圓朝の「怪談牡丹灯籠《ぼたんどうろう》」をテーマにした、円山応挙の弟子、駒井源琦《げんき》の最高傑作「釣灯籠を持つ骸骨」などはその代表作です。骸骨の絵には結構いい加減なものも多いのですが、暁斎の「骸骨図」はなんと男と女の骨格を描き分けています。そして、女の方には卵子、男の方には精子の絵を添えている。彼には西洋医学の知識もあったのです。

幽霊画は捨てられない！　祟りが怖くて寺に寄贈

さて、幽霊画のコレクションがお寺に納められていることが多いのはよく知られています。これは、お寺が集めたというわけではもちろんなく、祟りを恐れて寺に寄贈する人が多かったからです。

幽霊画とお寺といえば、前出の圓朝コレクションがある全生庵が有名ですが、千葉県市川市の徳願寺というお寺も結構な数を持っていて、毎年1回、11月の「お十夜会《じゅうやえ》（十日十夜法要）」の日に一般公開しています。福島県南相馬市の金性寺《きんしょうじ》は、幽霊画の掛け軸を供養してあげますよと言ったら全国からたくさん集まり、今では86幅ものコレクションを持つまでになりました。東日本大震災以前はこちらも毎年1回、お盆に「ご開帳供養会」を開いていました。

江戸から明治にかけて盛んに描かれた幽霊画ですが、幽霊を描く画家がいなくなったわけではありません。日本画家の松井冬子は現代における幽霊画の名手ですし、現代美術家の束芋《たばいも》も初期には幽霊を描いていました。もちろん、見る側の興味は今も高い。

日本人には決まった宗教はなくとも、宗教心はありますから、死んだら霊が残ると思っている人は多くいます。だからこそ、今なお夏になれば幽霊画の展覧会やお寺の供養会に人が集まるのです。

「能」にみる日本人の死生観

安田 登
能楽師

能は死者をシテ（主人公）とすることが多い芸能です。しかし、能における死の話をする前に、もっと昔、古代以前の話をしましょう。かつて日本には「死」はありませんでした。死という概念自体がなかったんです。日本人の死というものは、外国人、当時でいうと中国人とは全く違っていました。

奈良時代に編纂《へんさん》された『古事記』は、稗田阿礼《ひえだのあれ》が語り、太安万侶《おおのやすまろ》が文字化したということになっています。文字化するということは、どんな漢字を当てはめるかは、文字を知る人に委ねられているということ。その人が恣意的に漢字を選んで当てはめることもできるということです。

古事記の中に『黄泉國《よみのくに》』のお話が出てきます。この「黄泉」ですが、稗田阿礼はただ「よみ」と発音しただけ。それに「黄泉」という漢字を当てたのが太安万侶です。「よみ」

やすだ・のぼる
1956年、千葉県生まれ。能楽師、ワキ方、下掛宝生流。大学時代に中国古代哲学を学び、その後漢和辞典の執筆に携わる。高校教師をしていた25歳のときに能を知り弟子入り。能のメソッドを用いた作品の創作、演出、出演も行う。著書に『異界を旅する能』（ちくま文庫）、『あわいの時代の「論語」：ヒューマン2・0』（春秋社）、『能――650年続いた仕掛けとは』（新潮新書）などがある。

は他のところでは「よもつひらさか」ともいわれています。「ひらさか」の「ひら」は平ら、そして「さか」は「境」、すなわち境目、境界です。なので、死者の国と生の国は同一平面上にあるはずですよね。ところが「黄泉」という語は、五経の一つである『春秋経』の注釈書の一つ、『春秋左氏伝』に使われる言葉で、「地下のトンネル」という意味。この語を使うと、死者の世界は地下世界になってしまいます。稗田阿礼は死後の世界を水平線上にある国とイメージしていたのに、太安万侶によって地下に追いやられてしまったのです。

また、稗田阿礼が「しぬ」と言った言葉に太安万侶は「死」という漢字を当てましたが、これも非常に変なのです。

永続的な「死」ではない、古代日本の「しぬ」

漢字には、当時の中国語読みである「音」と、そしてそれを日本語で読んだ「訓」があります。だから、もともと日本になかった概念を表す漢字には音しかない。そして、音しかない語を動詞にする場合はサ変動詞にするのが常です。例えば「感ず」「信ず」「愛す」など。「信ず」ということは「ここにないものをあると思うこと」です。神様が実際に見えていた、かつての日本人にとっては「信じる」必要なんてなかったんです。

「死」に話を戻しますと、「死」も音しかない漢字です。ですからその動詞は「死す」であり、「死ぬ」にはならない。「しぬ」と「死す」は本来別の言葉。それなのに「死」という漢字を当てるのは、本当は変なのです。

日本にはもともと「しぬ」という言葉がありました。ただ、これは「死」とは違う。「死」という漢字は骨の象形と跪《ひざまず》いて拝んでいる人の象形を合わせて作られていますから、永続的な死を意味します。しかし、「しぬ」はそうではない。「しぬ」の未然形は「しな」であり、これは水分が抜けて〝しなしな〟になることを意味しています。その反対は活発な生命活動を意味する「いく（生く）」で、これが表すのは水分をたっぷり吸って〝いきいき〟とした状態のことです。

すなわち、日本人にとって「しぬ」というのはあくまで一時的な死のこと。「しぬ」という状態になっても、例えば誰か別の人の中に入ってもう一度生まれ変わったり、あるいは神になったりする。そう思っていたんですね。

お盆に表れる日本人の死生観

日本人の死生観の分かりやすい例にお盆があります。中国から仏教が入ってきたのは6世紀のことですが、中国ではお盆というのは「死者を弔う儀式」のこと。でも、日本に入ってきて「死者を呼び出して共に過ごすための儀式」に変わりました。昔の日本人は死者を今よりもっと大事にしていたし、死者の気持ちや思考をないがしろにすると、とんでもないことになるということを分かっていたのではないでしょうか。

ちなみにインドでは基本的に「輪廻から離れる」ことが良いことであるため、輪廻転生といっても人間に生まれるとは限らず、動物など違うものに転生したりしますが、日本人は人間として生まれ変わると考える。それも面白いですね。

これは民俗学者の畑中章宏さんに教えていただいたのですが、かつて柳田國男が訪れ、「古代芸術のふきたまり」と紹介した盆踊りに、長野県下伊那郡阿南町の「新野《にいの》の盆踊り」（国指定重要無形民俗文化財）があります。笛や太鼓を使わず、音頭取りと踊り子の掛け合いだけで三日三晩踊り続けるという非常に珍しいものなのですが、最後の夜になると御《おん》嶽行者《たけぎょうじゃ》の格好をした人たちが行列になってやってきて、新盆の家から持ってきた灯籠を燃やし、霊を成仏させようとします。すると、この行列を円陣のようなものを組んで阻み、踊りをやめるのを拒否する人たちが登場するのです。

これには二説あって、一つは祭りを終わらせたくないからというもの、もう一つは霊を成仏させたくないからというもの。霊は成仏するとあっちの世界に行ってしまうので、これを阻止しようとしている、というんですね。この円陣は、生と死が一直線の矢印でつながっているのではなく、円環的に繫がっていることの象徴である――とするのは、少し考え過ぎかもしれませんが、とても面白いと思います。というのは、この円環的な死生観は、そのまま能の死生観でもあるからなのです。

この世ならざる存在が主人公の「夢幻能」

さて、能は「現在能」と「夢幻能」に二分できます。前者は生きている人だけが登場するものですが、後者の主人公は幽霊や神、精霊などのこの世ならざる存在です。

夢幻能では、最初に旅人が登場します。能では、この役を「ワキ」と呼びます。ワキが名所やいわれのある場所などを訪ねると、主人公である「シテ」が謎の人物として登場し、その土地にまつわる話や身の上話を始めるのですが、この人物は途中で自分が何者であるかをほのめかすと舞台から消え、次に登場するときには幽霊、神、精霊などの、本来の霊的な姿で現れて、舞を舞ってまた消えていきます。

この夢幻能は、能の大成者である世阿弥《ぜあみ》が完成させたもので、この世の中に何かしらの恨みとか念とかを残して亡くなった人の霊を鎮魂して、成仏させるという形態をとっています。ただ、よく考えてみれば、舞台の上でいったん成仏させたはずなのに、再び同じ演目を上演するということは、実際には成仏していないということですよね。つまり、成仏させて終わるという直線的な形式をとってはいるけれど、実はそうではないということなんです。これには理由があって、怨霊的なものは時々呼び出して鎮魂をしないとまた暴れ出す。だから、霊に対して「常に帰ってきていいですよ」ということを保証しなくちゃならない。能というのはこのことで成り立っています。実に円環的なんですね。

「なぜ」がない日本人と能的な世界

能的な世界というのは因果論の存在しない世界です。能において「なぜ」と聞くことは、ほとんど意味がないことかもしれません。

先ほども古事記における漢字の話をしましたが、「故」という字を古事記では「かれ」と読むことが多い。「故」は英語でいうと「because」か「therefore」ですね。ところが古事記においては英語の「and」的な使い方をすることが多いんです。

これを最初に指摘したのは本居宣長で、なぜかこれは「ここにおいて」と読むと指摘するのですが、彼はそれをそんなにも追究しなかった。私は、ここから推測するに、どうも昔の日本人には「because」と「and」の区別がなかったのではないか、そう思うんです。すなわち、こうするとこうなる、という因果論がなかった。因果論がないと「なぜ」がないんです。

そもそも、元から自分たちが持っていた文化に、新しい文化や概念を取り入れる形で進化してきたのが日本人。12月25日にクリスマスを祝い、31日にお寺に行って除夜の鐘をつき、1月1日には神社で初詣する、それを全部取り込めるのが日本人の凄さです。「なぜ」がなく、矛盾を矛盾と思わないんですね。

夢幻能の中では、シテが「かき消すように失せにけり」といっていなくなっては、また現れてくるけれど、誰もこれに疑問を持たない。成仏することと再び生まれ変わることは実は同じなのだ、というのが能の考え方なのです。

世阿弥が書き残した「初心忘るべからず」の真意

では、能において「生きる」ということは何かというと「初心」という言葉がそれを表しているのではないかと思うのです。「初心」の「初」は「衣」と「刀」。もともとは着物を作る際に、布地に最初にハサミを入れることをいいました。すなわち「初心忘るべからず」というのは、変化するためには過去を切り捨てよ、という教えです。

世阿弥は『花鏡《かきょう》』の中で「命には終《おわり》あり、能には果《はて》あるべからず」と書いていますが、これは、「客観的な視点で見て人の命には終わりがあるが、能をやっている自分には果てがない」ということ。能楽師にとっては能をしている限りは果てがない。そこで、必要となってくるのが「初心」なんですね。何歳になっても自分を「初心」で切り、新たな境地を拓いていくこと。身体的に無理をするのではなく、内面を充実させていくよう、年齢相応の稽古を重ねていけば、老木に花が咲くのです。

能を見ることで、死んでしまったかつての自分と再会する

日本の武将たちは能を好みました。その理由の一つに自分で舞うことによって、何度も死者を体験し、死を体に染み込ませ、身に付けていったということもあるのではないかと思います。山本常朝《じょうちょう》の『葉隠《はがくれ》』の中に「武士道は朝な夕な死に習い」という言葉がありますが、これは「毎朝布団の中で自分がどんな風に死んでいくかをイメージすることによって死が身近になる」ということ。今の人が昔の人の死生観、つまり能の死生観を持つと、もっと死に対して気持ちが楽になると思います。

能というのは死者が主人公です。夢幻能では、特に恨みや念を残して亡くなった死者に出てきてもらい、もう一度思いを語ることにより、その残念を晴らしてもらいます。そして、実はこれは実際の死者に限らず、自分の中の死者、つまり、過去に捨ててきてしまった自分についても当てはまるのです。現在の自分を作った最大の功労者たる「私が捨てた私」は、今なお自分の中に死屍累々《ししるいるい》として溜まっている。これらを無視していると、ある時突然目を覚まし、人生を台無しにしてしまうかもしれません。ですから、霊と同様、

「死んでしまったかつての自分」にも時々目を覚ましてもらい、語ってもらうことが大事です。

能を見ていると、ほとんどの人が自分のことを考え始める。忘却の彼方に追いやっていた自分を思い出すからです。最初は大体つまらないことを考えているけれど、だんだん深い部分に入っていって、ついにはかつての自分に再会する。私はこれが能を見るときのとても重要なポイントだと思っています。そして、なぜ能というものが650年も続いているかという理由の一つでもあると思うのです。

本

第4章 死と儀礼と

日本における葬儀の歴史

山田慎也　国立歴史民俗博物館民俗研究系教授

やまだ・しんや
１９６８年、千葉県生まれ。国立歴史民俗博物館研究部民俗研究系教授・副館長。慶応義塾大学法学部法律学科卒業、慶応義塾大学大学院社会学研究科博士課程単位取得満期退学。社会学博士（慶応義塾大学）。国立民族学博物館ＣＯＥ研究員を経て、98年国立歴史民俗博物館民俗研究部助手、２００７年准教授、19年教授、22年より副館長も務める。著書・編著に『現代日本の死と葬儀』（東京大学出版会）、『無縁社会の葬儀と墓　死者との過去・現在・未来』（共編著、吉川弘文館）などがある。

葬送儀礼というのはどんな社会においても太古からあり、その形は社会状況などに合わせて大きく変化しています。日本でも、つい数十年前までは近隣の人々が中心となり、自宅において儀礼を行っていたのに、今では葬儀場で全てを行うのが当たり前になりましたし、さらには葬儀自体を行わない人も出てきました。

私は１９６８年生まれですが、子供の頃はうちの近所でもよくお葬式がありました。普通の家の空間が、人が亡くなった途端に突然祭壇を飾り、非日常の空間になる。普段は滅茶苦茶なことを言っている人が突然神妙な面持ちになり、粛々と葬儀に参加する……そんな定型性を持っているのが葬儀です。

仏式葬儀に影響を及ぼした禅宗『禅苑清規《ぜんねんしんぎ》』

冒頭で述べたように、葬送の歴史は古く、日本列島では既に旧石器時代にわずかながら埋葬行為が行われていました。古墳時代になると、支配層のための巨大な墓が造られるようになり、この頃には、埋葬まで遺体を安置する「殯《もがり》」という儀礼も、数カ月から数年にわたって行われていました。

ところが7世紀になって律令体制が確立、また仏教が浸透してくると、古墳が造られなくなり、火葬も多く行われるようになります。ただ、中世までは、庶民なら家族、貴族などは使用人によって、死者は墓地に埋葬もしくは遺棄され、家族がいない者などはそのまま捨て置かれていました。

死の穢れを嫌うことから、他人は基本的に遺体を触ることはしません。平安時代末期に書かれた『今昔物語』に「隣で遺体が腐っていた」とか「都に遺体が放置されている」などという記述があるのはそういうことです。

平安末期から鎌倉、室町時代と時代が進んでくると、上層の人間、つまり従来は家臣などに火葬や納棺をやらせていた層が、それらの仕事を僧侶に託すようになります。社会事業も行った真言律宗《しんごんりっしゅう》や、踊り念仏で知られる時宗《じしゅう》などがそのはしりです。また、禅宗では、中国の禅宗の僧侶が死去したときに行う葬儀の形式を一般の在家に応用し始めるようになりました。そのテキストとなったのが禅宗の規則書である『禅苑清規』で、これが現在の仏式葬儀に大きな影響を及ぼしています。

仏式葬儀の発展と神道による葬儀の登場

葬儀というのは、亡くなった者の遺体を葬列を組んで墓に持っていくプロセスに「あの世に旅立つための行為」という意味付けをして、それぞれの儀礼を行うこと。その中心には、亡くなった人を仏の弟子にする、つまり戒名を付けてあの世に送り出すことがあります。禅宗から始まったこうした葬儀のやり方が豊かな農民層に広がっていくのは、戦国時代の後期頃からでした。そして、しばらく経つと、禅宗以外の宗派でもそれぞれの教えに合った葬儀の形が求められるようになっていきます。

例えば浄土真宗では、阿弥陀如来が救済を約束していますから、亡くなった人に戒を授け修行をさせる必要はないため、戒名ではなく法名を付けますし、仏道に導く引導もありません。日蓮宗は、引導はありますが「法華経を信じれば戒名はいらない」という立場。こうして宗派ごとの個性は際立ち始めたものの、「死ぬときには仏になってあの世に送られる」という共通した考え方は、徐々に一般の人にも理解されるようになっていきました。

江戸時代にはキリシタン対策で寺請《てらうけ》制度（檀家制度）が始まり、これによって人々はそれぞれに当てがわれた菩提寺で葬儀を行うようになります。一方、江戸中期以降に国学が発達したこともあり、神官たちは儒教の葬儀のやり方をモデルにした神道独自の葬儀、「神葬祭」を求めるようになりました。当時の仏式の葬儀では男女ともに納棺前に剃髪しなければなりませんでしたが、これは神官などにとっては認めることのできないものだったからです。

その後、幕府は、全国の神社を支配下に置く吉田家に認められた神職とその嫡子に限って、神葬祭を行うことを許可しました。結局、このことが幕末の神葬祭を求める運動に結びつき、これが明治時代の神仏分離につながる大きな力となりました。

葬儀の肥大化を経て誕生した新スタイル「自宅告別式」

明治時代になると、政府は神道の国教化を目指し、神葬祭を推進しますが、寺での葬儀は廃れませんでした。なぜなら死者供養と仏教とが、密接につながっていたからです。寺と地域社会とは、寺請制度以前の時代にうまく結びつきましたが、明治期になると政府は神葬祭墓地として、現在の都営霊園に当たる青山霊園や染井霊園などを造営します。また、1873（明治6）年には「火葬は仏教葬法であり廃止すべき」という神道派の意向を受け、火葬禁止令を発布しました。

ところが、同じ年に旧朱引内、つまり東京の市街地での土葬も禁止したことから、土葬用墓地の不足などによって混乱が生じたほか、仏教者などからも反発が相次ぎました。結局、火葬禁止令は1年10カ月後には廃止されることとなり、また青山霊園などはほどなくして市民のための共葬墓地へと方向転換されました。ちなみに日本全体で火葬と土葬の割合が逆転したのは意外に遅く、１９４０年代に入ってからのことです。

明治時代における葬儀の大きな変化といえば、葬儀貸物業と人足請負業が一緒になった葬儀社が登場したことでしょう。これにより、葬儀は派手になり、明治後期には庶民も派手な葬列を行うようになっていきます。葬儀の肥大化は「中産階級が一両年に二親を亡くすと家が傾く」といわれるほどでしたが、これは次第にインテリ層を中心とした層からの批判にさらされるようになります。

大正期になると東京などの大都市では葬列自体が廃止され、葬儀当日に寺や斎場に直接向かうようになります。移動には当初は棺車や葬儀馬車を使用していましたが、東京・名古屋・大阪などの都市部では徐々に霊柩自動車が使われるようになりました。これは昭和初期くらいまで続きますが、その頃になると「なぜわざわざ別の場所に移動するのか」という意見が出てきます。そこで登場したのが、自宅で告別式まで全部やってしまおうという、いわゆる「自宅告別式」でした。戦後、日本の葬儀の当たり前の形となっていった自宅告別式は、昭和初期に東京で生まれた、新しいスタイルの葬儀だったのです。

この自宅告別式は意外にも長く続き、1995年の東京都の調査では全体の4割がまだ自宅で告別式を行っていたというデータも残っています。

中江兆民の死の際に行われた日本初の「告別式」

ところで、「告別式」という儀式はどこで生まれたのか。実は告別式というものが初めて行われたのは、唯物論で知られる中江兆民の死に際してのことでした。

1901（明治34）年に喉頭がんで余命1年半と宣告された兆民は『続一年有半 一名無神無霊魂』を著し、神も霊魂も精神活動によるものだから、肉体が滅びた時点でそういうものはなくなるという唯物論的な死生観を表明します。また、自分が死んだら医学の発展のために解剖すること、そして葬儀はせずに火葬のみとすることと書き残しました。しかし、そうはいっても家族や友人にはなかなか納得できないところもあります。そこで彼らは、今でいうところの無宗教のお別れ会のような形で、告別式を執り行うことにしたのです。読経の代わりに追悼演説を、焼香の代わりに棺前告別を行いました。棺前告別とは、棺前での敬礼です。

ただ、兆民の後、こういう無宗教の告別式が一般に普及したかというと、そうではありませんでした。

大正年間になると、従来の葬儀で読経とともに行われていた焼香の部分を切り出して、参列者に随時焼香してもらう「仏式告別式」や、「神式告別式」が誕生します。ただし、これは思想性があるものではなく、あくまで新しさが強調されたものでした。そして、この形は大正末期になって大衆化します。「葬儀では親族や近親者が、告別式では会葬者が焼香を行う」という2部式の葬儀は、いつしか正統な葬儀の形として理解されるようになっていきました。

1939（昭和14）年に第二次世界大戦が勃発すると、国内外で多くの人が亡くなり、戦局が厳しくなるにつれ、それまで行っていたような葬儀はできなくなります。また、戦地や爆撃地などには遺体がそのまま放置される例も多くありました。

共同体関与の終焉と葬儀の個人化

戦後、現行憲法の公布によって、それまでの家制度は法的に廃止されます。ただ、葬儀や埋葬などの場面においては家督相続的な要素が残り、特に地方においてはしばらくの間、村落共同体を中心とした葬儀が行われていました。

一方、戦前期には地主として安定した地位を確保していた寺は、戦後の農地解放で農地を取り上げられ、布施収入に頼らなくてはならなくなります。それでも農村部では折に触れて寺との付き合いがありますから、突然葬儀のお布施が上がることはありませんでしたが、都市部では葬儀のみの付き合いですから、そのときだけでお布施を集めなくてはならない。そこで、戒名に付加価値が付けられていくことになります。戒名のインフレです。

そして、都市部では高度成長期以降、村落共同体の代わりに会社が大きな役割を果たすようになります。社員の家族が亡くなると、会社の総務部が指定の葬祭業者を手配し、参列者も故人や喪主の会社関係者などで増大しました。香典の総額も増えていきましたが、この状態はバブル崩壊で終焉を迎えます。

バブル崩壊を機に会社が社員の家族の葬儀に積極的に関わらなくなったことは、これまでは「やらなくてはならないもの」として認識されていた葬儀が「やらなくてもいいもの」になるという事態を引き起こしました。そこで増えてきたのが小規模の「家族葬」です。

家族の遺体に触れない人が増えている

今の喪主はかつての喪主よりも忙しい。葬儀の際に決めるべきことの選択肢は増え、それを全て喪主一人で判断しなくてはなりません。そう考えると事前準備は必要なはずですが、実際準備している人は多くありません。現代の多くの人々にとって、葬儀について考えること自体が、まだまだタブーであるという側面があります。

遺体に対する感覚もより先鋭化しており、家族の遺体に触れない人が増えています。塩や酒で清めるという儀礼も、現代の忌避感の前では通用しません。塩で清めても遺体への嫌悪感が拭いきれないんです。昔は親戚や隣近所の葬式に参列することが普通でしたので、納棺して死者の顔を見る機会もありました。今ではよほどの近親者でない限り葬儀に行かないため、死後硬直があることや鼻血が出ることなどを全く知らない人が多くいます。2008年の映画『おくりびと』があれほどの評価を受けたのも、遺体を奇麗にするという、我々ができないことをやってくれているプロに対する感動があったからだと思います。

そんなわけで、今の日本人の多くは家族や血縁者に対して「申し訳ない」という感覚を持っています。「葬儀をしてもらって当たり前」ではなく、「なるべく家族に面倒をかけずに死にたい」。ただ、そう思いながら、唯物論的に「死んだら終わり」という思いには至れない人が多いのも事実でしょう。最期には拝んでもらいたいと思う人の気持ちをどこまでくみ取れるかは、現代の死や葬儀にまつわる危うい問題です。

新たな問題を招く葬儀や供養の簡略化

最後にもう一つ、現代の葬儀の抱える問題を挙げておきましょう。それは「死別の悲しみをどう癒すか」ということ。日本ではこれまで、一連の葬送儀礼を行う中で死を受容してきました。それが、２０００年以降に葬儀の簡略化が進み、かつては遺体を一旦は自宅で安置していたのが、通夜の数時間だけ式場で奇麗な遺体と過ごすだけになってしまったことで、本当にその人が亡くなったのか、実感が持てなくなってしまったのです。

生活の変化による葬儀や葬儀後の供養の簡略化は大胆なもので、かつては亡くなった日から数えて７日目に当たる初七日までは、喪家では死者の供養に専念していたのが、葬儀当日に初七日を繰り上げ、さらに１９９０年代以降は、葬儀当日の出棺の前に初七日法要も入れ込んでしまうのが多くなりました。関東では四十九日や百か日などの法要も葬儀当日に納骨と合わせて行うケースもあり、そうなるとお盆まで死者を供養する機会はなくなるわけです。

簡略化によって、大切な人の死からいつまでも抜け出せない人が出てきます。近年では身近な人の死に接して悲嘆（グリーフ）に暮れる人に寄り添い、サポートする「グリーフケア」に注目が集まっていますが、これは自らの死や葬儀を考える「終活」や、家族の看取りの問題などと併せて、多くの人が考えていくべきことかもしれません。

世界のお墓文化

長江曜子
日本葬送文化学会会長

私は100年以上続く石材業の家に生まれました。3歳から日本最大の墓石卸売業者が集まる都営八柱霊園（千葉県松戸市）近くで育ち、1995年からは3代目社長として、研究者との二足の草鞋《わらじ》を履いてきました。研究者としては世界の葬送文化や墓石、霊園行政の研究を35年間行っています。

この分野に興味を持った理由はいろいろありますが、最大の理由は、墓地・霊園というのは絶対に経営破綻してはいけない祭祀《さいし》施設だからです。人間の葬儀を行う場所や火葬場、墓地は、とても大切な施設です。人間は誰しも生まれたら100%死にます。永久に生きる人など誰もいません。人が亡くなった時に必要なのは、ご遺体とご遺骨を尊厳ある存在として丁寧に扱うことです。これはそれぞれの国の品位に関わるものじゃないかと私は考えています。

ながえ・ようこ
1953年、茨城県生まれ。聖徳大学教育学部児童学科教授、日本葬送文化学会会長、株式会社加藤組・石匠あづま家社長、博士（学術）。1920年創業の家業の石材店を経営するかたわら、世界45カ国を回りお墓の比較研究を行う。『21世紀のお墓はこう変わる』（朝日ソノラマ）、『世界のお墓文化紀行』（誠文堂新光社）など著書・共著・監修書多数。

〝お墓大学〟で霊園運営の大切さを再認識

私は〝お墓大学〟を卒業した、初めての日本人です。お墓大学というのはＡＣＡ（全米墓園協会）がメンフィスステート大学で毎年夏に開催し、１週間のコースを4年間通うと卒業となる夏季実務者研修のことで、私は１９８８年～91年に夏休みを利用してこれに参加しました。講師は大学の先生と実務者。このカリキュラムは、非常に重要かつユニークなものでした。私はここで霊園管理・経営とともにメモリアリゼーション（追悼）の大切さを改めて認識しました。

ここで学ぶことになったきっかけは、86年にイタリア、オーストリア、スイス、イギリス、フランスの霊園と火葬場、葬儀場を視察する、ＡＪＣＡ（全日本墓園協会）の研修視察旅行に参加したことでした。国土の狭いヨーロッパで、墓地の使用が永代使用から更新可能な有期限貸し付けという形に変わりつつあった頃のことです。これらの国では、霊園というのはお墓だけではなく火葬場や葬儀場が一体となった葬祭施設、永続性を期待された福祉施設でした。この時に比較文化の見地から追悼の場としての霊園の奥深さに魅了された私は、その後、墓地・霊園の研究にのめり込んでいきました。

お墓大学の1年目に学ぶのはセールスとマーケティング。セールスとはお墓を販売することで、マーケティングは市場調査です。ここで叩き込まれたのは、「デスケア（葬儀や火葬、埋葬などに関するサービスや製品を提供すること）の市場がどういう状況にあるのかを調査もせず、やみくもに霊園の開発計画を立てることなどあり得ない」ということでした。これがアメリカなんだ、と思いました。2年目に学ぶのはアカウンティング（財務会計学）。「使用者から永代使用料を集めたら、その中から平面墓地は10％、立体構築物は20％を積み立てなさい」といったことを学びます。集めたお金を失わないように、きちんと墓地管理基金を作って運用する。そのためには財務管理や経営学を身に付けておかなければいけない。当たり前のことなのですが、日本にはそういうことを教えてくれる場所はありません。

3年目にはランドマネージメントを学びました。これは設計管理です。アメリカの霊園は芝生型がほとんどなので、植栽の選び方や地形に合わせた霊園のデザインなどに気を配ります。新しく霊園を開発する場合、背の高い木は伐採せずシンボルツリーとして活用したり、芝生の種類を季節ごとに変えたりしています。死者と対峙する空間をどう美しく表現するかはとても大切です。そして4年目はグループに分かれてのアクティブ・ラーニング方式で、霊園開発のプランを検討し、プレゼンとコンペを行いました。

この4年間で私が学んだのは、霊園の運営管理、経営です。ＡＣＡは90年になってＩＣＣＦＡ（国際墓地、火葬および葬儀協会）と名前を変えました。ご遺体・ご遺骨がお墓に入る前の段階にある火葬や葬儀の業界ともネットワークを形成することで葬送文化をきちんと守っていこう、という考えの下での変更です。火葬も葬儀も埋葬も、死者をあの世に送るための大切な儀式なのです。

霊廟や納骨堂にもカードを飾るアメリカの墓参

お墓大学に通った4年間、私は下手な英語でノートを取り、朝から晩まで、授業以外の時間も勉強しました。また、受講期間の後にはスーツケースを引いて全米の墓地や葬儀社などを回るということもしました。なぜなら、自分以前にそれらについて学ぶテキストがなかったから。アメリカでは散骨も体験しました。

アメリカで感じたのは、この仕事に従事している人たちが本当に真剣にビジネスとして捉えているということです。アメリカは国土が広く永代使用ですし、どんな墓地を造ってもいいのですが、株式会社も墓地を開発・経営できるため、「破綻しては困る」。だから、ちゃんとした教育システムが出来上がっており、国家や州単位の法律もきちんと制定されています。散骨に関しての法整備も同じです。どこで撒《ま》いてもいいわけではなく、空域や海域も厳格に決まっています。つまり、撒く側の自由もあるけれど、撒かれる側の迷惑も考えておきましょう、ということ。アメリカはその辺りが本当にしっかりしている国なのです。

そして何より驚いたのは、とにかくお墓が美しいということ。アメリカのお墓の多くは足元にある墓標のようなフットストーンと、その上に立てられたヘッドストーン（石碑）で構成されています。90年代の火葬率がわずか15％と土葬が主だったためですが、フットストーンだけのシンプルなお墓であっても、本当に一生懸命きれいにしているのです。皆が大切にしていて、クリスマスにはツリーが美しく飾られています。その時期にニューヨークの霊園を訪れたら、霊廟や納骨堂にもクリスマスカードが貼り付けられていました。アメリカの人は母の日や父の日にも墓参します。日本でもお盆やお正月に墓参しますが、それと同じ。お墓は、愛する人に会いに行く場所なのです。

ヨーロッパでは墓地・霊園は福祉の一環として運営

私はこれまで世界45カ国の墓地・霊園を訪れ、比較研究を行ってきました。それぞれの国や文化によってお墓に違いがありますが、ヨーロッパでは「ゆりかごから墓場まで」という言葉の通り、墓地・霊園は福祉の一環として運営されています。ヨーロッパのお墓の多くは現在、更新可能な有期限貸し付けという形をとっていますが、期限が来て承継者がいない場合、墓石はストックヤードに安置、ご遺骨は取り出して園内の合葬墓に移しています。日本でこのシステムを取り入れているのが千葉県浦安市の墓地公園です。

ヨーロッパでも散骨についてきちんと法整備されています。ドイツには「埋葬権」というものがあり、故人は埋葬されなければならないことになっています。散骨は認められた州ではできるけれど、法律に記載されていないところではできません。フランスは、私が最初に訪れた80年代には「公の道路以外ならどこでも撒いていい」ということになっていましたが、当時は火葬率3％くらいだったのでそれが通用したのです。現在では、どこで散骨したかを出生地に届け出なければならないことになっています。

日本ではお墓というと〝○○家の墓〟という印象がありますが、外国にも家族のお墓はあります。ニューヨークのウッドローン墓地にある、ジュリアード音楽院で知られるジュリアード家のお墓などは、家のように巨大な佇まいで有名です。中にはエンバーミング（防腐措置）を施した代々の家族のご遺体が収蔵してあり、夏にはその前で学生によるコンサートが開かれます。ちなみに、この墓地には野口英世のお墓もあります。

地域の文化により大きく異なるお墓のスタイル

お葬式やお墓には、お国柄やその国の背景などが色濃く出るもの。世界には興味深いお墓がたくさんあります。

(右)インドネシア・スラウェシ島の山間部に住むトラジャ族の岩窟墓に行くと、故人の生前の姿をしたタウタウ人形に見つめられる。遺体はミイラとなって、岩を彫り抜いて作られたリアンと呼ばれる部屋に安置されている。©iStock.com/fbxx
(左)ルーマニア・マラムレシュ地方サプンツァ村の墓地。木製の墓標に故人についての絵と詩が美しく彫られている。1935年頃、村の彫刻家が作製し始め、以後弟子が跡を継いで作り続けているとのこと。©ssizzcraft

インドネシア・スラウェシ島のトラジャ族の岩窟墓では、ミイラとなったご遺体を安置する部屋のそばに、故人の生前の姿に似せた〝タウタウ人形〟が並べられています。その姿は、まるでお参りにきた人に挨拶しているようです。

カラフルで可愛いお墓といえば、ルーマニア・マラムレシュ地方の墓地。木製の墓標には、故人が生前どんな人だったかを示す絵が、詩とともに色鮮やかに描かれています。大酒飲みだったけれどとてもいい人だったよとか、みんなから好かれていたよ、とか。お墓は縁のある人がお参りすることで完成します。そこにご遺体やご遺骨が埋められているだけではないのです。

世界にはお墓のない地域もあります。例えばヒンドゥー教徒が国民の約80%を占めるインドがそうです。ガンジス河岸には何千年も前から火葬場がありますが、ここに運ばれてきたご遺体はガンジスの水で清められ、火で清められ、そしてガンジス川に流されます。これは命の本流に戻るということ。ヒンドゥー教徒はそれゆえ墓を作らないのです。

チベットでは高僧や貴族以外は、墓を必要としない、ハゲタカによる鳥葬（天葬）が一般的です。古都ラサでは、心身分離の儀式が行われたご遺体は山の中腹にある天葬台に運ばれ、天葬師によって解体されます。これは、聖鳥であるハゲタカによって食べられることで一瞬でも早く天に魂が上りますように、ということです。

世界で共通するお墓のあれこれ

珍しい葬法といえば、インドネシア・バリ島のトゥルニャン村は風葬で有名です。ここでは竹ひごでできた小さな家のようなものの中に、伝統の布地バティックで巻いたご遺体を置いておきます。ここに置けるのは最大11体。満杯になり、新しいご遺体が来たら、一番古いご遺体を解体し、頭蓋骨と大腿骨を墓地の祭壇に並べます。これが意味するのは「勇者の骨が村を守る」ということ。

実はチリ領イースター島のモアイも同じです。モアイ像は1カ所のものを除いて、全て村の方に向いています。モアイ像の立て直しプロジェクトの現場を訪れた時、像の土台に穴が空いているので「何が入っているのですか？」と尋ねたら、「勇者の骨です」との答えでした。モアイはお墓でもあったのです。

大きなお墓といえば、アンコール・ワット（カンボジア）もタージ・マハル（インド）も、はたまたエジプトのピラミッドもそう。ブッダも荼毘に付された後、その仏舎利は8つに

(右)バリ島北東部にあるトゥルニャン村では風葬の習慣が残っており、遺体は竹製の囲いの中にしばらく安置された後、やがて解体され、頭蓋骨と大腿骨のみ石の祭壇に並べられる。
©iStock.com/JudyDillon
(左)米アーリントン国立墓地内のジョン・F・ケネディの墓。左の石碑プレートにケネディ、右のプレートにはジャクリーン夫人の名が刻まれており、ケネディの葬儀時にジャクリーンが点火した「永遠の炎」が消えることなく燃え続けている。この国立墓地は、首都ワシントンD.C.からポトマック川を渡ってすぐのバージニア州アーリントンにある。

分けられ、インド各地に建てられたストゥーパ(塔)に納められました。これが日本の五輪塔、卒塔婆の元になっているともいわれています。その簡略形が、江戸時代から主流化した和型墓石です。

メモリアリゼーション(追悼)という行為は人間にしかありません。解剖学者である養老孟司さんは「人間だけがお墓を作る」とし、哀悼こそが文化行為であると述べています。世界中、あらゆる文化圏の人たちがお墓を必要とするのはなぜかというと、死を穢れと考えると同時に、ご遺体を埋葬してあげたいと思う気持ちがあるからでしょう。面白いことに、お墓に花を手向けるという行為も世界共通です。

ギリシャのアテネ第一墓地近くの花屋では、日本の花輪のような白い花のリースを売っていたりしますし、イタリアの墓地で売っている生花の定番は日本と同じく菊であったりします。ドイツやオーストリアの墓地では切り花ではなく花を植えたプランターを売っていて、水やりのためのジョウロも置いてあります。世界遺産に登録されているスウェーデンの共同墓地、スコーグスシュルコゴーデン（森の墓地）付近の花屋では、プランターの花とフード付きのろうそくが売られていました。

ちなみに、7万年前のネアンデルタール人のお墓から発掘されたお骨にも、埋葬時に手向けられていたと思われる花の花粉がついていたといわれています。

ジャクリーンの熱意で実現したジョン・F・ケネディの墓

世界中でお墓を見てきた私ですが、中には定点観測的に見続けてきたお墓もあります。その一つが、第35代アメリカ合衆国大統領ジョン・F・ケネディのお墓です。私が小学生の頃、アメリカを仕事で回ってきた母方の養祖父が、現地で撮った写真をスライドにして見せてくれたことがありました。その中にケネディのお墓の写真があり、それを見た私は「これは必ず見に行かなければ」と決意し、その後、何度も足を運んでいます。

ケネディのお墓を建てたのは妻だったジャクリーンです。彼女は戦略家なので、「夫を歴史に残さなければ」という強い意志のもと、アーリントンハウスを望む墓地の一等地に墓を用意しました。

私が最初に訪れた時、敷地内にはケネディのほかに、彼とジャクリーンとの間の死産した娘と生後数日で亡くなった息子が眠っていました。94年にジャクリーンが亡くなると、彼女もケネディの隣に埋葬されました。彼らのお墓の前の広場の壁には、ケネディの演説が彫ってあります。また、近くには小さな白い十字架が印象的なロバート・ケネディのお墓もあります。

日本のお墓で定点観測しているのは夏目漱石や太宰治、岡本太郎のお墓です。非常に面白いので、ぜひ一度足を運んでみてください。

いろいろと見続けてきて思うのは、お墓というのは物ではない、残された人の愛情の表現だということ。葬送は、人間しかしない文化行為であり、お墓も人間しか創りません。どんなに小さくとも、お参りして手を合わせ、故人を思い、ありがとうと言える追悼の空間を持つことは、私たちが人間という有限な生を生きている証でもあるといえます。

現代日本のお墓事情

小谷みどり　シニア生活文化研究所 代表理事

お墓やお葬式というのは、死んでしまった人のためというよりは、残された人のためのもの。近年、お墓のサイズが小さくなり、お葬式が簡素化しているのは、現代の日本人から見栄や世間体というものがなくなってきていることと密接につながっています。バブル時代に派手で壮大なお葬式がたくさんありましたが、あれは「この家はお葬式にすごくお金を出したんだよ」と思われたい人が多かったから。お墓参りも同じで、近所の人に「お彼岸なのに、あの家だけお花が供えられていないわ」などと思われたくなくてやっていた人もいたわけです。お墓の変化にも、お墓に対する思い込みや偏見、呪縛から解かれ、時代に合ったお墓像を人々が考え始めたことが影響しています。

こたに・みどり
1969年、大阪府生まれ。奈良女子大学大学院修士課程修了。第一生命経済研究所主席研究員を経て、2019年よりシニア生活文化研究所代表理事。博士(人間科学)。専門は生活設計論、死生学、葬送問題。国内外の墓地や葬送の現場を歩き、大学で生活経営学や死生学を教えている。『〈ひとり死〉時代のお葬式とお墓』(岩波新書)、『ひとり終活』(小学館新書)、『没イチ パートナーを亡くしてからの生き方』(新潮社)など著書多数。
写真＝小谷みどり

「先祖代々の墓」は単なる思い込み

講演会などで「今日死んで入るお墓はありますか?」と尋ねると、自分や夫が長男ではないからと手を挙げない人も多いのですが、長男だけが墓を継承できるというのは家督相続の概念、つまり明治民法の呪縛です。今では相続財産がどの子供にも平等に分けられるようになったことはみんな知っていますよね。なのに、なぜかお墓の話だけ明治民法の時代にワープしてしまうのです。

冷静に考えてみましょう。全国的に墓石の下に納骨するようになったのは、そう昔のことではありません。昭和40年代でも4、5人に一人は土葬でした。土葬ですから、お墓も一人一つ。「何々家之墓」という墓に入っているのは、都会では家族3代、田舎では火葬化が遅かったのでまだ1代くらいです。なのに「先祖代々の墓」だと思い込んでしまっているのです。四十九日の納骨も、土葬時代にはなかったこと。本来、仏教的には何の意味もない法事なのです。

最近は「どんなお墓に入りたいですか?」と女性たちに聞くと、「死んだ後のことはどうでもいい」という人がとても多い。4、5人に一人は「お墓にも入りたくない」と答えます。

エンディングノートが売れていることもあって、世の中では「終活」ブームだといわれていますが、実際にエンディングノートに詳細を書き込むなど、終活を実践している人ははっきり言って少数です。葬式の準備も同様で、「自分の葬式の祭壇の花を何にするか」などにこだわる人はほとんどいません。妻よりも先に死ぬことが多い男性の場合はなおさらそうですね。

お墓についても、生家を捨てて夫の家に入り、婚家の親を本当の親と思う、なんていう人は少なくなりましたから、実家のお墓に入る女性も増えています。以前はこれも、見栄や世間体があってできなかったことです。面白いことに、20年くらい前にも「主人と同じ墓に入りたくない」という女性はすごく多かった。夫が死ぬまでは我慢したんだから、死んだ後くらいは自由にしたいと願ったんですね。でも、今では夫が定年退職したのを機に別れてしまうので、その問題は解決してしまいました。

日本人に先祖意識はない

昔の日本では人が死ぬと捨てていました。芥川龍之介の『羅生門』にもあるように、遺体を捨てる場所が決められていて、そこでは遺体が異臭を放ち、蛆虫《うじ》が湧いていた。「村八分」という言葉がありますが、十のうちの残りの二分、絶交から除外されていたのは、葬式と火事だったそうです。どれほどの嫌われ者の遺体でも、異臭を放ったり疫病の原因になったりしたら困るので、そのままにはしておけません。それに、死霊が取り憑いて悪さをしたら大変ですからね。

土葬の時代の人たちは死人が起きてきたら怖いと考えていたので、遺体はバキバキに骨を折って縄で縛ってから棺桶に入れ、釘まで打っていました。ですから、日本人は昔からお骨を大事にしていた、というのも単なる思い込みです。自分の大切な人の遺骨を気持ち悪いと思わなくなったのは、火葬するようになって以降のこと。それでも、大切に思う遺骨は大切な人のものだけであって、疎遠だった親族の遺骨などに思い入れはないのではないでしょうか。

近年、コインロッカーやゴミ箱、電車の網棚などにお骨が置き去りにされるような出来事も増えています。事情はいろいろあるでしょうが、肉親のお骨をそんなところに置いて行くというのは、やはり死んだ人に思い入れがないからではないかと思います。もちろん、死者との関係性が希薄な例は昔からありましたが、見栄や世間体のためにそれを表に出せなかった。その箍《たが》が今は外れてしまいました。

また、日本人に先祖意識などはありません。私も何回か調査をしていますが、知っている先祖なんてせいぜい祖父母の代くらい。見たこともない高祖父母に手を合わせても、そこに意味はないんです。「ご先祖様が見守ってくれる」と仏壇に手を合わせるときは、自分の知っている人のことを考えているわけですから、先祖祭祀ではなく個人祭祀なんです。

放置される無縁墓

さて、現代のお墓にはさまざまな問題があります。一番大きいのは、年々増える「無縁墓」の問題です。継承者や縁故者がいなくなり、墓が無縁墓になると、墓地の運営者が一定期間の後に墓石を撤去することができるのですが、ほとんどの場合はそのままになっています。もちろん、大都市の公営墓地などの場合は、新たに墓を建てたい住民が少なくないため、改葬手続きをして墓石を撤去し、次の人が利用できるようにします。しかし、過疎の自治体には税金を投入してまでスクラップにするメリットはありません。墓石の撤去などの再整備には一基あたり30万〜40万円の費用がかかる上、年間管理を滞納している使用者や親族の所在確認などには手間も時間もかかるのです。

空き家の場合は、倒壊の危険を孕《はら》んでいたり、火災の原因になったり、衛生上の悪影響があったりするので、喫緊の対策を取らなくてはならないことが多いのですが、お墓はそのままでも特に問題はありません。そのままにしておく自治体が多いのも無理はないでしょう。

兵庫県淡路島の山中に不法投棄された墓石の山。

お寺や民間霊園の場合も同じで、無縁墓を片付けるとなれば自腹で行わなければならず、墓石の行き場もありません。昔は廃棄物処理業者が砂利にして再利用することも多かったのですが、破砕には手間とお金がかかるので、不法投棄する業者が出てきました。もともと墓石というのは非常に高価なものですが、破砕せずにそのまま墓石として再利用することは「気持ちが悪い」と嫌がられますから、それもできないのです。

行旅死亡人が自治体の負担に

また、縁故者がいたとしても、お墓の面倒を見られるとは限りません。生まれ育った地域で一生を終えるという人が減ってきたことで、先祖の墓と縁遠くなる人は増える一方です。もし「年に1度は墓参りに行きたいな」という気持ちを持っていたとしても、交通費や宿泊費が掛かるし、年を取れば墓石掃除や草むしりも負担になってきます。近年、ふるさと納税にお墓掃除代行の返礼品がたくさん出て人気を集めているのには、こういう背景があるのです。

墓以前の問題として、遺体の引き取り手がない人をどうするかということもあります。亡くなったときに本人の氏名または本籍地・住所などが不明で、遺体の引き取り手が存在しない「行旅《こうりょ》死亡人」の場合、遺体が発見された場所の自治体が火葬して、遺骨をどこかに安置する決まりになっています。その数は増加の一途をたどるばかりです。相続人が現れない限り、火葬料金は市町村が立て替え、都道府県に弁済を請求することになるのですが、この額も決して少ないものではなく、自治体の財政を圧迫しています。

増えてきた新しい慰霊の形

そのような社会状況の下、後の世代に負担を掛けない、新しいお墓や慰霊の形を望む人も増えています。最近では、ビルの中にあって、カードをかざすとエレベーターのようなもので遺骨が運ばれてきてお参りできるような、自動搬送型の納骨堂を望む人も多くいます。掃除をしなくてもよくて駅近にあるビル型納骨堂には、遺族が高齢化する今、意外に高いニーズがあるのです。

境内の一角に納骨堂を建てるお寺も増えています。厚生労働省の「衛生行政報告例」によれば、東京都の納骨堂はこの10年間だけでも約2割増加、2022年末の時点で452施設があります。一方で、墓地は減少傾向です。これは、東京のような大都市では用地の確保が難しいことや、用地の候補があっても地域住民からの反対運動が起き

自動搬送型の納骨堂。

やすいこと、それに納骨堂に比べ建設コストが高いということが理由として挙げられます。また、大阪には宗派を問わず納骨を受け、10年分の骨をまとめて「お骨仏《こつぼとけ》」（遺骨で造られる阿弥陀如来像）を造立している一心寺という有名なお寺があり、自分のお墓が無縁墓になることを心配して悩むよりも断然いいと、こちらも大変な人気を集めています。同様のお寺は全国に十数カ寺存在しています。

遺骨を身近に置く手元供養

これは遺族側の話になりますが、愛する人の遺骨はお墓やお寺などに納めて供養するのではなく、自分の手元に置いておきたいと考える人もいます。骨壺に入れてそのまま自宅に安置している人もいますし、最近では「手元供養」として遺骨の一部を加工し、ペンダントや指輪などにして身に着けている人もいます。骨をパウダー状に粉砕して、小さな容器やペンダントに入れたり、遺骨に含まれる炭素に圧力をかけて固定し、人造ダイヤモンドに加工したり。後者は海外の会社が行っているサービスですが、日本にも代理店があります。50万円～２００万円程度と安価ではありませんが、遠くのお墓に年１回お参りに行くよりも、常に故人の存在を感じていられる点が好評のようです。

遺骨を粉砕するのは欧米では一般的ですが、日本では粉砕機を設置した火葬場は限られているので、葬儀社経由か直接、業者に委託して粉砕してもらうことになります。これは散骨の場合も同じです。

ちなみに、法律では「人骨を墓地以外のところに埋めてはいけない」と規定されています。庭がいくら広くても人骨を埋めることはできません。しかし、地上に置いておく分にはどんな形でも構いませんし、家の中で保管することも問題ありません。医師に死亡診断書を書いてもらい、それと死亡届を役所に提出し、火葬または埋葬の許可証を受け取れば、勝手に墓地以外のところに埋めるなどしない限り、その後の形は残された人の自由なのです。

生前の申し込みが多い樹木葬墓地

世の中が核家族化しているのに、子々孫々での継承を前提としてきた旧来の墓の形を維持するのには無理があります。家族のいない人にも友達はいますから、家族や血縁を超えた人や親しい友達同士でお墓に入りたいと考える人のための「共同墓」も増えています。また、同じく家族でない、見ず知らずの人との合葬となるものの、近年高い人気を誇っているのが、樹木の下に直接納骨するタイプの「樹木葬墓地」。樹木葬墓地の場合、遺族ではなく本人が生前に希望する例が多いのも特徴です。東京都立小平霊園内の「樹林墓地」

では、2016年度の1600人分の募集に対して10倍の申し込みがありました。

家族以外の墓の形は実は以前から存在していました。例えば、企業によっては社員用の墓や慰霊碑を持っています。最初に企業墓を作ったのは松下電器（現パナソニック）でした。かつては終身雇用が当たり前でしたから、長年苦労を共にした会社の仲間と一緒に祀られたいと考えた人も多かったのでしょう。もちろん、納骨はされていない、いわゆる「参り墓」的なものも多いのですが、今も年に1度くらいは供養祭が行われています。また、消防や警察の場合は、殉職者を祀る慰霊堂や墓地を持っていることが多いですね。

お墓は死者ではなく生きている人のもの

いろいろなところに講演に行くと、一番多く受ける相談は「先祖の墓を今後どうするか」ということ。墓じまいをしたいと思っているが、どうしよう、という人はとても多いのです。墓じまいをするのにはお金もかかりますから、私は「放っておくのが一番です」と答えています。もちろん「ちゃんとしないと化けて出る！」と思う人は墓じまいをするしかないのですが、「生きている間だって年に1、2度会うか会わないかの関係なのに……」と思うのなら、放っておいてもいいと私は思うのです。

お墓というのは死んだ人のものではなくて、残された人、生きている人のもの。死んでも「悲しい」と思ってくれる人がいない人には、お墓は必要ない。ですから、本当はお墓ではなく、死んだ後に思い出してくれる人ができるような生き方を考えることこそが大事なのです。

霊柩車考

町田 忍
庶民文化研究所所長

私が霊柩車に興味を持ったきっかけは今から三十数年前、銭湯の外観写真を撮影中に、たまたま宮型霊柩車が私の後ろを走り抜けていったという出来事にありました。その時に、ファインダーの中の銭湯の唐破風《からはふ》（屋根の妻側の造形の一種。中央部が丸みのある山形になっている）と、霊柩車の後部の唐破風は同じだな、と瞬時に感じたのです。私はその数年前から全国の銭湯巡りをしていましたが、この時以来、銭湯と霊柩車のつながりを強く感じるようになりました。そこで、銭湯だけでなく霊柩車の写真も撮りたくなり、近所の桐ヶ谷斎場に行けば霊柩車が通行しているだろうと思い、喪服を着て出掛けていったところ、思った通りいろいろな霊柩車が停まっていたのです。写真を撮るほどに、詳しく知りたい気持ちがどんどん高まっていきました。

その後、たまたま京都のとある勉強会でご一緒していた井上章一さん（現在、国際日本文

まちだ・しのぶ
１９５０年、東京都生まれ。庶民文化研究所所長。和光大学人文学部芸術学科卒業。警視庁警察官を経て庶民文化研究所を設立。庶民文化・風俗を研究し、執筆活動のほか、映画・ラジオ出演、ドラマの時代考証など多方面で活躍。『Ｔｈｅ霊柩車』（共著、祥伝社）、『戦時広告図鑑』（ＷＡＶＥ出版）、『町田忍の銭湯パラダイス』（山と溪谷社）、『町田忍の懐かしの昭和家電百科』（ウェッジ）など著書多数。

写真＝町田 忍

化研究センター所長）が『霊柩車の誕生』（朝日文庫）という本を出されていることを知り、それでは一緒に本を作ろうという話になって平成4（1992）年に連名で発表したのが『The霊柩車』という本です。当時はまだまだ宮型が霊柩車の第一線で活躍していた時代。とはいえ、全盛期は昭和40年代で、本を出した頃には少しずつ宮型比率が減少し始めており、現在ではほとんど見られなくなってしまいました。

宮型霊柩車のルーツは豪華な輿《こし》

宮型霊柩車のルーツは、かつての弔い行列、野辺送りで使われていた輿にあります。土葬の時代には遺族らが棺《ひつぎ》や桶に入れた遺体を担いで墓地まで運んでいましたが、裕福な者の葬列の場合は特別な輿を造っていました。この輿には唐破風の屋根飾りが付いていることが多く、これが宮型霊柩車につながったと考えられます。明治期には大八車を神輿《みこし》風に装飾した棺車も登場。この輿の部分を自動車に固定させたのが宮型霊柩車です。

大正時代になると、都市圏では徒歩での野辺送りの葬列が交通渋滞を引き起こすようになり、これを解消するためにも、棺を自動車に載せて運ぼうという動きが出てきます。日本で最初の霊柩車は、大阪の会社駕友《かごとも》がアメリカから輸入したT型フォードを改造して大正6（1917）年に運行した「ビム号」だといわれています。ビム号は宮型ではなく、

(右)初期型霊柩車のうちの一つ。屋根が水平になっている点が興味深い。
写真提供:東礼自動車
(左)茅葺屋根の霊柩車もあった。

屋根は平らで、外側に日本風の花輪を飾っていました。実は20世紀初頭のアメリカにも建築物のような霊柩車があり、日本の葬祭業者たちは当初これを参考にしたのではないかと思われます。なお、アメリカの霊柩車の原型となったのは、イギリス生まれの霊柩馬車です。

「ビム号」のような初期の霊柩車が宮型に変わっていく過渡期に造られたのが、大正11（1922）年に大隈重信の国民葬で使われた霊柩車です。これは車の荷台に豪華な輿を載せたもので、輿には唐破風が付いていていました。ぜいたくなことに使い捨ての輿だったといいますが、この葬儀で霊柩車の存在が一般に知られるようになり、これをヒントにして唐破風付きの宮型霊柩車が造られるようになっていったようです。

昭和に入って全国に広まった宮型霊柩車ブーム

前出の駕友やセガワ（2017年に倒産）といった大阪の会社が製造する霊柩車は大きな評判となり、見学に来た東京の葬儀社、大森自動車が職人を引き抜くほどに。昭和2（1927）年以降には、霊柩車は中京、関西、北陸の各地にも伝播し、それぞれの地域で発達するようになりました。

戦前は輸入の中古車をベースにしたものが多かったのですが、これは国産車がまだまだ未成熟で、宮型の重い納棺室を搭載するのにはシャシーが頑丈な外国車の方が向いていたからです。東京で霊柩車の配車事業を展開する東礼《とうれい》自動車でいうと、今は最上級の宮型霊柩車のベースこそリンカーンですが、それ以外は国産車になっています。

最初の頃、宮型霊柩車の装飾部分を彫っていたのは、おそらく宮造りの職人だったと思われます。素材は欅《けやき》が使われていましたが、重量を軽くするため、次第に桐《きり》で造られるようになりました。また、戦前には茅葺《かやぶき》や檜皮葺《ひわだぶき》の宮型霊柩車もあったようです。しかし、そもそも唐破風を霊柩車に付けたのはなぜか？　それは、唐破風には「ここから先は極楽浄土ですよ」という印としての役割があるからです。神社仏閣や城、銭湯や霊柩車だけでなく、遊郭などにも唐破風が施されているのは、そこが極楽浄土への入り口だからなのです。

ここで、各地で独自発展した宮型霊柩車の特徴について見ていきましょう。

派手な四方破風黄金造りか、シックな白木造りか

まずは関東。唐破風を車の前後だけでなく両脇にも施した「四方破風」の豪華絢爛《けんらん》な宮型霊柩車は、神奈川の霊柩車専門ビルダー、米津工房（２００2年に倒産）が全国に広めたものです。１９５０年代に東礼自動車傘下から独立したこの工房は、高い技術で華やかな宮型霊柩車の数々を造ってきました。有名なものに屋根に飛龍が載った金色の霊柩車がありますが、これは千葉の葬儀社のために造ったもの。大漁や航海の安全などの現世利益を求める漁師の人々は霊柩車も派手にしたいと考えていたことから生まれたようです。

これに対して、京阪地方では白木造りの宮型霊柩車が主流です。造っていたのは、大阪のセガワでした。大正末期に大阪に宮型霊柩車が登場した時には紫檀《したん》や黒檀《こくたん》などを使ったものや、白木に青竹をあしらったものなどの贅沢な霊柩車が多くありましたが、次第に白木が増えていきました。１９６０年代には京都の霊柩車運行会社、京都厚礼《こうれい》自動車でもこれを積極的に導入するようになりました。金ピカの関東型に比べてシックな白木造りは、京都の洗練された美意識に合っていたのかもしれません。ただ、白木造りの場合はメンテナンスが大変で、変色するため半年に一度はカンナで表面を剝《む》かなくてはならず、５〜６回剝いた時に一番見栄えがするように、木彫りの細工は大ぶりなものとなっていました。

名古屋のスチール霊柩車、富山の赤い霊柩車

もちろん、白木造りが関東にないわけではなく、前出の東礼自動車では昭和30年代から白木の宮型霊柩車を造っています。これは昭和30（1955）年に某宗教団体の教祖の葬儀が行われた際、特注の霊柩車を1週間で造らなければならず、宮型部分を塗ったり、飾り立てたりする時間がなかったことがきっかけです。ちなみに、関西に比べて元のボディをカットする部分が少なく、窓より下は通常の乗用車と変わらないのも関東型の特徴の一つですが、これも加工時間があまりなかったこの時の経験が反映されています。関東では京阪のように白木を剝くことはせず、ニスを塗ることで日焼けなどを防いでいるため、細かな彫り飾りが入れられ、白木ながら豪華絢爛な印象を生み出しているのも魅力です。

名古屋型は他の地方と違い、車体の最下部まで改造している他、板金加工で造られたスチール製の宮型であることが特徴です。製造していたのは特殊大型車両の改造で有名な京都の相互車輛（現・相互車体）。名古屋型を所有しているのは名古屋特殊自動車という霊柩車運行会社ですが、ここではなんと80年以上前の黒檀製の宮型も近年まで活躍していました。

金沢の越村葬儀社はかつて、背が高くとにかく豪華な宮型をキャデラックなどのアメ車

に搭載した霊柩車で知られていました。金沢だけに、伝統工芸の粋を尽くした内部空間も特徴でしたが、もう見られなくなってしまいました。

また、かつて同じ北陸の富山では葬儀社のオークスセレモニーセンターが赤い霊柩車を何台も所有していました。昭和53（1978）年に中古の宮型霊柩車の黒い部分を赤く塗ったのが始まりだそうですが、浄土真宗の信者が多い富山では、極楽浄土の色としてすんなり受け入れられたようです。この赤い霊柩車は1992〜2023年にフジテレビ系で放映されていた2時間ドラマ『赤い霊柩車』シリーズでもおなじみになりましたが、ドラマの舞台は京都でした。現在では残念ながら1台も稼働していません。

宮型霊柩車減少の原因は現代人の死への忌避感

冒頭でもお話しした通り、現在では宮型霊柩車が葬送の際に使われることはほとんどなくなりました。これにはいくつかの理由が考えられますが、大きいのは現代日本社会の死を隠蔽する傾向にあると思われます。

昭和39（1964）年の東京オリンピックの頃から、日本では家庭よりも病院で亡くなる人が多くなりました。かつては遺族や近親者などが行っていた湯灌も、今では業者にお任せです。「死を見たくない」という人が増えたからでしょう。宮型霊柩車も死をイメージさせるものを目にしたくないという人が増えた影響により、火葬場への出入りが難しくなってしまいました。

元々田んぼや畑に囲まれた場所にあった火葬場ですが、人口が増えて住宅地がどんどん火葬場に近寄ってきたために、人々の目に触れやすくなっていたということも背景にあります。火葬場には公営のものも多いですから、住民からの苦情を受けて、宮型霊柩車の出入りを禁止する自治体まで出てきたわけです。昔は霊柩車が通ると「親の死に目に会えない」と親指を隠したり、反対に博打をする人たちは「滅多に会えないものに会えたから」と喜んだりしたものですが、それも最近では聞かれなくなりました。

宮型霊柩車が減った理由にはまた、維持管理の手間もあります。車検や点検も大変です。２００１年に「乗用車の外部突起に係る協定規則」が改訂され、新造される宮型の突起物に対しても規制が厳しくなりました。

そんなこともあり、今では宮型霊柩車を造ることができるのは神奈川にあるＪＦＣという会社だけになってしまいました。ここは米津工房の元社員が中心となって立ち上げた会社で、普段は洋型霊柩車やバン型霊柩車を造っています。

洋型霊柩車というのはシンプルなリムジン型の霊柩車のことで、今はこちらを使うのが主流です。さまざまなメーカーが造っていますが、クラシックカー風の改造車で知られる光岡自動車なども、最近は洋型霊柩車にかなり力を入れているようです。

霊柩車のトレンドを反映する著名人の葬儀

日本の天皇で最初に霊柩車を使ったのは昭和天皇でしたが、これは日産プリンスロイヤルを改造した洋型霊柩車でした。また、クリスチャンであった大平正芳元首相が昭和55（1980）年に亡くなった際に使われた霊柩車はキャデラックのストレッチリムジンの洋型霊柩車でしたが、これはアメリカから輸入したものをそのまま使ったといわれています。ちなみに、洋型霊柩車の側面後方に必ずといっていいほど付いているS字形の飾りは、昔の馬車に付いていた折り畳み式の幌の金具の名残りです。

有名人の葬儀はテレビでも放映されるので、私も霊柩車に注目して観てきました。ともに平成元（1989）年の美空ひばりと松田優作の葬儀で使われたのは、最高級のキャデラックの宮型霊柩車でした。一方、平成10（1998）年にX JAPANのHIDEが亡くなった時には洋型霊柩車が使われましたが、これには大きな影響力があったようで、以降、洋型霊柩車の割合は格段に増えていきました。

霊柩車には、宮型と洋型以外のものも登場しています。北海道や東北の一部には大型バスの霊柩車があります。ご遺体とご遺族が一緒に移動できるので、非常に合理的です。車体には特に飾りなどはなく、渋いカラーで塗装されているくらいでしょうか。最近では軽自動車を改造した霊柩車も、地方を中心に増えてきています。サイドカー霊柩車はオートバイ好きの人が亡くなった時に、後ろを仲間たちがついて行くことができるのが魅力ですが、私はその存在をインターネット経由で知りました。その他、面白いものとしては、スモークが出て音楽が流れる霊柩車などもあるようです。

「旅客」ではなく「貨物」？ 霊柩車の法的な区分の謎

霊柩車の役目はご遺体の搬送ですが、法令上は「貨物自動車運送事業法」に基づいた一般貨物自動車運送事業として国土交通大臣から許可を受けた事業者だけが運送を行うことができます。旅客ではなく貨物を運ぶという名目なので、第一種運転免許で運転可能です。

もちろん、ご遺体は物ではありませんから、運転手も神経を使います。霊柩車の稼働は多くても日に2回。楽に思うかもしれませんが、とんでもない。急発進や急停止は厳禁ですし、渋滞していても火葬の時間に遅れることは許されません。また、運転手には事細かなマニュアルがあり、運転中でなくとも煙草などは絶対に吸えません。

霊柩車は、専門の会社がさまざまな葬儀社に霊柩車の配車を行う場合もありますが、葬儀社自身が霊柩車を所有し、ご遺体を自ら火葬場まで運ぶ場合もあります。東京の葬儀社は前者に当たる東礼自動車に配車を頼むことがほとんどですが、地方はそれぞれ自社で持っていることが多く、車体に社名が入っています。

いざ葬儀となった場合には、葬儀社で希望の霊柩車のタイプを選びます。葬儀社が許せば、自分で配車会社に連絡し手配することができる場合もあります。2022年にうちの母が亡くなった時には、東礼自動車に直接電話して、最高級のリンカーンの宮型霊柩車を頼み、菩提寺から桐ヶ谷斎場まで運んでもらいました。

前出の東礼自動車担当者によると、最近は直葬といって、通夜や葬儀・告別式を行わず、直接火葬場でお別れを行うことも増え、その場合、霊柩車は必要ありません。とはいえ、霊柩車で運ぶのは現代における野辺送りの儀式ですから、ちゃんとした葬儀社だと火葬場の周りを一周することもあります。私も、そうした儀式としての部分を忘れずに、大切にしてほしいと思っています。

エアハース・インターナショナルの精神と品質を象徴したシンボル“Angel Freight”。
写真＝北川 泉

第5章 身近な人を葬る

——死の考現学

在宅看取りの実際

小笠原文雄
日本在宅ホスピス協会会長

おがさわら・ぶんゆう
1948年、岐阜県生まれ。医学博士、小笠原内科・岐阜在宅ケアクリニック院長、岐阜大学医学部客員臨床系教授。73年、名古屋大学医学部卒業。89年、岐阜市内に開院。以来、在宅看取りを2000人以上経験。著書に『なんとめでたいご臨終』『最期まで家で笑って生きたいあなたへ なんとめでたいご臨終2』(ともに小学館)、『大往生のコツ ほどよくわがままに生きる』(アスコム)などがある。

今、日本では8割くらいの人が医療機関で死を迎えています。これは国際的に見ても非常に高く、自宅で亡くなる人の割合はなかなか上がりません。とはいえ本心では、「最期まで自宅で暮らしたい」「死ぬときは自宅で」と願っている人は多い。自宅で療養しながら、必要とあれば医療機関などを利用したいと思っている人まで合わせると、約6割の人が在宅医療を希望しています。

多くの人々が在宅医療を諦める理由には「ひとり暮らしだから」「家族に迷惑がかかるから」「お願いできる医療機関がないから」など、さまざまなものがあります。しかし実際には、介護保険制度ができたことや、在宅医療の質が向上したことによって、ひとり暮らしの患者さんでも、最期まで在宅医療を受けることは可能です。痛みに苦しむ末期がんの患者さんであっても、適切な在宅ホスピス緩和ケアによって、満足のいく最期を迎えることができます。それだけでなく、余命宣告を受けた患者さんが入院生活をやめて在宅ホスピス緩和ケアに切り替えると、約3割の人は延命しています。本当は早く退院することこそが、笑顔で最期を迎えるコツなんです。

末期患者が苦しむ医療行為

私が岐阜市内に開院したのは1989年。それ以前は名古屋大学医学部附属病院の循環器内科などにいました。実は私は9歳で得度した僧侶でもあるのですが、名古屋大学では医療の現場に宗教を持ち込まない方がよいと感じていたので、当時はそれを隠していました。

病院にとって、死は敗北です。とにかく一日でも長生きさせるために手厚い治療を施すことが医師の仕事だと思っていました。がんの末期の人が倒れた場合でも、救急車で運ばれてきたら人工呼吸器を付けて心臓マッサージをします。救急救命措置を取らなければ、裁判になったときに負けてしまうのではないかと不安だからです。でも、心臓マッサージをすれば高齢者なら肋骨が折れてしまいます。運良く一命を取り留めても、その後の暮らしは寝たきり。治療を受ける中で苦しんで亡くなる患者さんたちを見るにつけ、いつしか私は「とにかく生きていてほしいという家族のご機嫌を取るために、無抵抗な患者を苦しめ続けているのではないか」と感じるようになったのです。

私が開業したのは、目を悪くして病院での激しい勤務ができなくなったことが大きな理由でした。だから、熱意を持って在宅医療に取り組んだわけではありません。今のような活動のきっかけとなったのは、私の著書『なんとめでたいご臨終』の序章でも取り上げた、丹羽さん（72歳）という患者さんと、その奥さんとの出会いでした。丹羽さんは末期がんでしたが、釣りが好きで、私の家族と一緒に長良川に釣りに行ったこともあります。

楽しかった釣りの2カ月後、寝たきりになった丹羽さんの往診を終えると、奥さんから「明日、旅に出るから、いつもの靴と鞄を用意してくれ」と前日に丹羽さんから頼まれたのだと聞かされました。私は「えっ、丹羽さん今日死ぬつもりなの？」と驚きましたが、クリニックに戻った2時間後に、奥さんから丹羽さんが旅立ったと電話がありました。「すぐ往診します」と言いましたが、なんと奥さんは「主人はもう旅立ったのよ。二人で最期のときを楽しみたいの」と言う。そこで診療が終わってから伺ったのですが、驚いたことに丹羽さんはとても穏やかな微笑みを浮かべていました。しかも、奥さんも笑顔。

勤務医だった頃に数百人を看取り、「死ぬときは苦しいのが当たり前」であり、ご遺族には「ご愁傷さま」と声を掛けるものだと思ってきた私は、カルチャーショックを受けました。そこから、私は在宅医療、そして在宅ホスピス緩和ケアに真摯に取り組むようになったのです。

在宅ホスピス緩和ケアは、ぴんぴんころりと旅立ってもらうため

在宅ホスピス緩和ケアとは、患者さんが過ごしたい場所で彼らの痛みを取り、笑顔で長生き、ぴんぴんころりと旅立ってもらうためのケアです。痛みや苦しみの緩和には、モルヒネなどの痛み止めを投与したり、睡眠薬の力を借りて、夜は眠り朝には目覚める「夜間セデーション」を行ったりします。在宅ホスピス緩和ケアには医師・訪問看護師・薬剤師・介護職・ケアマネジャーなどがチームで当たりますが、そのキーパーソンとなるのがトータルヘルスプランナー（ＴＨＰ）です。

ＴＨＰは私が会長を務める日本在宅ホスピス協会や名古屋大学医学部保健学科が認定している資格です。医療・看護・介護・福祉・保健にある程度精通している看護師や医療ソーシャルワーカーなどで、認定施設で研修を受けた人がなることができます。山梨県看護協会が出しているトータル・サポート・マネジャーなども同様です。国家資格ではないため、まだその数は少ないのが現状ですが、徐々に人材育成は進んでいます。私に言わせれば、ＴＨＰ一人にはドクター一人と同じくらいの価値がある。私は遠方の患者さんを地域の医師と連携して診ることもありますが、そんな時もＴＨＰがいれば安心です。在宅ホスピス緩和ケアでは、このＴＨＰが中心となって、アドバンス・ケア・プランニング

（ＡＣＰ、人生会議）をするとうまくいきます。

多業種のチームワークで作るアドバンス・ケア・プランニング

ＡＣＰというのは「自らが望む人生の最終段階における医療・ケアについて、前もって考え、医療・ケアチームなどと繰り返し話し合い、共有する取り組み」のこと。誰もが〝なんとめでたいご臨終〟をかなえられる日本にするためには、ＡＣＰとともに、地域全体で緩和ケアを推進するための施策を打つこと、それと医師の責任でケアチームのスキルをアップさせることが不可欠となります。

ここでスキルと言いましたが、私は多くの医師や看護師には患者の痛みを取るスキルをさらに高めてほしいと思っています。大学病院などでは終末期の患者さんに対し、死ぬまで意識をなくす鎮静剤を投与する鎮静法、医療用語で「持続的深い鎮静」を行うことが多くなっています。それが在宅医療の現場にも広がりつつあるのが恐ろしいです。持続的深い鎮静は、「殺行為」である安楽死との境界が曖昧なもので、さまざまな議論がありますが、私は「抜かずの宝刀」だと考えています。

16年1月のＮＨＫ『クローズアップ現代』の特集「〝最期のとき〟をどう決める～〝終末期鎮静〟めぐる葛藤～」は、持続的深い鎮静が患者にとって本当に幸せな最期なのか、家族を楽にするものなのかを問う内容で、放映後に大いに話題となりました。私もコメンテーターとして出演し、私の患者さんでもあった岡佐和子さん（73歳）の密着取材の様子も紹介されました。岡さんは持続的深い鎮静をせず、夜は眠り、朝は目覚める「天下の宝刀」である「夜間セデーション」を使う在宅ホスピス緩和ケアをしたことで、QOD（クオリティ・オブ・デス、死に方の質）が高い旅立ちができた方です。

人と人との触れ合いにより「無から有」が生まれる

私が言うケアには2つあります。1つは「介護」というケア。ケアワーカーが食事を作ったり、食べさせたり、下の世話をしたりといった行為としてのケアです。もう1つが、人と人とが関わることであたたかいもの、生きる力や希望が生まれてくるという意味でのケア。そういう意味では医師も、看護師も、ヘルパーさんもケアワーカーです。ケアワーカーと患者さんとが関わることで、無から有が生まれるんです。反対に、それが生まれなかったら、ケアは失敗といえます。科学というのは「無から有は生み出せない」という性質のものだから、大病院の医師たちはケアが苦手なのかもしれません。

大病院の医師たちは人よりデータを見て診断をしているようです。だから、本来は大した病気ではない患者が病人にされてしまうこともあります。彼らは本当に難しいことまで知っていますが、一方で人間・生活を知らない。興味がないんです。論文を書くには統計学的に優位さを出さないといけないですしね。医学博士になるのに論文が必要ですが、論文を裏付けるものを「本人の笑顔です」とは書けないですから。

先日、相談外来にいらした新規の患者さん（67歳）も、副腎皮質刺激ホルモン（ＡＣＴＨ）単独欠損症という病気で長年病院通いをされている方です。「息切れがひどくてつらい」そうで、実際、診察室に入って来たその姿を見て、最初私は「肺がんの末期かな」と思ったほどです。話を聞くと「病院では、ヘモグロビン値が９ｇ／dℓくらい（基準値13～16ｇ／dℓ）だから貧血が原因です、と言われた」と。でも、私に言わせれば９ｇ／dℓもあったら、慣れてくれれば走らない限り息切れしません。もっと低くても歩いてやってくる患者さんはざらにいます。データによる診断が病気をつくってしまっているのです。

体は不安を感知してしまうと苦しくなります。だから、本当だったら医師もケアしなくちゃいけない。数字だけで病気を診断してはいけないんです。人間のいのちはデータではなく、こころによって支配されているところもあるのですから。

もちろん、病院にも良いところはあります。例えば、緊急手術をすれば助かるような場合。こればかりは在宅医療だと助かりません。良いところは使って、良くないところは使わないようにすればいいんです。

在宅ホスピス緩和ケアで本当の意味での「安楽な死」を

2017年、脚本家の橋田壽賀子さんと対談しました。彼女は『安楽死で死なせて下さい』という本を出して、とにかく死ぬときは安楽死で死にたいのだと言っていました。彼女は当時92歳で、痛みの中で死ぬのは嫌だ、家族もいないし他人に迷惑はかけられない、日本でも安楽死を認めてほしいと話していました。だから、「安楽死というのは安楽には死ねない死に方ですよ」と言ったんです。彼女が望む安楽死は、医師に殺人行為、自殺幇《ほう》助《じょ》を行わせることですから。そして、「臨終」の2文字を使った四字熟語の話をしました。「臨壽終時」「臨命終時」という2つの言葉を並べ、「壽」「命」の字を赤で書いたんです。この2つは共に、死に臨むときを意味する言葉。「〝壽〟と〝命〟には共に〝いのち〟という意味がある。あなたの思っているのは〝命〟の方だよね。仏教用語に帰命という言葉があるように、仏様の元に帰るいのちのこと。でも〝壽〟の方は、目に見えない、形もない、重さもない、匂いもない、量もない、そんな無量のいのち、つまり永遠のいのちのことを指すんです。あなたが死んだ後、たとえあなたの顔を忘れても、手掛けた作品の中にあなたは永遠に生き続ける。そういうことが、あなたの名前にある〝壽〟という字には込められているんですよ。そんな〝壽〟を名前に付けてくれた名付け親の気持ちを考えたことはありますか」と話しました。そしたら、「92年も生きてきて、私の名前の由来について教えてくれた人は初めてだ。ありがとう。先生、主治医になってください」と言ってくれました。その後、彼女は安楽死論者であることを撤回されたようです。

いのちというのは不思議なもので、独居の人でも大抵は誰かがいるときに亡くなるんですね。私も数多くの独居の患者さんを看取ってきましたが、ほとんどの人がそう。一方で、ひとりのときに死にたいと希望を持っていた人はそれがかなっています。そういう例をたくさん見ると、「死ぬときを選ぶいのちの不思議」を感じざるを得ません。

看取る家族も笑顔でピース、〝なんとめでたいご臨終〟

さて、皆さんが〝なんとめでたいご臨終〟を迎えられるかどうかは、こころを込めた看取りまで支えてくれる在宅ホスピス緩和ケアチームを見つけられるか、見つけられないかにかかっています。余命が限られた場合に在宅医療を受けたいのであれば、家族にはきちんとその意思を伝えておくこと。大抵の場合、病院送りにするのは家族なのですから。もし自分で見つけられなければ、訪問看護師さんに聞いてみるのがいいでしょう。また、かかりつけの医師がいるのであれば、私の本を渡して「ここに出てくる人たちのように旅立ちたいんです。もし先生に往診ができないなら、どなたか紹介してくれませんか」と頼んでみてもいい。

暮らしたい〝ところ〟定まれば、こころ定まる。だから穏やかな気持ちで希望死、満足死、納得死ができる。遺族も〝笑顔でピース〟。そんな、朗らかに生きて笑顔で旅立つ〝なんとめでたいご臨終〟が日本中に広がっていくことを、私は願っています。

デジタル遺品を考える

古田雄介　ノンフィクションライター

ふるた・ゆうすけ
1977年生まれ。名古屋工業大学卒業後に上京し、建設工事現場監督と葬儀社スタッフを経て、編集プロダクションに入社。07年以降はフリーランスの記者として活動する。デジタル遺品を考える会代表。著書に『ネットで故人の声を聴け』(光文社新書)、『第2版 デジタル遺品の探しかた・しまいかた、残しかた＋隠しかた』(伊勢田篤史との共著／日本加除出版)などがある。

私は死と生にまつわること、特に「デジタル遺品」と「故人のサイト」について調べたり、執筆・講演活動などを行ったりしています。大学卒業後は建設工事現場で施工管理の仕事をしていたのですが、やりたいことは出版関係と死に関わることであると気付き、葬儀社に転職。死の現場を勉強させていただいた後に編集プロダクションに入り、当初はパソコンやインターネット関連の記事を書いていました。5年くらい経験を積んだ後、フリーランスに転向し、2010年頃から、亡くなった方のインターネット上のサイトを追跡調査するようになりました。

歴史が浅く、法整備の途上にある「デジタル遺産」の現状

さまざまなブログサービスの運用が始まったのは2000年代前半のこと。すぐにブームが起きて、大勢の方が書いた大量のブログが生まれました。数年たつと書き手が亡くなったまま放置されているというケースも目立つようになり、中には遺族の方が引き継いだ例も。ただ、引き継ぐ方法が分からずに困っている遺族の声もよく聞きました。「とりあえずIDやパスワードを知っていたから引き継いだけれど、これが正式に認められている行為なのかは判断できない」というケースは今も少なくありません。そこで運営側に問い合わせてみると、「規約では一身専属性により相続できないことになっているが、ご遺族の気持ちはよく分かるので暗に認めている」というところもあれば、「ブログを承継したい」というニーズを受けて規約を変更したところもありました。そうやって取材を続けているうちに、デジタルの世界には意外と曖昧で手付かずの領域が多いことが見えてきたのです。同時に、ポイントや暗号資産（仮想通貨）などのように換金価値のありそうなものについても、持ち主が亡くなった後の業界全体のガイドラインのようなものが確立されていないことにも気付き、デジタル遺品やデジタル遺産と呼ばれるものの現状も調べるようになりました。

そもそも、デジタル遺品やデジタル遺産にはっきりとした定義はありません。暗号資産のようにデジタルだけでやりとりできる資産価値のみをデジタル遺産と定義する場合もあれば、ネット銀行やネット証券の口座なども含めるという考え方もあります。また、故人のスマートフォン（スマホ）やパソコン、外付けハードディスクなどは、法的には有体物なので普通の家財道具などと同じように扱われますが、〝情報〟と考えた時には個々に奥行きのある特別な価値があるため、これもまたデジタル遺品であるという考え方も。私としてはとりあえず広義に捉えて、ネット銀行の残高からハードウェアまで全て含めて取材をしています。

そこで、ここではデジタル遺品の現状と対策についてお伝えしたいと思います。

相続がスムーズに進む鍵は、故人のスマホのパスコード

デジタル遺品はそもそも見えにくいものです。紙の預金通帳もなければ、買ったものが本棚に並ぶこともありません。それでも、故人のスマホを開くことができれば、インストールしているアプリを一つずつ調べることで、貯蓄や支払いの流れなどが見えてきます。思い出の写真を取り出すこともできるでしょうし、連絡すべき仕事関係の人の連絡先なども分かるでしょう。ただ、多くの方は自分でパスコードを設定してスマホにロックをかけていると思います。これが遺族にとっては大きな障壁になります。iPhoneの場合、10回連続で入力に失敗したら全ての情報、メディア、個人設定を消去するように設定されていることもあるため、やみくもにあれこれ試すのは危険です。アンドロイドでも類似の機能

を有している機種はありますから、こちらも気を付けたいところです。

自力でスマホが開けないのなら専門サービスを頼りたくなりますよね。しかし、それは狭き門です。ロックがかかったスマホをノーヒントで1から解析してくれる会社は、私が知るところ、日本にはデジタルデータソリューションという会社しかありません。ただし、解析には一年以上かかることもありますし、成功報酬は30万～50万円ほどかかります。最後の切り札と考えた方がいいでしょう。それだけスマホのパスコードは鉄壁なのです。

どうしてもスマホを開くことができない場合は一旦スマホから離れて、まずは目に見えるお金の動きから調べていく方が賢明です。メインバンクの入出金明細を追っていくと、光熱費などは引き落とされているけれどもインターネット回線代は引き落とされていない、といったこともあります。定期的に○○証券に出し入れがあれば、証券を持っている可能性があります。郵送物を受け取れる環境にあればそれもチェックする。過去の重要書類も見返して探っていきます。その他、お葬式の際に故人の知人から「○○証券のアプリを使っていましたよ」と教えてもらったことで特定できたという遺族もいました。

そうして隠れている金融機関の口座の存在さえ突き止めてしまえば、あとは従来の遺産と同じです。その口座があるネット銀行やネット証券会社に遺族として問い合わせれば、マニュアルに沿って手続きしてくれます。公的な死亡証明や故人との続柄を証明する書類などを揃える必要はありますが、それは従来の金融資産と変わりありません。

暗号資産の落とし穴に注意

暗号資産は手続きの難易度が上がります。暗号資産は交換業者のサービスを利用して運用しているケースと、個人間取引などで誰も介さずに所持しているケースがあります。前者のうち、国内の交換業者を利用している場合は国税庁が作成したマニュアルに沿って相続手続きしてもらえる可能性が高いので安心です。交換業者さえ特定できれば、あとは書類を揃えて遺族として払い戻しを申請するだけです。現在のところ、基本的には日本円に換金して指定口座に振り込む流れになります。

問題はそれ以外のケースです。暗号資産は秘密鍵というパスワードを使って売買します。誰も仲介せずに所持している場合、遺族がこの秘密鍵を自力で見つけ出すしかないのです。秘密鍵の在りかは、インターネット上であったり、スマホやパソコンの中であったり、USBメモリであったりとさまざま。紙に印刷して貸金庫で保管しているケースもありました。こうなると生前の故人の整理整頓や資産運用の傾向などから割り出すしかありません。

そんなに面倒なら、「見つかればラッキーくらいに思っておこう」と考えたくなりますが、何らかの条件が重なって故人の暗号資産を国税庁が察知することもあります。もしそうなったときに秘密鍵を把握できないと、厳しい状況に陥ってしまうかもしれません。

暗号資産も相続税の対象となります。多額の暗号資産が残されていたら、他の財産とあわせた相応の相続税がかかるわけですが、秘密鍵を把握していなければ遺族はどうすることもできません。無用の長物に相続税だけがかかる不条理な状況になりかねないのです。

ひどい話ではありますが、18年3月の参議院財政金融委員会で国税庁の代表は「相続人が被相続人の設定したパスワードを知らない場合であっても、相続人は被相続人の保有していた仮想通貨を承継することになるため、その仮想通貨は相続税の課税対象となる」といった答弁を残しています。だから、パスワードを知らなくても容赦はされないようです。

今のところ、そうした事例が話題になったことはありませんが、逆にいえば最初の事例となる可能性は誰もが秘めている。暗号資産をお持ちの方はこうした現状をぜひ頭の片隅に置いてほしいと思います。

暗号資産で起きる問題

自分以外にとって見えにくいデジタル環境は、へそくりの隠し場所としてうってつけではあります。しかし、それゆえに家族を大変困らせてしまう事態を招きやすいのです。

過去に聞いた中で印象深い事例がありました。とある40代の経営者の男性が亡くなり、遺族が遺産を調べているときに、会社名義で中南米の国に秘密の口座を持っていることが分かりました。彼はその口座を通じて暗号資産の取り引きをしていたようなのですが、その精算にかなりの手間がかかってしまったのです。海外の口座を凍結するには当該国の法律の専門家に仲介してもらわなくてはならず、そのためには国内での死亡証明書などを、専門家の手により当該国の公用語に翻訳して提出しなくてはなりません。時間もコストもかかります。暗号資産は残高を0にはしにくいため、10万円分くらいが残っているようなことはよくあるのですが、当然費用のほうが大きくなります。手間がかかる上、大赤字なので、現場判断で見過ごすことも多いのですが、この方は事情があって徹底的に精算しました。

なお、最近は暗号資産に近い特徴を持つ資産としてNFT（非代替性トークン）も注目を集めています。これはトレーディングカードやアート作品のデジタル版だと考えていただければ分かりやすいのですが、カードの場合はその物体（カード）が法的に遺品として扱われるのに対し、NFTは物体ではないので、それができません。国税庁は23年1月に「個人から経済的価値のあるNFTを贈与または相続もしくは遺贈により取得した場合には、その内容や性質、取引実態などを勘案し、その価額を個別に評価した上で、贈与税または相続税が課される」と指針を示しましたが、まだ現場レベルでは実績が乏しく、道筋が整備されているとはいえない状況です。

そしてNFTも暗号資産もあまりに投機的で価値の変動が激しい側面があります。NFTの価格は21年12月〜22年1月をピークに大幅な下落も記録しています。価値が下がったままの状態が続くと、日本では十分な相続の枠組みを作るところにまで手が回らないまま放置されることになるかもしれません。ちなみにアメリカでは「改正デジタル資産への受託アクセス法（Fiduciary Access to Digital Assets Act, Revised）」という法律が46州に適用されており、そちらでNFTや暗号資産などの相続についても対応しています。

そのほか気になるのは、デジタル証券（セキュリティトークン）という新しい金融商品です。デジタル証券とは暗号資産やNFTと同様にブロックチェーン（分散型台帳）の技術を活用してデジタル化した有価証券のこと。投資家にとっては比較的少額の投資が可能なのが魅力です。一方で、相続時に悩ましい問題も。国内で流通している多くの証券は保管振替機構（ほふり）という中央集権管理機関において所有者を一括管理しており、遺族の照会にも応じています。ところが、デジタル証券はほふり非対応。きちんとその存在を知らせておかなければ遺族に気付かれない可能性もありますから、注意しておきたいものです。

意外と見落としがちな「スマホ決済アプリ」や「サブスク」

より多くの人に関係ありそうなのが「〇〇ペイ」などと呼ばれるスマホ決済アプリです。

主要なサービスは１００万円程度までチャージできる仕組みになっていますが、現状では数十万円を保管しているケースはまれでしょう。ただ、23年春にデジタル給与払いが解禁されました。23年12月時点ではまだ大きな普及は見られませんが、やがては毎月の振り込みが積み重なって数十万円保持しているといったことも珍しくなくなるかもしれません。そうなると、まるまる葬儀代くらいが放置されてしまうということになりかねないでしょう。PayPayやLINE Payなどには、身元の確認ができた相続人の払い戻し依頼に応じる規定ができましたが、多くのサービスではまだ個別に対応を行っている状況です。

最後にもう一つ、煩雑さの面で注意しておきたいのがサブスクリプションサービス（サブスク）の解約です。実は、私のところに来る相談でスマホが開けないことの次に多いのがこれです。基本的にサブスクは解約しないと、支払いが続きますが、遺族が解約手続きをするのは大変です。ケーブルテレビや通信キャリアのオプションとして契約した場合は、解約手続きはその通信キャリアなどの窓口でしなければいけません。サブスクを解約できない場合、多くの遺族はクレジットカードを退会したり、銀行口座を凍結したりすることでお金の流れを絶とうとするのですが、それでは止まらず、クレジットの引き落としができなければ紙の請求書が届くというケースも相次いでいます。月額数百円のサービスであったとしても、止める時の手間は大変なものです。

では、これらの問題をどうしたらいいか。まずは、いざというときに備えて、スマホの

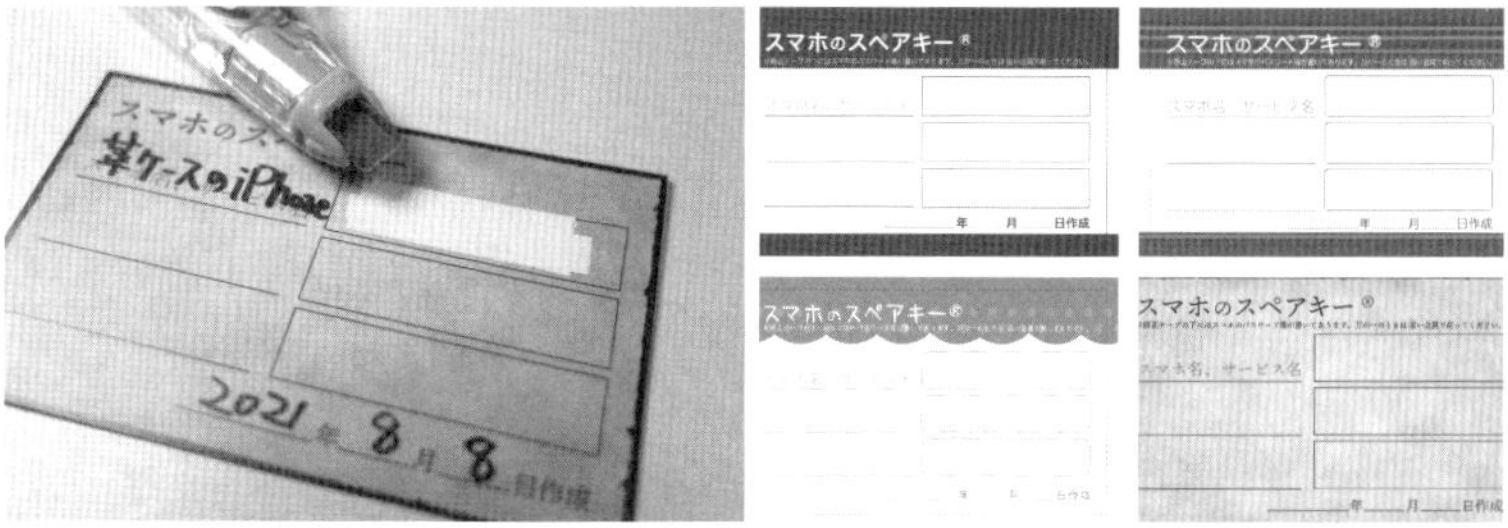

スマホが開ける／開けないでデジタル遺品対応の労力に雲泥の差が生じる。いざという時のために、スマホのパスコードをマジックでカードに書き、上から修正テープでマスキング。スクラッチカード化されたこれを、実印やパスポートなど重要なものと一緒に保管するとよい。このカード「スマホのスペアキー®」のテンプレートは筆者のHPよりダウンロード可能。ネット口座やSNSなどのアカウントID、パスワードを一覧で残せる「デジタル資産メモ」のテンプレートもある。
https://www.ysk-furuta.com/

パスコードを家族に伝える手段を用意しておくことです。

年に一度、ＳＮＳなどのサービス見直しを

私のおすすめは「スマホのスペアキー®」。名刺大のカードに油性ペンなどでスマホのパスコードを書き、修正テープでマスキングしておくだけです。預金通帳などと一緒に保管しておけば、平時は安全性を確保しつつ、何かあったときには家族が修正テープ部分を削ってパスコードを確認できる。ポイントは修正テープが1枚だけだと透けてしまうので、何回か重ねておくこと。あと、白いカードだと裏側が透けてしまうこともあるので、両面に修正テープを走らせておくといいですね。

あとは、年に一度の大掃除のときに、サブスクやＳＮＳなどのサービスの見直しを行うことも大事。要らないものは随時整理し、残したサービスのＩＤやパスワードなどは証券口座や銀行口座などのアカウント情報と一緒に紙で管理し

ておきましょう。万が一のときに遺族に手間をかけないためにも、本人がちゃんと整理しておくことが一番合理的です。

もう一つ、スマホに関しては「万が一のときは家族が踏み込む」という心算をしておくことも大事です。実際、ご遺族がお金関係、仕事関係、あるいは思い出関係の情報を探すためにスマホを開けてみたら、家族の知らない顔が現れたりするということはざらにあります。家族に知られたくないやりとりは普段よく使っているLINEやチャットなどと一緒のところに入れないとか、見られたくないものは見えないところに隠しておくといった配慮は必要でしょう。自分の死後に残るのはSNSも同じ。X（旧ツイッター）のサブアカウントなどで普段とは違う自分の姿を見せている人もいるかもしれません。それらの顔も、万が一のときを想定して管理しておいた方がよいでしょう。

亡くなった後もそのままの状態で残すことができるのがデジタルデータ。それを遺族が勝手に消去したり、反対に利用したりすることの是非についてはさまざまな意見がありま す。今後はそれをどうしていくかなどを論議できる機会をもっと増やしていく必要があるでしょう。

国際霊柩送還という仕事

木村利恵
エアハース・インターナショナル株式会社 代表取締役社長

私たちの仕事は「国際霊柩送還」といって、海外で亡くなった日本人のご遺体やご遺骨を日本に搬送し、また日本で亡くなった外国人のご遺体やご遺骨を祖国に送り届ける仕事です。この国際霊柩送還という言葉自体が私たちの登録商標なので、聞き覚えがない方もいらっしゃるかもしれません。私たちは2003年の会社設立以来、世界各国の葬儀社や、エンバーミング（遺体を消毒・殺菌して、修復したり、血液と防腐剤を入れ替え長期保存を可能にしたりするなどの衛生保全処置を行うこと）を行う専門家などの仲間たちとのネットワークを駆使して、あらゆる案件を請け負ってきました。現在では、紛争地域以外の案件はほぼハンドル可能だと考えています。

きむら・りえ
1961年、東京都生まれ。勤務先の葬儀社で国際霊柩送還業務を学ぶ。2003年、日本初の国際霊柩送還専門会社、アムズコーポレーション（現エアハース・インターナショナル）を設立し、代表取締役社長に就任。年間平均250体ほどの遺体・遺骨の送還に関わっている。東京都霊柩自動車協会理事。

写真＝北川 泉

海外で亡くなった日本人のご遺体を運んでご遺族へ

海外で日本人が亡くなった場合は、まず現地の警察による検死や、ご遺族による確認などが行われます。

死亡証明書などの書類が整い次第、現地の葬儀社やエンバーマーを手配。彼らがご遺体に適切な処置をして、日本へと搬送する準備をする間に、我々は帰国準備の策定をし、行政届出書類の翻訳や各種連絡などを行います。現地空港までの搬送状況や帰国便の出発状況などの管理も私たちの仕事です。また、帰着書類の確認や通関検疫の代務も行います。その後、ご遺体が納められてきた外国製霊柩やご遺骨の入った容器をこちらで開梱し、日本の規格サイズのものに移し替えた後、乗り継ぎ便がある場合は再梱して搬出。ご遺骨の場合はスタッフがハンドキャリーで該当の空港までお持ちする場合もあります。

私は葬儀社出身ですから、もちろん葬儀を執り行うこともできますが、あえて専門職に徹することにしています。特別な場合、例えば外国の要人が日本で亡くなって、ご帰国の前にどうしてもお別れ会をしたいと希望された場合などには、信頼関係のある葬儀社をご紹介しつつ、コンサルタントとして加わることもあります。また、11年のニュージーランド・カンタベリー地震の際には外務省と保険会社の依頼で現地に入りましたが、そのときは現地で荼毘に付さなければならない方もいらっしゃったので、線香や焼香台などの葬具一式を持って行きました。ホテルで枕団子（故人の枕元に供える枕飾りで、うるち米の米粉で作った団子）を作ったり、花入れの儀のための花を用意したりもしました。できるだけ日本の文化に沿った葬送をしてあげたい、と思ったからです。

スムーズな送還を実現するには

一方、日本で外国人が亡くなった場合は、出国準備の各種手配や帰国計画の策定を行った後、当該の大使館や関係者と連絡を取り合いながら、ご遺体やご遺骨と書類などをお預かりします。帰国便の手配や帰国書類の準備などを行いつつ、ご遺体の状態で帰国される場合はエンバーミングや着せ替え、外国製霊柩への納棺と棺の封印を行って、飛行機に預けます。また、日本で荼毘に付してご遺骨の状態でお帰しする場合は、火葬の手はずも整えます。当該国での帰国便到着の管理なども私たちの仕事です。日本の方がお帰りになる場合と外国の方がご帰国される場合のいずれにおいても、時には私や社員も現地まで足を運びます。

日本人の方が海外で亡くなり、現地の大使館や葬儀社を通じて私たちに連絡があると、すぐに動くことになります。一度その国からの依頼を受託すると、今度はその国の方が日本で亡くなった場合には当社からご遺体を送還することになるなど、リレーションシップパートナーとしての関係ができることが多いですね。ただ、どの国でもやりとりがスムーズにいくというわけではありません。

例えば南米の国にはいまだに通信事情が悪く、時差もあるので、何とか担当者に電話がつながるのが1日1回なんていうこともざらにあります。また、ご遺体の扱いも国によってさまざまです。アメリカやカナダなどはエンバーミングの歴史も長く技術も高いのですが、ヨーロッパなどでは技術の低い国もありますし、また一部アジア地域などでは処置そのものがおざなりだったりもするので、そのままではご遺族に対面いただくことは難しい。そこで、私たちはお一人お一人のご遺体と対話しながら、元の姿にお戻りいただくためのお手伝いをしています。

〝ご機嫌〟の悪い部位を丁寧に手当てして元の姿へ

海外からご遺体が空港に到着すると、すぐにさまざまな処置を行います。機内の気圧の関係で、ご遺体の約95％は体液漏れを起こしていますから、いくらきれいな棺を用意しても、そのままではご遺族の元にお帰しできません。モルグと呼ばれるご遺体専用のロッカーのような冷蔵庫に1カ月以上入れられていた、というような場合もありますし、腐敗が相当進んでいる場合もあり、そうなると臭いもかなりのもの。私もこれまで数えきれないほどのご遺体と向き合ってきましたが、初めてこの臭いを嗅いだときのことは忘れられず、似た感じの臭いを嗅ぐと記憶がよみがえってくるほどです。

まずは丁寧にシャンプーをして、こびりついた血液や体液などを落とし、故人の〝ご機嫌〟が悪くなっている部位を手当てしていきます。報道などでは「ご遺体の処置＝エンバーミング」ということばかりがクローズアップされがちですが、エンバーミングはあくまで衛生保全処置のこと。ご遺族が対面したときに、泣きながらも「ああよかった、お帰り」と言ってもらえるように、できる限り故人の生前の状態に近いところまで戻して差し上げるのが私たちの仕事です。

お亡くなりになった方が若い場合、ご遺族、特にお母さまの中には、ありのままのご遺体の状態で我が子と対面したいと希望される方もいらっしゃいます。ただ、私たちとしては変わり果てた姿でのご対面はおすすめしません。体が腐敗ガスで膨らんでしまっていたり、解剖によって全身傷だらけになってしまっていたり、お顔の色が変色しきって群青色になってしまっていたりしたら、ご遺族はその姿を頭から消せなくなってしまいます。ですから、私たちはパスポートの写真を頼りに、できる限り生前に近い姿にお支度を済ませてからご対面していただいているのです。

的確な処置を行うために特殊な車両を開発

こういった処置をどこで行っているかというと、私たちが独自に開発した、マイクロバス型と4tトラック型の霊柩搬送車の中です。外国の棺は日本の火葬用の棺とは比べ物にならないほど大きいものも多いため、通常の日本の霊柩車には入らないこともあります。私たちは空港の特別貨物の通関のところに車を着けて、海外から到着したご遺体をお迎えし、車内で処置を行っています。

2台のうち、4tの方は11年に完成したものですが、これを導入した背景には、04年のスマトラ島沖地震時の経験があります。あのときは一度に8人のご遺体が帰国された日があり、日本航空と組んで成田空港の上屋《うわや》（駐機場に隣接した保税地域にある、貨物の荷さばきや取り降ろし、積み込み、一時保管などを行う施設）の一部を借り切って作業をしたのですが、本当に大変でした。それで、1台でいろいろな作業ができる処置車が欲しいと考えたのです。

この車には水のタンクや発電機、換気設備、分電盤などを完備。棺も8台積載できます。私の細かいリクエストを社員でもある息子が図面にして作り上げた〝処置して走れる寝台車〟です。16年にバングラデシュのダッカで起きたレストラン襲撃人質テロ事件では日本

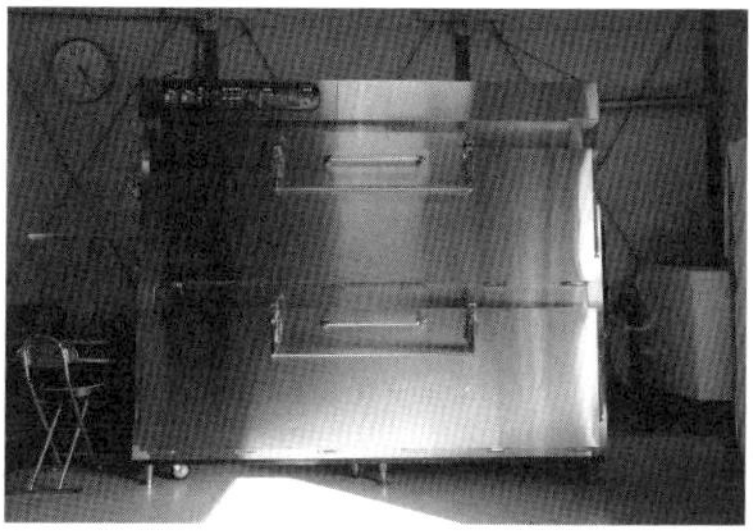

（右）羽田空港貨物ターミナルに駐車中の処置車兼霊柩車。飛行機から降ろされたご遺体は、この濃紺のコンテナ車に載せ換えられる。収納式の処置台を備え、車中で修復や死に化粧などの処置を施すことが可能。霊柩車としては8つの柩を同時に出し入れできる構造となっている。
（左）遺体保存用冷蔵庫。この日も2人のご遺体がこの中で出国を待っていた。

人の方もたくさん被害に遭われ、7人のご遺体が帰国されましたが、このときは検死から戻ってきたご遺体から順番にこの車で処置を施し、きれいになったら別の寝台霊柩車に移して、指定の葬儀社やご自宅にお連れしました。不眠不休での作業でしたが、この車によって作業のしやすさは大幅に改善したといえます。

年々送還の依頼が増えるご遺体

私たちは専門性の高い会社なので、レアケースもたくさん受けてきました。最近はそういうケースを扱うことの方が、通常の霊柩送還よりも多くなっているかもしれません。

あるとき、極東ロシアのとある場所で、消息を絶っていた日本人の方がほぼ白骨化した状態で発見されたことがありました。この方のお父さまが「日本に連れ帰って火葬にし、お墓に入れたい」とご連絡をくださったのですが、地元警察が介入して、あちらで対応してもらうことになりました。ところが、現地での管理がずさんだったせいか、日本に到着したご遺体に、なぜかパラフィン紙に包まれた身元不明の胎児のご遺体が付いてきてしまったのです。国籍もない、死亡を立証する書類もない遺体の登場で、日本の警察と外務省のロシア担当者、在京のロシア外務省領事局は困ってしまい、1カ月経過しても話が進展しませんでした。そこで、普段から付き合いのある外務省の方から私に相談があったため、すぐに書類を整えてもらいつつ、胎児のご遺体を納めるために中に鉄板を張った木の箱を手配しました。その後、今度はロシア側が「手荷物でロシアに連れ帰る」と言い出したので、ご遺体は特別貨物にしなければ運べないと説得し、何とか事なきを得ました。

最近では、先祖代々のお墓が祖国にある在日韓国人の方からの依頼も多くなりました。墓守の高齢化も著しく、現地に親戚もいないため、墓じまいをして先祖のご遺骨を日本に持ち帰りたいという依頼です。韓国でもソウルなどの都心では火葬が増え、ご遺骨は納骨堂などに納められることが多くなりましたが、地方にはまだまだ土葬の文化が残っています。そんなわけで、先祖代々のお墓を開けてもらうことになるのですが、中にいらっしゃるのはお骨ではなくご遺体。白骨化していたとしても、火葬されているわけではないので、あくまでご遺体という扱いなのです。ですから、火葬して、収骨をするところまでは韓国でやってもらわなくてはならないのですが、こういう場合大変なのが、死亡証明書のようなものが残されていないこと。１００年も前の方となると、どんなに探しても手書きの戸籍謄本しか出てこないこともあります。それでも何とか書類をまとめて火葬にこぎ着け、日本のお墓にお納めできるようにお手伝いしています。

感染症で亡くなった方のご遺体も安全に送還

日本人でも最近は複雑な事情を持つ方の案件が増えています。例えば、何十年も海外にいて現地で人知れず亡くなったけれど、日本での引き取り手が判明しなかったり、ご遺族が受け取りを拒否されたりする場合などです。日本国内でも「行旅死亡人」といって、本人の氏名や住所、本籍地が判明せず、引き取り手の見つからない方がいますが、その場合、死亡した場所の地方自治体が火葬を行い、遺骨を保管して引き取り手を待ちます。しかし海外では、火葬義務が当該国にあるわけではありませんから、その方が利用されていた旅行会社などでお金を出し合って火葬してもらう、なんてことも。もちろん、イスラム圏の国などは宗教上の理由で火葬の施設がないので、そういう場合は、現地の在外公館からの連絡で、私たちがとりあえずご遺体を日本まで送還することになります。

新型コロナウイルス感染症で死去された方のご遺体も受け入れています。私たちは以前から、より感染力の強いエボラ出血熱などの一類感染症で亡くなった方のご遺体を受け入れる場合の訓練をしてきました。また、マラリア（四類感染症）で亡くなった方のご遺体の送還も長年やってきたので、感染症のご遺体を扱う際の知識は蓄積されています。晴海にある東京検疫所の依頼で、日本人に一類感染症の感染者が出た場合のメインアドバイザーにもなっていますし、その他の感染症で亡くなった方の受け入れについても、私が一般社団法人全国霊柩自動車協会東京都霊柩自動車協会の理事をしている関係もあって、何年も東京都とやりとりをしてきましたから、備えは万全です。

国際霊柩送還のレベルを上げるための啓蒙活動

海外で生活することになった方や、危険な場所に行かなければならない方は、万が一を考えて、お身内の方に「こういう場合はこうしてほしい」ということを口頭だけでなく書面でも残しておかれることをおすすめします。また、旅行の際には保険をかけておかれることも大事ですが、保険会社によっては、想定するご遺体搬送の対応費用の額がここ20年間更新されていないこともありますので、安価な損害保険契約を結んだ場合などには注意が必要です。

日本では死者に関する法律は墓地埋葬法くらいしかありませんし、葬祭業に関しても国や地方公共団体の許認可が必要ありません。また、エンバーマーの資格は国家資格ではなく民間資格です。そんなこともあり、葬祭関連には劣悪な業者も数多く参入しています。

一般貨物自動車運送事業の許可（霊柩運送業許可／緑ナンバー）はもちろん、私たちには特定化学物質及び四アルキル鉛等作業主任者の資格を有するスタッフもおりますが、同様のクオリティを持った会社がなかなか現れないのが実情です。ご遺体の空輸搬送業社を謳っていながら、海外からのご遺体・ご遺骨を空港で受け取って葬儀社まで搬送するのみの宅配便のような業者や、ご遺体を白ナンバーのワゴン車で運ぶ違法業者もいます。私たちも全てのご遺体を扱えるわけではありませんから、信頼して協力関係を築ける業者を育てるためにも、今後も国際霊柩送還のレベルを上げるべく啓蒙活動を続けていかなければならないと思っています。

死別後の悲嘆とグリーフケア

坂口幸弘　関西学院大学 人間福祉学部教授

東日本大震災以降、日本でもよく聞かれるようになった言葉に「グリーフケア」があります。日本では「悲嘆」と訳される「グリーフ（grief）」とは、人が死別などの重大な喪失に直面したときに陥る、空虚感、寂寥感を伴う深い悲しみのこと。そういったグリーフを抱えた人を支援する活動がグリーフケアです。

グリーフというと、どうしても泣いたり悲しんだりするイメージがありますが、喪失に伴って現れる感情は人それぞれです。泣けない、という人もたくさんいます。そういう人は「泣けないなんて、自分は冷たい人間なのでは」と自分のことを責めてしまうんです。でも、グリーフにはいろいろな感情がある。モヤモヤした気持ちや、イライラした気持ちなどを感じる人もいます。グリーフの程度には大きな個人差があり、グリーフケアに関しても、皆が同じケアを必要としているわけではありません。

さかぐち・ゆきひろ
1973年、大阪府生まれ。大阪大学人間科学部卒業、同大学院人間科学研究科博士後期課程修了、博士（人間科学）。現在、関西学院大学人間福祉学部人間科学科教授、悲嘆と死別の研究センター長。主な著書に『自分のためのグリーフケア』（創元社）、『死別の悲しみに向き合う』（講談社現代新書）、『増補版悲嘆学入門』（昭和堂）などがある。

誰もが当事者にも支援者にもなり得る

私は死別後の悲嘆とグリーフケアを研究する一方で、ホスピスや葬儀社、保健所などと連携してのケアの実践や、支援者の研修・啓蒙といった活動も行ってきました。死別という体験は誰もが当事者になる問題ですし、誰もが支援者にもなり得る。専門家だけでなく、一般の方や地域の民生委員などを対象にした市民講座に登壇させていただくこともあります。

私がこのテーマに関心を持つようになったのは、大阪大学で柏木哲夫先生の指導を受けたことが一番のきっかけです。柏木先生は淀川キリスト教病院に日本で2番目のホスピスをつくられた方で、私が大学に入学した翌年に着任されました。先生が担当されていたのは死に関する授業。当時の国立大学ではかなり先進的だったと思います。

先生は長年ホスピス医として働いていらしたので、ホスピスでの終末期の患者さんの話に加えて、ご家族やご遺族の話も聞かせてくださいました。また、授業の一環でホスピス実習にも行きました。といっても、先生の後ろをただついて回るだけでしたが、そこで患者、家族・遺族、病院スタッフのそれぞれの思いを学ぶことができました。病院では、理念として家族や遺族へのケアを謳っていたとしても、当然のことながら、やはり患者さん中心。患者さんが亡くなって、それまで「ご家族」と呼ばれていた方々が「ご遺族」になってしまうと、どうしても関係は切れてしまいます。

そんなこともあり、遺族へのグリーフケアを研究テーマとして、大学院に進学しようと思ったのです。実は、私は大学入試の6日前に父を亡くしています。死という問題に興味を持ち、柏木先生のゼミに入ったのには、それも関係しているかもしれません。当時の私はグリーフという言葉どころかホスピスすら知らなかったのですが、何となく引かれるところがあったのでしょう。

「グリーフ」が注目されるようになったのは、1960年代終わり頃のアメリカやイギリスでのことでした。上智大学のアルフォンス・デーケン先生らが「死への準備教育」を提唱したのが80年代前半ですから、日本にはその頃に紹介されたのだと思います。とはいえ、日本でのグリーフ研究が、急速に進んだわけではありませんでした。死別やグリーフに関する日本語での書籍や論文も、阪神・淡路大震災（1995年）の後くらいから少しずつ増えてきた、という印象です。

精神病理学者である野田正彰さんの『喪の途上にて――大事故遺族の悲哀の研究』（岩波書店）という本が92年に発売されて高い評価を受けましたが、それまで死別に関する学術的な本は、日本ではあまりありませんでした。この本は、日航ジャンボ機墜落事故（85年）のご遺族の方にインタビューをして書かれたものです。

分かち合いの会の果たす大きな役割

私は大学院生のときに、淀川キリスト教病院ホスピスでの遺族会「すずらんの会」の立ち上げに関わらせていただきました。ホスピスケアや緩和ケアは、がん患者とその家族が、可能な限り質の高い治療・療養生活を送れるように行われる、身体的症状の緩和や精神心理的な問題などへの援助のことです。患者さんが亡くなられた後のご遺族に対しても、引き続きケアを行うことは重要な働きの一つとされています。

このホスピスではもともと年に1回、前年に亡くなった方の遺族をお招きし、遺族同士や病院スタッフとの交流機会として遺族会が行われていました。それとは別に、毎月開催する〝分かち合いの会〟として立ち上げられたのが「すずらんの会」です。

大切な方を亡くされた方同士が集まってその体験を分かち合う、いわゆる〝分かち合いの会〟は世界各地で行われており、日本でもそういう場が求められてきたのは自然の流れでした。自分の体験を言葉にして語ることや、他の人と体験を共有することは、死別の悲しみに対する有効な向き合い方であると思われます。とはいえ、誰もがそれを望むわけではなく、実際に会に参加されたのはご遺族のうちの1〜2割程度でした。

この〝分かち合いの会〟には地域差があるように思います。普段関東で遺族会を運営されている方に、関西の会でファシリテーター（進行役）を担ってもらったことがあるのですが、その人は「関西ではみんながよく喋るので、会をうまく回すのが難しい。一方、関東だと誰もなかなか喋らないので、話を引き出すのが大変」とおっしゃっていました。

　こういう会に来られる人というのは、それだけでもある意味で、一歩を踏み出せた人なのだといえます。一方で、そういう場に出ていけない人もいる。そんな方たちに何ができるのか、というのが、実は私たちの長年の課題でもあるのです。

「頑張って」「しっかり」――遺族を傷つける何げない一言

　グリーフケアに関して、皆さんに知ってもらいたいことは、「何げない一言で、ご遺族を傷つけてしまうことがある」ということです。死別の体験はもちろん辛いことなのですが、大切な人が亡くなることだけが苦痛なわけではありません。大切な人の死に伴って経済的に苦しくなる、親戚とトラブルになる、家事が負担になる、家族とコミュニケーションが取れなくなるなど、さまざまな種類の辛いことが派生してくるのです。

　そうした中、私の調査では38％の遺族が「思いやりのない言葉を掛けられた」と答えています。悲しみに暮れているときに、傷口に塩を塗るようなことを言われた人がこれほどいるとは驚きですが、もちろん、世の中にそんなにひどい人がたくさんいるわけではない。

つまり、意識しないままに発している言葉が不快なものとして受け取られている、ということなのです。

遺族にとって、ときに辛い言葉として、「頑張ってね」があります。けっして悪い言葉ではないのですが、どう頑張ってよいのかさえ分からない心の状態にある人にとっては、しんどく感じます。また、「しっかりしないと」とか「いつまでも泣いていてもしかたない」とかもそう。その人だって、しっかりしなくちゃいけないと思っているし、泣いていてもしかたないというのも分かっている。それでも涙が止まらないから泣いているのです。「お気持ちはよく分かります」なんていうのも、特にお子さんを亡くした方などには軽々には言うべきではない言葉。「大往生」という表現も、人によっては不快に思われることがあります。言っている方も悪気があるわけではないので、そこが難しいところですが、安易にアドバイスするのではなく、相手の思いに耳を傾けるのがよいと思います。

分かち合いの会に来られる方の中には、親しい友人にも故人のことを語れない人もいます。身近すぎて話せないこともありますし、複雑な家庭の事情をかかえている人もいます。

伴侶を亡くされた男性は、孤立しがちです。２０２０（令和2）年の国勢調査によれば、75歳以上のうち配偶者と死別した人の割合は、男性で15％、女性で54％です。つまり、女性は周りに同じような境遇の人がたくさんいる可能性が高いけれども、男性は少数派なのです。50代前半の男性で配偶者と死別した人は、わずか１％未満。こういった中高年の男性たちは、ストレスから来る心疾患やアルコール依存の問題などを抱えてしまうリスクがあるので、孤立しないようにするサポートが必要になります。

また、周りに似た境遇の人がいないという遺族としては、子どもを亡くした親も同様です。大人は病気で亡くなる人が多く、特にがんなどの場合は亡くなるまでに一定の期間がありますす。一方、子どもとの死別の場合は不慮の事故や自殺で突然失うことも多いので、なおのこと受け入れ難い。それだけに、リスクが高いといえます。

支援者や介護者も気を付けたい「共感性疲労」のリスク

そもそもの話になりますが、グリーフは病気ではありません。死別だけでなく、大切な何かを失ったときに心にも体にも影響があるというのはごく自然なことです。「日にち薬」という言葉がありますが、時間だけで解決できるものではなく、必要な時間は人によって大きく異なります。ただ、非常に強い悲嘆が続いて、日常生活にも支障を来すような状態の場合は要注意。「後を追うように亡くなる」という言葉があるように、死別という体験によって死亡リスクが高まるという研究報告もあります。そのため遺族のリスクやニーズに応じて、何らかのサポートを行っていく必要があります。

世界保健機関（ＷＨＯ）では２０１８年発表の国際疾病分類のＩＣＤ－11にて、強い悲嘆が長く続くようであれば、これを「Prolonged Grief Disorder」(遷延性悲嘆症)として精神疾患に新たに含めることを示しました。この通常ではない悲嘆は、うつ病や心的外傷後ストレス障害といった心の面だけでなく、高血圧や心疾患などの身体疾患にもつながるので、適切な支援が必要です。ただ、発生の機序や効果的な治療法など、まだ十分には研究が進んでいません。死別を経験した人におけるこの疾患の有病率は9・8%ともいわれています。突然の予期せぬ死や、事件・事故や自殺による死、子どもの死に直面した人や、社会的に孤立した人などがこれに陥るリスクが高いようです。

もちろん、多くの人はここまでの状態にはなりません。死別を経験した人の6割くらいは、友人や家族の助けがあれば大丈夫。私自身はグリーフケアという言葉が独り歩きして、特別なものとして捉えられすぎてしまうのも良くないと感じています。「悲嘆の医学化」という表現もあり、グリーフケアが医療の一部に位置づけられることへの懸念も示されています。日本の文化の中にはもともと、よくできたグリーフケアの形がありました。その一つがお葬式やお通夜、法事です。そこでは自然に、分かち合いの会のようなことが行われていました。法事は、故人の命日などの「記念日反応」が懸念される時期も含め、長期にわたって遺族を支える仕組みともいえます。宗教者というのは死を語りやすい相手でもあり、遺族会を行っているお寺もあります。

グリーフケアの重要性が世の中に認められる一方で、今必要とされているのが、ケアに携わる医療・介護関係者などの支援者のセルフケアです。遺族の悲しみに寄り添うことが心身の疲労や感情の消耗などを引き起こし、追い詰められてしまうことを「共感性疲労」といいますが、これはグリーフケアの現場ではよく起きること。医療・介護の関係者の場合には、患者や利用者の方の死に直面し、自分自身の気持ちが大きく揺さぶられることもあるかもしれません。

セルフケアとして、自分の領域と限界を知ること、一人で悩みを抱え込まずにチームを組み、自分の負担を減らすこと、しんどさを皆で分かち合うことなども大切です。患者さんが亡くなったときに、医師やスタッフが医療や介護の振り返りを行ったり、ご遺族へのケアについて話し合ったりする、いわゆる「デスカンファレンス」の中で、自分たちのグリーフを分かち合う時間を持つことも良いと思います。

誰もが経験するのに難しい「死別」や「喪失」に対する準備

死別は誰もが経験するものですが、それに対する準備というのは難しい。例えば「南海トラフ地震が30年以内に起きる可能性は70～80％」と言われれば「準備をしないと」となるけれど、もっと身近に起きる可能性の高い、身近な死別や喪失に対しては、なかなか準備ができないものです。そこには触れたくない、という意識が強いのかもしれません。

前出の「死の準備教育」は、死を見つめることで自分の生き方を見つめ直し、今を大切に生きようというものです。これは、自分のことだけでなく、大切な相手の死に関しても応用できます。もちろん、いくら心の準備をしていても、死別は辛いものです。その辛さに対処するためにも、死別体験者の話を聞いたり、分かち合いの会などの存在を知っておくことは大事かもしれません。「死別の悲しみとともに、より良く生きるための知恵を他の人の体験から学べる」ということは人間ならではの能力ですから。

そしていざ大切な方が亡くなったときには、まず〝自分にやさしく〟ということを心掛けてほしい。頑張りすぎないこと、自分のために過ごす時間を作ること。どんな形でもいいのです。大学などで学び直しをする人もいます。もし学ぶことがその人の力になるのであれば、そのような機会を提供することもグリーフケアといえます。

故人の生きた証を伝承する

大切な人の生きた証を残す活動を支えることがグリーフケアになることもあります。故人の存在や遺志、人生を、有形無形を問わず他者や社会に受け継ぐ活動はさまざまな場所で行われていますが、「生命《いのち》のメッセージ展」もその一つ。これは犯罪や社会の不条理のもとに生命を奪われた犠牲者が主役のアート展で、犠牲者一人一人の生きた証の象徴として、等身大の人型パネルに、本人の写真や、その人の紹介、家族が考えたメッセージや手紙などを貼り、足元には生前に履いていた靴を置いて展示するというものです。毎年私のゼミの学生が中心となり、「生命《いのち》のメッセージ展in関学」を行っています。２０１９年の11月には神戸のＪＲ三ノ宮駅の地下広場にて開催しました。

大学のオープンキャンパスのイベントで「入棺体験」を企画したこともあります。これは高校生の参加者にとって死や生命を考えるきっかけになりましたが、「不謹慎だ！」という苦情も寄せられました。でも、私はことさらに構えずに死を考える機会があることが大事だと考えています。重大な喪失の可能性は誰にでもあるもの。いのちについて、死について気負うことなく自由に語れるようにすることは、いかに生きるかということを考える上でも大切なことだと思うのです。

遺品整理の現場から見る孤独死

横尾将臣
メモリーズ株式会社 代表取締役

よこお・まさとみ
1969年、香川県生まれ。ラガーマンであり、サックスプレイヤーという異色の経歴を持つ。祖母が浴室で入浴中に亡くなったのをきっかけに遺品整理の必要性を感じ、2008年、大阪府堺市に遺品整理専門会社、メモリーズ株式会社を設立。著書に『遺品整理から見える高齢者社会の真実』(ギャラクシーブックス)。
写真＝メモリーズ

近年、遺品整理の業界に注目が集まり、ニーズも高まっています。業者も増えていますが、ご依頼者の皆さんは業者選びに慎重です。

どれだけ長いこと疎遠になっていたとしても、お父さんやお母さんが住んでいた家や使っていたものは「丁寧に扱ってもらいたい」というのが人の心情というもの。ただ、ゴミ回収を専門とする業者が片付ける場合は、「たまたまその日の仕事が亡くなった人の家だった」というだけですから、そういうわけにはいきません。もちろん、「遺品は自分で全部チェックして重要なものは取り出した、残っているのはガラクタだけ」という方は費用も安く上がりますから、そういう回収業者に頼んでもいいと思います。

私たちの場合は、亡くなった方の所持品の片付けが専門ですから、やり方も心構えも全く違う。モラルを問われる仕事ですので、それぞれが資格や経験を持った、信頼のおける少数のメンバーだけでやっています。

遺品整理の現場はそれぞれに違います。とはいえ、作業に立ち会う依頼人の方々は皆さん、家族の死に際して「ああ、自分が子どもの頃の着物をこうやって残しておいてくれたんだな」とか、現場が実家であれば「子どもの頃、ここでご飯を食べたな。楽しかったな」とか思い出しながら、そこにいらっしゃる。最初は淡々とされているように見える方も、片付けながら話をしていくと、次第にやり残した気持ちとか、親御さんに伝えられなかった言葉などを吐露されたりします。お子さんを亡くされた親御さんを見るのは特に辛いですね。親としての後悔の念が絶対にあふれ出てくる。そういうのを聞くと、生きているうちにもっと家族とコミュニケーションを取っておくべきだ、とつくづく思うんです。

生きるのに必死な世代が遺品整理をする大変さ

私がこの仕事を始めたのは、30歳の頃に母方の祖母が突然亡くなったことがきっかけでした。祖母は香川県で一人暮らしをしていたので、膠原病を患っていた母が住んでいた大阪から香川へ行き、葬儀の後もしばらく滞在して遺品整理をしていました。そのため、帰ってきた時には精神的にも肉体的にも疲れ切り、しばらく寝込んでしまったのです。それを見て遺品整理業の必要性を感じた私は、数年後にこの仕事に携わるようになりました。

そして、あの時の母のように、遺品の整理で困っている方のお役に立つことができれば、という思いで立ち上げたのが今の会社です。

遺品整理というのは、できれば本来は遺族がするものだと思いますし、私たちに依頼してくださるお客さまの中にも、本当は自分たちでやりたいと考えている方がいらっしゃいます。ただ、ご高齢で亡くなる方の子どもさんの中心世代というと40～50代ですよね。そうした方々は今、生きるのに必死です。自分の暮らしを守ったり、家族を守ったりすることに精一杯で、親のことはどうしても後回しになってしまう。

遺品整理や片付けだって、自治体のルールに従って粗大ゴミを処分場まで持って行くなどするのは大変です。処分場が閉まるのは昼間の4時くらい（自治体により異なる）だし、休日にはやっていない。これはプラスチック、これはガラスと、不燃ゴミを分別するだけでも、家一軒分となると時間がかかります。貴重品や思い出の品など、大切なものを探し出すのも至難の業です。

私たちは専門家なので、複雑な依頼のほうが実は得意で、特に貴重品がどこにあるかはだいたい見当がつきます。高齢者の場合、どんなに大きな家に住んでいても、テレビを見る部屋、お風呂とトイレ、台所と、動線はだいたい決まっています。つまり行動範囲が狭いんです。

幸せな日常生活の隣にある、凄惨で寂しい孤独死の現場

遺品整理の仕事を始めてしばらくしてやってきたのが、孤独死の方の家を片付ける仕事でした。数週間、1カ月と、亡くなったことに気付かれないまま長い間放置された方の家も少なくありません。

孤独死された方の家からはSOSが伝わってきます。酒瓶が散らばるなどして、ちゃんとした食生活をしていなかったのが一目瞭然で、よくこんな状態で生きていたな、と思えるほどです。壁一つ隔てた隣には普通の日常がある。ベランダから外を見れば、近所の奥さんたちが楽しそうに井戸端会議に花を咲かせている。なのに、こちらの家では人の形にうじ虫が湧いている。そのギャップに直面するたび、暗澹《あんたん》たる気持ちになります。

数日のうちにご遺体が気付かれなかった家の場合、消臭や清掃などで原状回復に時間がかかります。季節にもよりますが、死後3日ぐらいを過ぎると体が溶けてきて、うじ虫が湧き出し、外に異臭が漂い始めるんです。普通、人が亡くなるのは冬が一番多いのですが、孤独死の現場での作業は夏が多い。というのも、夏は臭いや虫がすごいので、発見されやすいし、私たちが入らないとどうにもならないケースが多いからです。

文化住宅の2階からポタポタ何かが落ちてきたと思ったらうじ虫だった、何じゃこりゃ、

孤独死や自殺、事故死した人の凄惨な現場を原状回復させる作業は「特殊清掃」と呼ばれている。害虫駆除、腐敗体液の除去、消臭・消毒などを専用の機器や特殊な薬剤、専門技術を駆使して迅速に行う。

みたいなことがしばしばあります。今、私たちの会社では1カ月くらい先まで予約が埋まっていますが、孤独死の現場の場合には放置できませんから、何はともあれ急行して、殺虫・脱臭洗浄までは作業しています。

クッションフロアの上で亡くなった方の場合、1週間くらいで溶けた体液が下の基礎コンクリートに到達してしまうので、全部剝がして洗浄し、クッションフロアを張り替えないといけません。

集合住宅だと大家さんは大変です。亡くなったのが身寄りのない方の場合、これらの代金は大家さんが払うことになります。しかも、そういうことがあると、同じ建物に住んでいる人たち、特に若い女性などはすぐに出て行ってしまいます。

次の人も入居しない。大家さん向けの「孤独死原状回復保険」というものもありますが、何年に一度あるかないかのことですから、皆さんなかなか入りませんね。

ニュースにならない、潜在的な孤独死予備軍

孤独死された方の現場に行くと、依頼者であるご家族はほぼ全員「亡くなるなんて思ってもみなかった」と言います。連絡を受けて駆けつけたけど、警察官に「ショックを受けるから見ない方がいいですよ」と言われ、最後のお別れもできなかった、という人も多くいます。そういうのを見ると、コミュニケーションの大切さをつくづく思い知らされます。私たちは大切な人ときちんと気持ちを伝え合っているのかな、と。今の時代には「死」というものを考える機会がほとんどありませんから、いざその時を迎えると動揺してしまいますしね。

ニュースでは「死後数カ月の遺体が見つかった」とか「ミイラ化した遺体が見つかった」などということが取り上げられたりしますが、そういうのは、亡くなって発見されたからこそ報道される。でも、一人暮らしをされていて、しかも地域から孤立し、経済的にも逼迫《ひっぱく》して食事にも困り、お風呂にも入れず衛生的にも大変な状況に陥っている方がめちゃくちゃたくさんいるということは、ニュースにはなりません。

本当は、皆さんに「潜在的な孤独死予備軍の方がたくさんいる」ということに気付いてほしいな、と思うんです。今は役所にも相談窓口があるわけですから、ご近所の方や知り合いの方の様子が少しおかしいと思ったら連絡してほしいです。

実際、僕がこの仕事を始めた頃は、ゴミ屋敷の中で亡くなった方の遺品整理の仕事が数多くありました。しかし最近は、地域の包括支援センターなどが地域コミュニティーの重要性を啓発していますから、行政の方も通報を受けたら早めに手を打ち、ゴミ屋敷に住んでいる方に片付けを促すようにしています。その効果が出てきているのか、ゴミ屋敷で亡くなる方は少しだけ減っているように思います。

一人で頑張りすぎる人が孤独死に至る悲劇

「どこどこにこういう状態の人がいる」ということは、個人情報もあり、共有が難しい部分もあるとは思います。ただ、今の日本を築き上げてきた人たちが、年間3万人以上、孤独死で亡くなっているということは、本当に大変な問題です。

本人に全く責任がないとは言いませんが、そういう人の多くは「行政にも家族にも迷惑かけたらあかん」「エアコンもつけられへん」というような美学を持っていた人。それがあだになって、結局悲惨な状態で発見されるということがよくあるんです。私たちが片付けにお邪魔すると、壁に本人の手書きの「頑張るぞ」みたいな紙が貼っていることがある。そういうのを見ると、なぜ「助けてくれ」の一言が言えなかったのか、と思って辛くなります。

一人暮らしでも健康な高齢者は、規則正しい生活をしています。買い物は何曜日、病院は何曜日の何時頃と決まっているので、その時間に挨拶をする間柄の人が必ずいます。そうすると、少し体調を崩して出掛けないと「今日は○○さん来なかったな」というのが誰かに分かるんですね。だから、ちょっとしんどくても、コミュニティーサロンやふれあい喫茶などに極力顔を出して、仲間と交流を持つといったことはしておいた方がいい。本人が一人で「健康で頑張っているから大丈夫！」といくら意地を張っても、実際には地域の何らかのサポートが必要です。そして、サポートは本人が拒否すれば成り立ちません。

お隣さんと砂糖やしょうゆの貸し借りをしていた時代には、確かな地域コミュニティーがありました。それを今やれというのはなかなか難しいですが、現代の我々は、自分自身の生活の幸福度を求めるばかりに、「地域のために」とか「誰かのために」ということを考えなくなっています。

でも、皆さんにそういう精神を思い出してもらわないと、孤独死の問題は解決できません。一人暮らしの高齢者が多くなっている今、私たちは「いつ亡くなってもいいんだよ」という安心できる状態・場所を、地域のつながりの中で作っていかないとだめだと思うんです。

一人暮らしの高齢者をセルフネグレクトから救う

孤独死の8割は「セルフネグレクト（自己放任）」といわれています。その元にあるのは、連れ合いを亡くしたり、病気になったりといった体験から生まれる「失意」ですから、早期発見すれば治ります。孤独死するような人も、突然「今日から生きるのやめるわ」などと言い出すわけではありません。「何してんねん、俺」とか「（自分に対して）腹立つな」という感情のせめぎ合いがあり、最終的に孤独に負けてしまうんです。

特に、経済的不安や身体の衰えなど、若者に比べてポジティブな要素が少ない高齢者は、いくら頑張っても、いつかは折れてしまう。テレビなどではよくゴミ屋敷を取り上げては、「そういう家に住んでいる人はどうしようもない人」といったイメージを植え付けていますが、そんなことではないんです。

早い段階で誰かが気付いてサポートできれば、いい方向へ向かうこともあります。ただ、「俺のことはほっといてくれ」というような人に対して、地域だけで問題を解決しようとするとトラブルになることが多いのも事実です。そういう場合は行政を入れて解決しないと難しいですね。

ゴミ屋敷とまではいかなくても、人というのは案外、物をたくさん持っているもの。新しく買ってしまう、というよりも、捨てられないんです。天袋を開けてみると、毛布が出てくる、箸置きが出てくる。「誰かが使うでしょ」という感覚で、いらない物もとっておく。明らかに「捨てていいでしょ」という物を後生大事にとっておいている方も多くいます。それの最たる物がゴミです。今の時代、コンビニもありますから、ゴミなんて1～2カ月くらいですぐたまるんですよね。

「親が物を捨てられない、どうしたらいいでしょうか」という相談はよく受けます。でも、年に1～2回しか会わないような関係なのに、たまにやって来て捨てろ捨てろと言われれば、「わしに死ぬ準備させるんか！」とかたくなになってしまいます。これもまた、コミュニケーションの問題かもしれません。

最近、日本の孤独死に対する関心が世界的に高まっています。私たちもシンガポールやデンマークのテレビ局の取材を受けました。世界に先駆けて迎えた超高齢社会を日本がどう生き抜いていくかに、皆が注目しています。日本はここで力を見せないとダメですよね。

大事なのは、一人暮らしの高齢者に関心を寄せること。そうしなければ、最終的には問題が自分に回ってくると思うんです。

遺族として自死に向き合う

田中幸子

一般社団法人 全国自死遺族連絡会 代表理事

たなか・さちこ

宮城県仙台市在住。２００５年に長男の自死を経験し、翌年に日本で初めての、自死遺族による自死遺族のための自助グループ「藍の会」を立ち上げる。各地の遺族の会の発足も応援し、08年には「全国自死遺族連絡会」を組織。また15年、宮城県での自死ゼロを目的に、ワンストップで悩みの問題解決が図れるよう多種多様な職種の専門家を集めた「みやぎの萩ネットワーク」を結成。24時間３６５日休みなく相談を受け付けている。

私は２００５年11月に警察官だった長男を自死で亡くしました。私が主宰する自死遺族の自助グループ「藍の会」は、私と同じように家族を自死で亡くした方々が語り合いながら、共に思いを分かち合い、支え合うことを目的に、06年7月に立ち上げたものです。また、08年には全国の遺族を会員とした、相互交流や情報交換のための「一般社団法人 全国自死遺族連絡会」も設立。さらに、15年には宮城県から自死をゼロにすることを目指し、社会福祉士、司法書士、弁護士、税理士、医師、牧師、僧侶、カウンセラーといった多種多様な専門家たちが参加する「みやぎの萩ネットワーク」を立ち上げました。現在はこの3つの代表を務めるとともに、いじめによる自死の遺族を中心に17年に発足した「東北いじめ総合支援センター」の世話役も務めています。

全国自死遺族連絡会　www.zenziren.com
みやぎの萩ネットワーク　miyaginohaginetwork.blog.fc2.com

ゼロから必死で立ち上げた、遺族による遺族のための会

現在では宮城県内に「藍の会」と合わせて6つの自死遺族の会がありますが、長男を亡くした当初はそのような会は一つもありませんでした。長男の四十九日を終え、悲しく辛い思いを聞いてもらえる場所が欲しいと思っていたときに、次男がインターネットで探してくれた福島の自死遺族を支援する会に行きました。ただ、そこは支援者が主宰する会で、遺族同士が話をするような会ではありませんでした。

愛する人を亡くしたらもちろん悲しい。でも、そこまで悲しくない日もある。それなのに、会に行くと「悲しい話をお聞かせください」と言われてしまう。とても違和感を覚えました。悲しいエピソードを探さなくてはいけないことが、とても嫌でした。しかも仙台からは遠い。それでも当時、その会に来ていた自死遺族の8割は仙台方面の人でした。

長男の死から4カ月が経った頃には、仙台市内で自死に関するシンポジウムがあり、自死遺族支援の民間団体やグリーフケアの専門家などが参加していたので出掛けましたが、壇上に遺族はいませんでした。この頃はしんどくて辛くて、一気に痩せてしまいました。

ただ、06年4月に福島の会に出た帰りに、そこに出席していた他の2人の遺族の方々とレストランで話したんです。それがとても心地よい時間でした。そこで、宮城県内に自死

遺族が集まる会がないかを探し始めました。ところが、どこで聞いても「ありません」との答えしか返ってこない。そんなときに、市役所の人が小さい声で「政治家の方に話して、力を借りてみてはいかがですか」と教えてくれたんです。それで、藁《わら》にもすがる思いで当時宮城選挙区の国会議員だった岡崎トミ子さんの事務所に連絡をしたら、すぐに市議会議員の方を紹介してくれました。岡崎さんには、その後も内閣府に要望書を出すときに協力していただいたり、他の議員の方とつないでもらったりしました。多大なご支援をくださった方です。数日後、市議会議員の方に面会すると、その方に「誰もやってくれないのであれば、あなたがおやりなさい」と背中を押され、そこで、5月の連休あたりに会の立ち上げを決めました。「藍の会」という名前は、いつも長男と共にありたいという気持ちで、警察官の制服の色から名付けました。

偏見と先入観から生まれる、当事者不在の自死遺族支援

会を始めるのであれば、まずは広報活動が必要と思い、新聞社やテレビ局に手紙を書き、取材に来てもらいました。すると、期待の声とともに、「早すぎる」「勉強をしてからやれ」「他にやろうと思って動いている人がいるからやるな」などのバッシングの声も多く寄せられたのです。当時、自死遺族支援は特別な研修を受けた人がやるものだと思われて

いました。また、これは今でもですが、自死遺族は悲しみによって精神を患った「自死のハイリスク者」であるとか、「借金問題を抱えた困窮者」であるといった先入観を持つ人も多く、遺族支援は「かわいそうな人を支えてあげるもの」という考えのもとに行われているものが多かったです。そのため、支援者の研修会などでも、そこに遺族が入ることは前提とされていませんでした。

記事を見た遺族の女性と知り合い、彼女が会のホームページを立ち上げると、県の担当者に「遺族の人にホームページなんか作れるんですか」と驚かれたこともありました。県内の民間自死予防団体に、これから会を立ち上げる旨のファクスを送ったら、「あなたにはこの文書は難しくて理解できないかもしれないけれど」という手紙を添えた講演会の案内が送られてきたこともありました。遺族にもいろいろな人がいて、お金持ちもいれば貧しい人もいる、知識のある人もない人もいる。それなのに、「自死する人やその家族は弱くて知識もない人」という偏見が、どこに行っても付きまとうのです。「田中さんはいつも怒っているね」「田中さんみたいな遺族ばかりではない」ともよく言われました。

「藍の会」は06年7月29日に発足し、1カ月に1度、自死遺族だけで集まる「わかちあいのつどい」がスタートしました。大きな手応えを感じながらも、対外的な面では難しさに直面することが多く、苦しい日々は続きました。

遺族支援の道が開けた、良き〝伴走者〟との出会い

そんな苦しみが最高潮に達した頃、自助グループの権威として知られる上智大学総合人間科学部の教授、岡知史先生に「助けてください」と会いに行きました。先生の本を出している出版社に手紙を書いて、担当の編集の方と何度もやり取りをし、ようやくお会いすることができたんです。先生の１９９１年の著書『知らされない愛について』（大阪ボランティア協会発行）はボランティアの原動力となる心について書かれたエッセイ集で、大阪ボランティア協会のテキストにもなっていますが、私にとってもとても大切な一冊。支援はノウハウではない、知識はおのずとついてくるということ、やさしい気持ちを持つことこそが大切なのだということをここから学んだのです。岡先生は私の話を聞いて、「自助グループは当事者団体であるべき。田中さんは間違っていません」と断言してくださいました。12年ほどのお付き合いになりますが、常に伴走者のようにそばにいてくださる方です。

同じ頃、「ある自殺の実態調査に協力すれば悩みを聞いてもらえると思って参加したが、実際は研究のために利用されただけだった。とても辛い」という電話が、日本各地から続々とかかってくるようになりました。そこで立ち上げたのが「全国自死遺族連絡会」です。正直に言えば、私としては「藍の会」があればよかったのですが、話を聞いてしまっ

た以上はやるしかない。代表理事として、全国の自助グループをつなぐお手伝いをすることにしました。

翌年には岡先生にご協力いただき、内閣府との共催で「自死遺族支援のためのスタッフ養成講習会」を開催しました。私一人では国にも県にも話すら聞いてもらえないところですが、前述の岡崎さんや岡先生をはじめ、さまざまな方のおかげで道が開けたんです。

「藍の会」では、自死遺族のみが参加できる「わかちあいのつどい」と、自死遺族に限らず大切な方を亡くした方が参加できる「茶話会」、どなたでも参加できる「藍色のこころサロン」を開催しています。「わかちあい」には毎回20人前後の方が参加しますが、皆さんの「話したい」という気持ちをかなえるため、1グループが8人以上にならないように分けています。夫婦で参加されている方は別々のグループに入ってもらったり、子どもを亡くした人、親を亡くした人、伴侶を亡くした人というふうに、できる限り立場別にグループ分けなどもしています。また、クールダウンの時間を必ず入れることも重要です。そのときには全員一緒になって、胸にシールを貼るなどして立場だけ分かるようにしておきます。名前も匿名でいいですよ、と言っています。

「わかちあいのつどい」に遺族以外が入れない理由

最初は「わかちあい」の参加条件は「大切な人を亡くした人」だったのですが、「わかちあい」ですることは悲しみの共有だけではないため、参加者の立場に大きな差があります。そこで、司法書士とも相談して自死遺族限定とすることにしました。というのも、自死遺族は負の遺産も受け取らなくてはならないからです。

賃貸物件で自死した場合に「心理的瑕疵」を生じさせたとして法外な損害賠償請求をされることがある、いじめやパワハラが原因の場合は裁判になることがある、自死した方のローンの連帯保証人になってしまっている、生命保険の支払いを拒否されて暮らしが立ち行かない……。そういった問題の解決も相互支援においては大きな部分を占めますから、そこに関わらない人はご遠慮いただいた方がいいと思ったのです。

ちなみに、「みやぎの萩ネットワーク」には、これら遺族の抱える問題はもちろん、自死の問題全般に関心のある専門家にほぼ無報酬で参加してもらっています。人脈がたくさんないと相談者からの要望に応えられないので、常にいろいろな方に頭を下げてお願いしながら、つながりを増やしてきました。

現在、「藍の会」には700人くらいの方が参加していますが、同じ境遇の人たちの集まりなので、もう一つの家族のような感じです。ある時から来なくなって、6~7年後にふらっと顔を出す人もいます。しんどくなったらまた来ればいい、辛くなくなったら来なくていいよ、というのが私たちのスタンスです。

一方、「全国自死遺族連絡会」になると、名前や住所を登録している人だけでも3000人以上います。「みやぎの萩ネットワーク」も含めて電話相談は24時間受け付けていますから、日々いろんな人と接しています。遺族代理人として弁護士とサポート体制を組んだり、生活保護を受けるときに一緒に役所に足を運んだり、身寄りのない遺族の緊急連絡先になったり、手術の立会人になったりすることもあります。そこまでやってこその遺族支援だと考えているからです。もちろん、いろんな人がいますから、理不尽な思いをすることもないわけではありませんが、自分のためにしていると思うようにしているので、腹が立つということはありません。

悲しみの深さは愛情の深さ

世の中には、「自助グループ」を名乗っているものの、行政の主宰で保健師などが加わっている会だとか、グリーフケアの心理カウンセラーや医師がいる会、遺族以外の人たちが運営している会もあります。もちろん、そういう会があってもいいし、選択肢は多い方がいい。ただ、それは自助グループではない、というのが私たちの考え方です。これについては、岡先生と「自助グループの定義」をはっきり表明しています。自助グループとは、体験の共通性がある当事者によるグループのこと。体験の共通性がなく、専門家やボランティアが入るものは、自助グループではなくサポートグループです。

遺族も1000人いれば1000人が違う。グリーフケアは、遺族の悲しみを「複雑性悲嘆」と定義し、悲しみから回復するためのプロセスを専門家が支えるというものですから、「悲しみが癒やされることはない」「悲しみは私の体の一部」と考えている人にとっては不要なものです。もちろん、専門家のアドバイスを必要とする人もいますし、うつなどの精神症状が出て医師による治療が必要な人もいます。しかし私たちのように「〝悲しみの病理化〟はやめてほしい」と思う遺族もいるということは分かっていただきたい。

岡先生は「愛情が深いほど悲しみも深い。悲しみを肯定してあげてください」とおっしゃいます。先生の提唱する「Grief is Love」は海外でも称賛されており、私も17年にシドニーのニューサウスウェールズ大学で開催された「第5回ポストベンション・オーストラリア・カンファレンス」で、同じテーマで講演を行いましたが、非常に好評をいただくことができました。世界を見ても、自死遺族の思いは共通なのです。

自助グループのいいところは、遺族同士だから笑っていても気にならないし、厳しいことも言い合えることです。私は長男を亡くして泣いてばかりいたとき、次男に「優秀なお兄ちゃんが死んで、ダメな僕が残ってごめんね」と言われてハッとしたことがあります。だから、自分のことしか考えられなくなっている遺族には「あなただけがきついわけじゃない、他の家族のことも見て」と言っています。「涙はたくさん流していいけれど、自分のためじゃなく、亡くなった人のために流してください」とも。日常生活に戻るまでには、3つのT、つまり時間（TIME）、話すこと（TALK）、涙（TEARS）が必要なんです。

行政との役割分担で実現する、よりよい遺族支援と自死対策

私たちのような活動をするためには、行政の協力が必要です。その点、宮城県は早い段階から協力的で、勉強会には議員の方も参加してくれますし、「みやぎの萩ネットワーク」のポスターも500カ所の交番に貼ってもらっています。「〝自殺〟ではなく〝自死〟という言葉を使ってください」という請願もいち早く聞き入れてもらいました。「殺」という字には犯罪者のイメージがあり、偏見や差別を助長します。政府も「自殺総合対策大綱」において、自死を「追い込まれた末の死」と定義しているのですから、そもそも「殺」という言葉は合わない。「自殺」という言葉に抑止力があるという意見もありますが、「自死」を使い始めてからの方が自死による死者の数は目に見えて減っています。どうか遺族の意見を聞いて、自死も病死や事故死などと同じ「死」にしてください、というのが私たちの願いです。私は13年から厚生労働省の自殺対策官民連携協働会議（現・自殺総合対策の推進に関する有識者会議）の委員を務めてきましたが、皆さんに「宮城県の例を参考にしてください」とお話ししています。

自死遺族支援で行政に期待することは、「心のケアよりも具体的なケアに力を入れてほしい」ということ。前述の賃貸物件の損害賠償の問題や、高額かつ地域によって違う死体検案書発行料の問題、家族の自死によって住むところや生きる糧がなくなった人の問題、裁判の問題など、取り組んでほしいことはたくさんあります。また、死は誰の身近にもあることですから、教育現場でももっと自死について語る機会を作ってもらいたい。「自死対策はみんなの仕事」と考え、いろいろなところでいろいろな人が関わりながら、人を死に追い込まない社会作りを毎日の積み重ねの中で行っていかなければいけない、私はそう考えています。

火葬場の現在

武田　至
一般社団法人 火葬研　代表理事・会長

新型コロナウイルスの蔓延により、日本では葬儀の自粛が続きました。ヨーロッパでは同じコロナ禍にあっても、例えばベルギーの葬儀では会葬者の制限が屋内で100人、屋外で200人と、驚くほど多い。語り合いが癒やしにもなることから、どんな状況でも故人とのお別れはしたいのでしょう。それに対して、日本では近年の葬儀の小規模化もあって、いきなり家族葬、直葬という感じになってしまいました。葬儀や火葬に関しては、関わる人をどんどん減らしていきましょう、というのが最近の傾向。もともと日本では、死に対してネガティブなイメージを持つ人が多いこともあって、積極的な関わりを避けてきた歴史があります。

たけだ・いたる
1965年、新潟県生まれ。一般社団法人火葬研代表理事・会長。東京電機大学大学院建築工学専攻修了。博士(工学)。一級建築士。火葬炉プラント建設の専門メーカーで火葬炉の設計・施工を担当。その後、特定非営利活動法人日本環境斎苑協会の研究員を経て、現在に至る。火葬場を中心とした国内外の葬祭施設に関する研究を行っている。

鎌倉仏教の広まりとともに一般庶民の火葬もスタート

日本では古墳時代後期には火葬が行われていた痕跡がありますが、記録に残っているのは700年、法相宗の僧・道昭《どうしょう》が最初で、これは『続日本紀』に書かれています。702年には持統天皇が火葬され、続いて歴代の天皇や高僧、一部の貴族などが火葬されるようになりました。鎌倉時代には、浄土真宗の信徒などを中心に、一般市民にも火葬の例が出てきます。火葬といっても、この頃から江戸時代の末期までは薪での野焼きです。

天皇家の葬儀が神式になった後光明天皇（1654年崩御）以降は、天皇は土葬されるようになりましたが、一方で江戸幕府が仏教と密接な関係にあったことから、特に江戸では火葬が一般化。寺請制度の下、寺の荼毘所《だびしょ》で仏式の葬儀や火葬を庶民が行うようになりました。現在東京都区部にある全9斎場のうち、代々幡斎場、桐ヶ谷斎場、落合斎場は、江戸時代の寺院による火葬場から続くものです。

明治時代に入ると、「仏式である火葬はけしからん」という神道派の主張を受けた明治政府が火葬を禁止します。これが明治6（1873）年のこと。その前年に、現在の青山霊園が神葬祭用の墓地として開設されました。また、府下の朱引内にある従前の墓地への埋葬も禁止し、現在の雑司ヶ谷、谷中、染井霊園など9カ所の墓地を定めましたが、土葬が増えることで都市部では墓地用の土地不足が発生。そんなわけで、明治8（1875）年には早くも火葬が再開されています。ただ、江戸時代のように仏教寺院が火葬場を経営することは禁止。火葬場の独立採算、民営化が命じられました。また、この時に火葬場と墓地の分離化も取り決められたことから、遺骨をすべて持ち帰らなくてはならないことになりました。海外の火葬場は墓地と一体で、火葬後の遺骨をそのまま散骨することができます。それとは対照的ですね。

火葬場の立地から生まれた、関東と関西の収骨方法の違い

ただ、関西ではこの明治政府の通達が守られませんでした。今でも関西に行くと、墓地の中に火葬場があるのを見掛けます。墓地の中に火葬場があれば、骨を火葬場に置いていってもよい、つまり遺骨は必要な分だけ持っていけばよい。これが、関西では一部の遺骨のみを骨壺に入れる部分収骨、関東では全部の遺骨を骨壺に入れる全収骨という、収骨方法の違いにつながったのです。

明治時代にはコレラが流行し、伝染病対策としても火葬は有効とされ、これも火葬化の後押しをしました。郊外のコレラ患者の隔離病舎の近くには専用の火葬場がつくられましたが、この煙から病気がうつると考えた人もいたとか。日本人の火葬場に対するマイナス

イメージの背景には、伝染病との関わりも影響しています。

大正時代に入ると、火葬はさらに広がっていきます。都道府県別の火葬率の変化を見ると、富山県や石川県では、大正4（1915）年の段階でほぼ100％が火葬でした。これには浄土真宗系、特に真宗大谷派が強い地域ではかねてより火葬率が高かったということがあります。福井県や新潟県もそうです。東京都や大阪府など都市部での火葬率も高い。一方で、東北や、東京都以外の関東の各県の火葬率は10％に満たないなど、普及の割合にはまだまだ地域差がありました。

大正期から昭和初期にかけての火葬率上昇の背景には、社会活動全体を合理的に見直す「生活改善運動」がありました。その中で、葬儀や埋葬に関しても、地域の人たちを巻き込んだ昔ながらの葬儀の習慣はやめましょうとか、葬儀の後に人々が棺を担いで葬列を組み墓地まで送る「野辺の送り」や、土葬の際の墓掘り当番などは大変なのでやめましょう、といった見直しが行われたのです。第二次世界大戦中には燃料の問題もあり、火葬率が下がった地域もありますが、戦後は冠婚葬祭の簡素化や衛生環境の向上などを目指す「新生活運動」と合わせて、火葬率も再び徐々に上昇していきました。

この新生活運動では、集落ごとにあった野焼きの火葬場の廃止も進められました。大正4年には全国に3万6000カ所以上あった火葬場が昭和20年代に激減しますが、これは野焼きの施設や集落の火葬場がなくなったからです。平成12（2000）年以降、火葬率は全国でほぼ100%で、この高い火葬率は世界的に見ると非常に珍しい例です。

火葬場の持つマイナスイメージを建築の力で払拭する

火葬場には2種類の役割があります。一つは、遺体と最期のお別れをして、炉に入るところを見送り、骨を拾うことで、その人が亡くなったことを受け入れる、儀式の場としての役割。炉に入れる前は柩にすがり付いて「入れないでくれ」と言ったり、炉の中に柩が納められた瞬間に泣き崩れたりした人も、火葬が終わって骨を拾う段階になると、亡くなったということを嫌でも受け入れていますよね。そしてもう一つは、前述通り、公衆衛生の面での遺体処理の場という役割です。

火葬場は暗いし、なんだか怖い。そんなマイナスイメージからの改善が進んだのは、昭和50年代後半から世の中がバブル経済に沸いた昭和60年代にかけてのことでした。全国の市町村が競い合うようにして立派な火葬場を建設していきました。施設の改善とともに、周辺のインフラも整備され、公園と一体整備されたものなどが増えてくると、火葬場周辺の宅地化も進むようになります。もともとは郊外にあった火葬場が市街地に吸収されていったのです。

この頃は形式や荘厳性を重視した火葬場が多く、時代とともに古さを感じるものもありますが、今なお陳腐化していないものもあります。その一つが青森県弘前市の「弘前市斎場」です。前川國男事務所が昭和58（1983）年に設計したこの火葬場は、津軽の葬送習慣を考えてつくられました。火葬棟とは別棟にある待合室に行った時にも火葬の雰囲気がわかるように、渡り廊下のガラスを通してオープンな炉前ホールが見えるのが特徴です。

海外では火葬場に対する考え方が日本とは全く違います。世界の墓地や火葬場建設に大きな影響を与えているのは、1994年に20世紀以降の建築物として最初に世界遺産に登録されたスウェーデン・ストックホルムの森林墓地「スクーグシュルコゴーデン」です。「人は死んだら森に帰る」というスウェーデン人の心を表現したともいわれるこの墓地は、スウェーデンを代表する建築家、エリック・グンナール・アスプルンドが生涯をかけて取り組んだ作品。1920年の「森の礼拝堂」の完成後にアスプルンドの子供がわずか1歳で亡くなったことは、これに続く設計にかなり影響を及ぼしています。「すべての人に平等に」と、その考えを突き詰め、40年に「森の火葬場」が竣工した半年後、彼は55歳の若さで死去しました。根を詰めて死と対峙したことが早逝につながったのかもしれません。

ヨーロッパの新しい火葬場

ヨーロッパの人々にとっても死は重いものであり、辛いものであるけれど、墓地は明るく、オープンなのが特徴です。その墓地の中に火葬場はあります。

私が近年注目しているのは、ベルギーやオランダなどの火葬場。2018年に竣工したベルギー北部の「ロンメル火葬場」のカフェテラスは、サイクリングで周辺を訪れる人をはじめとした一般の人も利用できるようになっています（今は葬儀利用が多くなったため、一般利用はできない）。また同年オープンしたベルギー北西部の「アールスト火葬場」は遺族も立ち会える火葬炉室がガラス張りで、煙突部分のトップライトから光が注ぐ、大胆なデザインが特徴。同じ建築家が手掛けたセントニクラスの「ハイモーレン火葬場」は、白い箱形の建築が印象的。ここは中の火葬炉まで真っ白です。

オランダ西部ズーテルメールの「メールブロエムホフ火葬場」は、火葬炉設備を地下に配置し、自然に溶け込むように設計されたもの。葬儀式場の円形壁面に自然の風景や遺族が持ち込んだ映像を映す演出が好評を博しています。また、デザインされた火葬炉が1基、告別室に置かれた「オメランド・エン・スタッド火葬場」のコンセプトには驚きました。

アムステルダム郊外ハーレムにある「ヤーデン火葬場」は、オープンな空間を好むオランダ人らしい、ガラス張りの葬儀式場が特徴。葬儀の後に語り合う場としてのカフェが充実していますが、これはベルギーやオランダの火葬場では多く見られるものです。

一方、ドイツでは、著名建築家のフリッツ・シューマッハーが1933年に手掛けたホールや火葬場を持つ、ハンブルクの「オールスドルフ墓地」のオープンカフェが、誰でも

世界遺産にも登録されている「スクーグシュルコゴーデン(森の墓地)」(スウェーデン)。写真は、入り口から火葬場へと向かう石畳のアプローチ。

「アールスト火葬場」(ベルギー)ではガラスの向こうに火葬炉を見ることができる。

白い箱のような「ハイモーレン火葬場」(ベルギー)。

閉鎖となった古い火葬場を活用した複合文化施設「サイレント・グリーン・クルチュアクウァルティーア」(ドイツ)。

利用できるとあって人気。また、歴史を残す取り組みとして2014年にオープンしたベルリンの「サイレント・グリーン・クルチュアクウァルティーア」は、1910年に建設された火葬場を、多目的ホールやカフェ&レストランなどを持つ文化施設にリニューアルしたものです。さらに興味深い例としては、「霊柩馬車ミュージアム」や「葬送図書館」を併設する、スペイン・バルセロナの「モンジュイック墓地」があります。

収骨の有無などで異なる日欧の火葬炉の違い

日本とヨーロッパの火葬場の違いは、火葬炉の違いにも現れています。火葬後に収骨するため、遺骨をきれいに残す必要がある日本では「台車式火葬炉」を採用する火葬場がほとんどです。これは耐火台車に柩を載せてそのまま炉に入れて燃やし、終わったら遺骨を載せた台車を同じ側から出すというもので、炉の前には遺骨を冷却する「冷却前室」が設けられています。一方、海外では遺族が収骨しないので、効率的に連続燃焼できる固定床式火葬炉を採用。柩を前から入れて、終わったら後ろから掻き棒で遺骨を掻き出します。粉骨にした遺骨を引き取りたい遺族は郵送してもらうか、後日取りに行く形です。イギリスでは火葬料金に墓地への散骨料金も含まれているので、期日までに引き取られない場合は墓地の散骨場に散骨されます。

ノルウェーでは、遺骨を6カ月後まで預かってくれるそうです。どちらの火葬炉においても、燃料は灯油・ガスがほとんど。オランダは電気炉へと変化していますが、日本の場合は1体ずつ炉に入れるので温度を高いままに保っておくことは難しく、時間がかかってしまうため向きません。また、燃焼効率を高めるには風圧も必要で、電気炉を採用していたスイスなどでも、近年はバーナー式のものに代わってきているようです。ヨーロッパでは環境への影響を考慮し、火葬炉の熱を有効的に回収して火葬場内の空調に使ったり、中には地域暖房に使ったりしているものもあります。しかし日本では「火葬炉の熱を空調に使うなど不謹慎だ」と言われてしまうので、残念ながら今はまだ使われていませんが、近いうちに実現されるでしょう。

新しい時代に求められる空間づくり

ヨーロッパでは自由な発想でつくっている火葬場が多い。死が遠くないように思います。私たちもそれらを参考にしながら、外部の要素を取り入れた開放感のある空間や、癒やしのある空間、安らげる空間づくりを提案するようにしています。

私たちが関わった新しい形の火葬場に、ユニット形式の火葬場があります。2012年に供用を開始した広島県の「三次市斎場　悠久の森」は、参加型ワークショップの中で市民と一緒につくり上げていった斎場です。以前までは火葬炉は火葬棟、待合室は待合棟と別になっているのが一般的だったのですが、ここでは炉前ホールと待合室を1つのユニットにし、故人との最期のお別れを心ゆくまで行うことができるようにしています。この考え方をさらに進めたものが、埼玉県入間郡越生町《おごせまち》にある「越生斎場」。18年末に竣工したこの斎場では、2階建ての待合室からガラス張りの吹き抜けの下に火葬炉が見えるように設計しました。斎場のテーマは「静かな森に佇む癒しの火葬場」というもの。ご家族が急に亡くなられた方や、長期間の看取りをされた方にも、張り詰めた気持ちを少しでも緩めてもらえるように、やわらかな雰囲気のラウンジを設けました。

21年に供用を開始した静岡県の「伊豆の国市斎場」は、待合室や炉前ホールの大きなガラス窓越しに富士山を望む、景観を取り込んだ設計が特徴。子連れの会葬者のためにキッズルームや授乳室なども完備しています。また現在、藤本壮介氏の設計で北海道東神楽町に計画中の「大雪霊園」は、大雪山連峰を望む公園のような敷地に、景観に溶け込むように墓石を配置した墓地と火葬場が隣接する、新しい発想の施設です。広大な自然の中で故人にお別れができ、ゆったりと眠っていただける。24年の供用開始を目指しています。

日本では年間20~30の火葬場が生まれています。市街化が進んだ首都圏では建設が難しく、火葬場不足といわれていますが、地方では地域の活性化のため火葬場の誘致も見られます。多様化が進み、葬送の場に求められるものも変わってきている今、儀式という側面

日本近代建築の巨匠・前川國男晩年の作である「弘前市斎場」(青森県)。隣の炉を意識させないデザインの炉前ホール。

「越生斎場」(埼玉県)の告別・収骨室。吹き抜けになっており、2階の待合室からも炉前の祭壇が見通せる。

気持ちを落ち着ける場所として用意された「越生斎場」のアルコーブ。

「伊豆の国市斎場」(静岡県)は富士山を望むお別れ空間となっている。

も併せ持つ火葬にどう向き合っていくのか、またそれを建築の側からどうサポートできるのか。あくまで利用者にとってベストな火葬場の形を、これからも考えていきたいと思います。

本書は『エース』(日本リサーチセンター発行)2017年春号～2024年新春号の連載「メメントモリの森」を再構成したものです。

参考文献一覧

香川知晶『命は誰のものか(増補改訂版)』ディスカヴァー携書、2021年

池田清彦『「現代優生学」の脅威』インターナショナル新書、2021年

児玉真美『安楽死が合法の国で起こっていること』ちくま新書、2023年

布施勇如『アメリカで、死刑をみた』現代人文社、2008年

中川智正弁護団ほか編著『絞首刑は残虐な刑罰ではないのか?』現代人文社、2011年

小林武彦『生物はなぜ死ぬのか』講談社現代新書、2021年

小林武彦『寿命はなぜ決まっているのか』岩波ジュニア新書、2016年

小林武彦『なぜヒトだけが老いるのか』講談社現代新書、2023年

諏訪春雄『日本の幽霊』岩波新書、1988年

辻惟雄監修『幽霊名画集　全生庵蔵・三遊亭円朝コレクション』ちくま学芸文庫、2008年

安村敏信監修『幽霊画と冥界』別冊太陽、2018年

安村敏信『ARTBOX ゆるかわ妖怪絵』講談社、2016年

長江曜子『欧米メモリアル事情』石文社、1991年

長江曜子監修『世界のお墓文化紀行』誠文堂新光社、2016年

瀧野隆浩(監修協力長江曜子)『これからの「葬儀」の話をしよう』毎日新聞出版、2018年

井上章一・町田忍『The 霊柩車:日本人の創造力が生んだ傑作』祥伝社、1992年

坂口幸弘『増補版悲嘆学入門』昭和堂、2022年

坂口幸弘『自分のためのグリーフケア』創元社、2023年

日本建築学会編『弔ふ建築』鹿島出版会、2009年

小池寿子『死者たちの回廊』平凡社ライブラリー、1994年

藤代幸一『「死の舞踏」への旅』八坂書房、2002年

小池寿子『「死の舞踏」への旅』中央公論新社、2010年

小池寿子「『死の舞踏』の伝播とそのメディアー壁画・写本・版画ー」(越宏一編『ヨーロッパ中世美術論集5 中世美術の諸相』p173-201)竹林舎、2018年

エヴァ・シュースター・田辺幹之助編、展覧会図録『死の舞踏 ―― 中世末期から現代まで デュッセルドルフ大学 版画素描コレクションによる』国立西洋美術館、2000年

永井隆『乙女峠』アルバ文庫、2012年

井出明『ダークツーリズム』幻冬舎新書、2018年

井出明『ダークツーリズム拡張』美術出版社、2018年

井出明ほか『真実の潜伏キリシタン関連遺産』メディアボーイMOOK、2018年

井出明『悲劇の世界遺産』文春新書、2021年

Foley, M., & Lennon, J. J. Dark tourism. Continuum. 2000

Sharpley, R., & Stone, P. R. (Eds.). The darker side of travel: The theory and practice of dark tourism. Multilingual Matters. 2009

山本聡美・西山美香『九相図資料集成』岩田書院、2009年

山本聡美『増補カラー版　九相図をよむ』角川ソフィア文庫、2023年

井上章一『霊柩車の誕生』朝日新聞社、1984年

勝田至編『日本葬制史』吉川弘文館、2012年

五来重『葬と供養』東方出版、1992年

圭室諦成『葬式仏教』大法輪閣、1963年

中筋由紀子『死の文化の比較社会学』梓出版社、2006年

碑文谷創『死に方を忘れた日本人』大東出版社、2003年

藤井正雄編『仏教儀礼辞典』東京堂出版、1977年

村上興匡「大正期東京における葬送儀礼の変化と近代化」(『宗教研究』64(1))日本宗教学会、1990年

村上興匡「中江兆民の死と葬儀-最初の「告別式」と生の最終表現としての葬儀」(『東京大学宗教学年報』19)東京大学宗教学研究室、2002年

森謙二『墓と葬送の社会史』講談社現代新書、1993年

山田慎也・国立歴史民俗博物館編『近代化のなかの誕生と死』岩田書院、2013年

山田慎也『現代日本の死と葬儀』東京大学出版会、2007年

山田慎也・土居浩編『無縁社会の葬儀と墓』吉川弘文館、2022年

岡知史『セルフヘルプグループ』星和書店。1999年

岡知史・明英彦・田中幸子「『グリーフケアは要らない』という声が自死遺族にはある」(『地域保健』41(3))東京法規出版、2010年

岡知史「悲しみは私のもの」(『サロン・あべの』278)2009年

岡知史「癒したい人の卑しさ」(『サロン・あべの』280)2009年

全国自死遺族連絡会自死遺族等の権利保護研究会『自死と向き合い、遺族と共に歩む』2022年

「死《し》」を考《かんが》える

2024年5月29日　第1刷発行

編　者　『エース』編集室《へんしゅうしつ》

発行者　岩瀬 朗
発行所　株式会社 集英社インターナショナル
〒101-0064
東京都千代田区神田猿楽町1-5-18
電話 03-5211-2632
発売所　株式会社 集英社
〒101-8050
東京都千代田区一ツ橋2-5-10
電話 03-3230-6080（読者係）
03-3230-6393（販売部）書店専用
装　幀　阿部早紀子
印刷所　大日本印刷株式会社
製本所　株式会社ブックアート

 Printed in Japan　ISBN978-4-7976-7447-7　C0030
定価はカバーに表示してあります。